양천허씨초당공파총서 2

허난설헌 강의

허경진

보고사
BOGOSA

난설헌 생가터의 사계절 (사진: 주대중)

머리말

난설헌 허초희의 시집은 우리나라 첫 번째 여성 시인의 시집이라는 점에서 여러 가지 공부거리를 우리에게 남겨 주었다. '그 전에는 왜 여성 시인의 시집이 없었느냐'는 질문부터, '그런 시대에 난설헌의 시집은 어떻게 편집되고 간행될 수 있었느냐'는 질문까지, 강의에서 질문이 나올 때마다 강의자료를 수정하고 보완하였다. 『허난설헌 강의』는 이런저런 자리에서 강의한 자료를 몇 가지 주제로 수합하여 공개하는 책이다.

난설헌의 시집은 제목부터 일정치 않다. 동생 허균이 공주에서 간행한 목판본 시집 첫 장에 실린 주지번의 서문 제목은 「난설재시집소인(蘭雪齋詩集小引)」이고, 양유년의 서문 제목은 「난설헌집제사(蘭雪軒集題辭)」이다. 주지번은 이 책의 제목을 '난설재시집(蘭雪齋詩集)'이라 생각했고, 양유년은 '난설헌집(蘭雪軒集)'이라고 생각했다.

우리가 난설헌의 시집 제목을 표기할 때에 흔히 『난설헌집(蘭雪軒集)』이라고 쓰지만, 허균이 간행한 목판본의 권수제(卷首題)는 『난설헌시(蘭雪軒詩)』이며, 판심(版心)에도 '난설헌시(蘭雪軒詩)'라고 새겨져 있다. 허균은 이 책 제목을 『난설헌시(蘭雪軒詩)』라고 정했기에, 대표작 가운데 하나인 「광한전백옥루상량문」이 부록에 실렸다.

제목 이야기가 길어진 것은 그만큼 우여곡절을 겪으면서 난설헌의 시집이 편집되고 간행되었으며, 여성의 시집이 남성 독자들에게 읽혀지는 과정에서 여러 가지 비난을 받은 사실과도 관련되기 때문이다.

난설헌이 1589년에 세상을 떠나자 허균이 유작을 수습하여 1590년 류성룡에게 발문을 받았는데, 『서애집』에 실린 이 발문의 제목은 「발난설헌집(跋蘭雪軒集)」이다.

류성룡이나 주지번이나 양유년 모두 이 정도면 난설헌의 시나 시문이 다 수집되었다고 생각했기에 제목에 '집(集)'이라는 글자를 붙였지만, 불태워졌던 유고를 기억 속에서 수습했던 허균은 미완성의 시권이라 생각하여 '시(詩)'라는 글자로 끝냈다.

'집(集)'이나 '유고(遺稿)', 또는 '전서(全書)'라는 글자로 문집 제목을 끝내던 우리 문학사에서 『난설헌시(蘭雪軒詩)』는 보기 드문 제목이다. '난설헌집'에 실리지 않은 난설헌의 시가 국내외에서 계속 발견되는 것도 이 때문이 아닐까? '난설헌집'을 완성할 숙제가 우리 독자들에게 남겨져 있다. 『난설헌시』 밖에서 전해지는 난설헌의 시들을 한 편 한 편 찾아낼 때마다 누군가에 의해서 『허난설헌 강의』가 수정되기를 기대한다. 귀한 사진을 이 책에 빌려 주신 주대중 작가에게 감사드린다.

2021년 11월 11일
허경진

차례

제1장

난설헌의 시대와 강릉

난설헌이 태어난 시대

삼종지도와 칠거지악으로 여성을 억압하던 시대

조선시대 여성에 관해 늘 따라다니는 용어 가운데 대표적인 것이 삼종지도(三從之道)와 칠거지악(七去之惡)이다.

삼종지도는 『의례(儀禮)』 「상복(喪服)」에서 나온 말이다. "부인(婦人)에게는 삼종(三從)의 의리가 있고 자기 마음대로 하는 도리는 없다. 그러므로 시집을 가기 전에는 아버지를 따르고, 시집을 간 뒤에는 남편을 따르고, 남편이 죽은 뒤에는 아들을 따른다.〔婦人有三從之義 無專用之道 故未嫁從父 旣嫁從夫 夫死從子〕"하였다. 이 말이 「상복(喪服)」편에서 나온 이유는 아버지, 남편, 아들을 위해서 상복을 입을 의무가 있다는 뜻이기도 하다.

『의례』는 수준이 높은 책이어서 읽어보는 사람이 적었으므로, 대부분의 남자들이 어릴 적에 읽었던 『소학(小學)』 「명륜(明倫)」편에 공자의 말을 인용하여 삼종지도를 자세하게 설명하였다.

공자가 말하였다. 부인은 남에게 복종하는 자이다. 그러므로 자기의 생각대로만 처리할 도리는 없고, 세 가지 남에게 따르는 법만 있다. 친정에서는 아버지에게 따르고, 남에게 시집가서는 남편에게 따르며, 남편이 죽으면 아들에게 따른다. 감히 자기의 의사대로 수행할 수 없다. 부인의 규문(閨門) 안에서의 교훈과 명령이 규문 밖에 나가지 못하며, 일은 음식을 공궤하는 데에 있을 뿐이다.〔孔子曰, 婦人伏於人也. 是故無專制之義, 有三從之道, 在家從父, 適人從夫, 夫死從子, 無所敢自遂也. 敎令不出閨門, 事在饋食之間而已矣.〕

『여사서 언해(女四書諺解)』에서 위 문장의 첫 구절을 "婦부人인은 사름을 좃는 者쟈ㅣ니"라고 풀이하였다.「명륜(明倫)」편에는 삼종지도 앞에도 남자와 여자의 하는 일이 어떻게 다른지 수많은 경우를 설명했는데, 혼례(婚禮)의 예를 들면 다음과 같다.

> (혼례를 치르면) 신실하게 남을 섬기게 되며, 신실함이 부인의 덕이 된다. 한번 더불어 혼례를 갖추면 몸이 다하도록 고쳐 바꾸지 않는다. 그러므로 남편이 죽어도 다시 시집가지 않는다. 남자가(신랑이) 가서 여자(신부)를 맞아 올 때, 남자가 앞서서 여자를 인도하는 것은 강(剛)이 주도하고 유(柔)가 따르는 의리이다. 하늘이 먼저 땅에 은택을 내리고, 임금이 먼저 신하에게 예를 행하는 것과 그 뜻이 같다.

이천 년 전 공자의 가르침이 당시 조선 사회의 규범이었으므로, 이에 대해서 아무도 이의를 제기하지 않고 지켰다. 어려서부터 『소학』을 읽으면서 자란 남자들은 당연히 이러한 규범을 지켰으며, 『소학』을 읽지 못한 여자도 순응할 수밖에 없었다. 그 벽을 넘어설 생각을 대부분 하지 않았다.

여성의 재가가 금지된 시대

과부의 재혼을 금지한 과부재가금지법(寡婦再嫁禁止法)은 1477년(성종 8) 7월부터 실시되었다.

고려시대까지는 계급을 막론하고 과부의 재혼이 자유로웠으며 죄악시하지 않았다. 그러나 공양왕 때부터 산기(散騎) 이상인 자의 처로서 봉작 받은 과부의 재혼이 금지되었다. 또한, 6품 이상의 처는 남편이 죽은 뒤 3년 안에 재혼하는 것을 금하고, 수절하면 정려와 포상을 하여 과부의 수절을 장려하기 시작하였다.

조선시대에 성리학을 국풍으로 숭상하고 이를 강력히 실천하려는 추세에 따라 여자의 삼종(三從)의 도(道)가 강조되었다. 이로써 재가가 윤리적으로 비난되어 '짐승과 다름없다'고까지 하기에 이르렀다.

『경제육전』에 이미 양반 부녀가 부모형제·백숙부모·조카 등을 제외한 친척을 방문하거나 절에 가는 것을 실행(失行)으로 규정짓기 시작하였다. 1404년(태종 4)부터는 재가(再嫁)나 삼가(三嫁)한 과부를 실행한 여자와 마찬가지로 녹안(錄案)하게 되었다. 1436년(세종 18)부터는 재가·삼가녀의 자손은 사헌부·사간원·육조의 관원으로 등용하지 않는 금고법(禁錮法)이 논의되기 시작했으며, 특히 삼가가 문제시되었다.

드디어 1477년 7월 과부재가의 법적 규제에 관해 많은 논란을 거친 끝에 "재가한 사족 부녀의 자손은 관리로서 등용하지 않는다"는 금고법을 입법, 시행하게 되었다. 이는 『경국대전』 이전(吏典) 경관직조(京官職條)에 규정되었으며, 형전 금제조(禁制條)에는 녹안하는 규정을 두었다.

이 법은 재가의 효력을 부정하거나 형사 처벌하는 직접적인 개가(改嫁) 금지는 아니었다. 즉, 금고법과 녹안에 의한 간접 금지였으나, 직접 금지의 효과가 있었다. 그런데 실제 당시까지만 해도 명문의 족보에는 재가나 삼가한 딸과 남편의 이름은 물론 그 자손도 등재되고 있었다. 처음에는 일련의 입법 조치가 즉시 실효를 거두지는 못했던 것이다.

그러나 시대를 내려오면서 양반계급에서는 재가하지 않는 것이 확고한 법으로서, 또 윤리로서 지켜졌다. 법률상 재가의 자유가 선언된 것은 1894년(고종 31) 6월 28일의 갑오개혁법에 의해서였다. 이것은 혁명적인 선언이기는 했으나 실제로는 재가하지 않았다. 이러한 의식과 윤리는 1950년대까지도 깊이 뿌리박혀 있었다.

과부재가금지법은 서자차별법·관습과 더불어 우리나라의 전통적인 가족제도를 규정짓는 하나의 특색이라고 할 수 있다.[1]

난설헌은 「유선사(遊仙詞)」에서 홀로 된 여성의 자유로운 재혼을 꿈꾸었다. 과부 재가금지가 난설헌 자신을 속박하는 문제는 아니었지만, 같은 여성의 문제를 자신의 문제로 인식하고 문학작품 속에서 해방을 꿈꾼 것이다.

> 청동이 과부로 천년을 혼자 살다가
> 천수의 신선과 좋은 인연을 맺었네.
> 하늘의 풍악소리가 추녀 밖에 울리자
> 북궁의 신녀가 발 앞까지 내려왔네.
> 青童孀宿一千年。天水仙郎結好緣。
> 空樂夜鳴簷外月、北宮神女降簾前。

제37수에서 청동은 하늘에서 내려온 선녀인데, 천수소년 조욱(趙旭)과 재혼한다. 조선 사회에서 여성은 재혼이 금지되어 있고, 『경국대전』

---

1   『한국민족문화대백과사전』「과부재가금지법(寡婦再嫁禁止法)」

에 재가녀(再嫁女)의 자손은 벼슬을 할 수 없다는 규정이 있었다. 인간 세상에서는 "지하에 가면 두목지를 따르리라〔地下長從杜牧之〕"는 시가 조작되어 그를 비난받게 했지만, 그는 스스로 좋은 남자를 찾아 재혼하는 청동을 내세워 자유결혼을 노래하였다.

공부를 많이 해도 벼슬할 자격이 없던 시대

여성은 과거에 응시할 수 없었으니, 당연히 벼슬할 길이 없었다. 여성의 관직은 두 가지 뿐이었는데, 내명부(內命婦)는 왕과 왕비의 시중을 드는 임무를 맡았고, 외명부(外命婦)는 남편의 지위에 따라 교지 한 장을 더 받는 것에 지나지 않았다. 신라시대에는 여왕도 있었지만, 성리학을 기반으로 삼았던 조선시대에는 내외분별에 따라 사대부 부인이 집밖에 나가 활동할 수가 없었다.

중국에선 여성에게도 벼슬을 주었다. 명나라 초기에는 지식이 있는 여성들이 여수재(女秀才)가 되어 상공국(尙功局)에 들어갈 수 있었으며, 덕종(德宗) 때에는 시부(詩賦)와 경사대의(經史大義) 시험을 실시하여 궁녀의 대접이 아닌 여학사(女學士)라 불렸다고 한다.[2]

난설헌은 「궁사(宮詞)」에서 자신을 여상서(女尙書)로 설정하였다.

> 천우각 대궐 아래 아침해가 비치면
> 궁녀들이 비를 들고 층계를 쓰네.
> 한낮에 대전에서 조서를 내리신다고

2 김성남, 『허난설헌 시 연구』, 소명출판, 2002, 26-27쪽.

발 너머로 글 쓰는 여상서를 부르시네.

千牛閣下放朝初。擁簧宮人掃玉除。

日午殿頭宣詔語、隔簾催喚女尙書。

「광한전백옥루상량문」에선 광한전 주인이 백옥루를 새로 지으면서 상량문을 지을 문인이 없어 자신을 불렀다고 상황을 만들었는데, 「궁사」에서는 임금이 조서를 내리면서 남성 문관이 아닌 여상서를 불렀다고 했다.

여상서는 동한(東漢)과 위(魏)나라 때에 궁중에 설치되었던 여관직(女官職)인데, 문서의 직무를 맡았다. 난설헌은 자신이 당연히 이 벼슬을 맡을 만하다고 자부했기에, 조선에는 없는 여성 문인의 관직을 시 속에 설정하고 자신이 그 임무를 맡았던 것이다. 이 시는 「궁사」의 제1수이니, 나머지 제20수까지는 여상서의 눈으로 본 궁중의 모습을 쓴 셈이다.

난설헌의 시에는 폐쇄적인 조선 사회를 비유하거나 상징하는 동굴(洞), 굴(穴), 다락(樓), 궁(宮), 규방(閨) 등의 닫힌 공간이 많이 보인다. 그러나 시인 난설헌의 시선은 현실을 도피하지 않고 세상을 바라보고 있어, 「빈녀음(貧女吟)」, 「출새곡(出塞曲)」 등으로 확산된다. 일반인들이 접근할 수 없는 왕궁(王宮)의 생활을 읊은 칠언절구 「궁사(宮詞)」 연작시 20수도 그러한 의도에서 지어졌다.

왜 이 시대 이 나라에 태어났는가

폐쇄적인 16세기 조선 사회에서 사방을 둘러보아도 친정 바깥에서는 누구 하나 그에게 사랑을 베풀어 주고 따뜻한 말 한마디 건네줄 사람이 없었다. 친정에서 자라나던 시절과는 모든 것이 너무나도 달랐다.

그토록 괴로운 나날을 보내면서 그는 자기가 살고 있는 조선이라는 사회에 대해서, 그리고 남편이라는 김성립에 대해서 회의를 느끼기 시작했다. 이것이 바로 전설로 전해지는 난설헌의 세 가지 한(恨)이었다.

첫째, 이 넓은 세상에서 하필이면 왜 조선에 태어났는가.
둘째, 하필이면 왜 여자로 태어났는가.
셋째, 하필이면 수많은 남자 가운데 왜 김성립의 아내가 되었는가.

첫째와 둘째의 불만은 난설헌의 선천적인 재능에서 오는 필연적인 불만이다. 유교사상에 찌들은 사회, 남존여비를 숭상하여 아무리 글재주가 뛰어났더라도 여자이고 보면 사회에의 진출이 막히고 홀로 시들어 버려야 하는 사회, 삼종지도(三從之道)와 칠거지악(七去之惡)이란 틀을 만들어 놓고 모든 것이 남자를 위해서만 만들어진 사회에 대해서 한(恨)을 품었다는 것이다.

그런데 난설헌이 이러한 세 가지 한을 품었다는 이야기는 조선시대 기록에서는 근거를 찾아볼 수 없는 후대의 전설이다. 난설헌에 대하여 가장 잘 알고 가장 많은 것을 기록한 동생 허균도 난설헌이 세 가지 한을 품었다고 기록한 사실은 없다. 그를 비판하던 사대부들도 여자가 시를 지었다는 사실이나 남편 김성립에게 불만을 느꼈다는 전설은 지어냈지만, 세 가지 한에 관한 기록은 없다.

이 세 가지 한은 이숭녕(李崇寧)이 1930년 『청량(淸涼)』이라는 잡지에 일본어로 발표한 「허부인 난설헌(許夫人蘭雪軒)」이라는 논문에 처음 보인다. 당시까지 구전되던 설화를 문자로 처음 기록한 셈인데, 아마도 난설헌이 이러한 세 가지 한을 품었으리라고 생각한 민중들의 마음이 몇백 년 전해져 왔던 것이리라. 이숭녕은 그 뒤에 난설헌 무덤의 비석을 새로 세울 때에 비문을 썼으며, 난설헌시비를 세울 때에도 앞장서서 참여했을 정도로 당시로서는 앞서갔던 난설헌 예찬론자였다.

첫째 한은 난설헌뿐만 아니라, 자신의 재주를 좁은 조선 땅에서 맘껏 펼치지 못해 아쉬워했던 일부 뛰어난 남성 사대부들도 느꼈다. 그래서 허균이나 박지원은 넓은 중국 땅에서 중국 문인들에게 자신의 문장을 뽐내보려고도 했다. 난설헌의 작은오라버니 허봉의 친구인 백호(白湖) 임제(林悌)가 세상을 떠날 때에 가족들이 슬퍼하자,

> "사해의 여러 나라들이 황제를 일컬어 보지 않은 나라 없건만, 유
> 독 우리나라만 예로부터 그래보지 못했다. 이 같은 나라에 태어났으
> 니, 그 죽는 것을 어찌 애석해할 게 있느냐 곡을 하지 말아라."

고 유언하였다는 이야기가 성호(星湖) 이익(李瀷)의 저서『성호사설』 권9「선희악(善戲謔)」에 실려 있다.

임제는 희학(戲謔)이라는 글자 그대로 우스갯소리로 중국을 넘어서 려 했는데, 임제와 달리 조선뿐만 아니라 여자라는 굴레까지도 덧씌워 졌던 난설헌은 선계(仙界)라는 공간을 설정하여 세 가지 한을 풀었다. 『난설헌집』에 실린 시의 절반 이상의 유선시(遊仙詩)가 바로 세 가지 한을 푸는 열쇠였다.

폐쇄적인 시대를 넘어서 천상으로 올라간 난설헌

「광한전백옥루상량문」에서는 광한전 주인이 백옥루를 새로 지으면 서 상량문을 지을 문인이 없어 자신을 불렀다고 상황을 설정하였는데,

「궁사」에서는 임금이 조서를 내리면서 남성 문관이 아닌 여상서를 불렀다고 했다.

여상서는 동한(東漢)과 위(魏)나라 때에 궁중에 설치되었던 여관직(女官職)인데, 문서의 직무를 맡았다. 난설헌은 자신이 당연히 이 벼슬을 맡을 만하다고 자부했기에, 조선에는 없는 여성 문인의 관직을 시 속에 설정하고 자신이 자임(自任)한 것이다. 이 시는 「궁사」의 제1수이니, 나머지 제20수까지는 여상서의 눈으로 본 궁중의 모습을 쓴 셈이다.

광한전 주인이 여러 신선을 초청해놓고 보니 누각이 좁을 것 같아 백옥루를 새로 짓고, 난설헌 자신을 불러 상량문을 짓게 했다는 「광한전백옥루상량문」의 공간 구성도 난설헌이 중세 조선이라는 시간과 공간을 초극(超克)하려는 문학적 구도이다.

> (광한전) 주인의 이름은 신선 명부에 오르고, 벼슬도 신선 반열에 들어 있어서, 태청궁에서 용을 타고 아침에 봉래산을 떠나 저녁에 방장산에서 묵었다. 학을 타고 삼신산을 향할 때에는 왼쪽에 신선 부구(浮丘)를³ 붙잡고, 오른쪽에 신선 홍애(洪崖)를⁴ 거느렸다. (…)
>
> 여러 신선들이 모여들 것을 생각해보니, 상계에 거처하던 누각이 오히려 비좁게 느껴졌다.⁵ (…) 새벽에 상원부인을 맞아들이자 푸른 머리는 세 갈래 쪽이 흩어졌고, 낮에 상제의 따님을 만났더니 황금 북[梭]으로 아홉 무늬 비단을 짜고 있었다. 요지(瑤池)의 여러 신선

---

3   생황을 잘 불었던 신선인데, 천태산의 도사이다. 부구공(浮邱公)이라고도 한다.
4   악박(樂拍)으로 이름난 신선이다. 곽박(郭璞)의 「유선시」에서도 왼쪽에 신선 부구를, 오른쪽에는 신선 홍애를 노래하였다.
5   광한전에 모여들 신선들을 생각하니, 이곳이 너무나 좁게 느껴졌다. 그래서 백옥루를 새로 지을 생각을 하게 된 것이다. 이 뒤부터는 광한전으로 모여드는 신선을 소개한 글이다.

들은 남쪽 봉우리에 모였고, 백옥경의 여러 임금들은 북두칠성에 모였다. (…)

이에 십주(十洲)에[6] 통문을 보내고 구해(九海)에 격문을 급히 보내어, 집 밑에 장인(匠人)의 별을 가두어 놓게 하였다.[7] 목성이 재목을 가려 쓰고 철산(鐵山)을 난간 사이에 눌러 놓으니, 황금의 정기가 빛을 내고 땅의 신령이 끌을 휘둘렀다. 노반(魯般)과 공수(工倕)에게서[8] 교묘한 계획을 얻어내어 큰 풀무와 용광로를 쓰고, 기이한 재주를 도가니에 부리기로 했다.

푸르고 붉은 꼬리를 드리우자 쌍무지개가 별자리의 강물을 들여 마시고, 붉은 무지개가 머리를 들자 여섯 마리 자라가 봉래섬을 머리에 이었다. 구슬 추녀는 햇빛에 빛나고, 붉은 누각이 아지랑이 속에 우뚝했다. 비단 창가에는 유성이 이어지고, 푸른 행랑을 구름 너머에 꾸몄다.

옥기와는 물고기 비늘같이 이어졌고, 구슬계단은 기러기같이 줄을 지었다. 미련(微連)이 깃대를 받드니 월절(月節)이 자욱한 안개 속에 내리고, 부백(鳧伯)이[9] 깃대를 세우자 난초 장막이 삼진(三辰)에 펼쳐졌다. 비단 창문의 수술을 황금 노끈으로 매듭짓고, 아로새긴 난간의 아름다운 누각을 구슬 그물로 보호하였다. (…) 이에 봉황이 춤추

---

6 서왕모가 한나라 무제에게 이야기해준 신선세계인데, 열 개의 섬이다.

7 여기부터는 백옥루를 짓는 모습을 표현하였다.

8 원문의 반수(般倕)는 이름난 장인(匠人)인 노반과 공수이다. 노반은 노나라 애공 때의 목공인데, 성을 쳐들어갈 때에 사용하는 구름사다리를 만들어 이름났다. 노반(魯班 ·魯盤), 또는 공수반(公輸班)이라고도 한다. 공수는 요임금 때의 뛰어난 장인이다.

9 한나라 현종 때에 왕교(王喬)가 섭(葉)현령이 되었는데, 왕교는 신기한 기술이 있어 매달 삭망 때마다 조회에 참석하였다. 그가 자주 오는데도 수레가 보이지 않자, 황제가 몰래 태사를 시켜 그가 오는 것을 엿보게 하였다. 그랬더니 그가 동남쪽으로부터 한 쌍의 오리를 타고 오는 것이 보였다. 그러나 그가 온 뒤에 보니, 한 쌍의 신발만 있었다고 한다. 그 뒤로 왕교를 부백(鳧伯)이라고 하였다.

는 잔치를 베풀고, 제비가 하례하는 정성을 펼치게 하였으며, 널리
백여 신령을 초대하고, 널리 천여 성인을 맞이하였다.[10]

　서왕모를[11] 북해에서 맞아들이자 얼룩무늬 기린이 꽃을 밟았고, 노
자를 함곡관에서 영접하자 푸른 소가 풀밭에 누웠다.[12] 구슬 난간에
는 비단무늬 장막을 펼쳤고, 보배로운 처마에는 노을빛 휘장이 나직
하게 드리웠다. (…) 구슬 돗자리와 옥방석의 빛은 아홉 갈래의 등불
에 흔들리고, 푸른 연과 하얀 복숭아 소반에는 여덟 바다의 그림자가
담겼다. (이 모든 것이 다 갖춰졌지만) 구슬 상인방에 (상량문) 글이
없는 것만이 한스러웠다.

　그래서 신선들에게 노래를 바치게 하였지만, 「청평조(淸平調)」를
지어 올렸던 이백(李白)은 술에 취해서 고래 등을 탄 지 오래고,[13]

10　백옥루 상량식에 많은 신선들이 초대되었다.

11　중국 곤륜산에 살았다는 여신인데, 성은 양(楊), 또는 후(侯)이고, 이름은 회(回), 또
　　는 완영(婉姈)이다. 『산해경』에는 사람 모습에 표범 꼬리와 호랑이 이빨을 하고, 풀어
　　헤친 머리에 꾸미개를 꽂았으며, 노래를 잘 부른다고 했다. 그러나 『목천자전(穆天子
　　傳)』에는 훨씬 인간화된 모습으로 그려져 있다. 주나라 목왕이 서쪽으로 여행하다가
　　요지 위에서 서왕모를 만나 선도(仙桃) 3개를 얻었다고 한다. 뒤에 한나라 무제가 장
　　수를 기원하자, 그를 기특하게 여겨 선도 7개를 가지고 내려왔다는 전설도 있다.

12　노자의 성은 이씨이고, 이름은 이(耳)이며, 자는 백양(伯陽)인데, 진나라 사람이다.
　　은나라 때에 태어나 주나라에서 주하사(柱下史) 벼슬을 하였다. 정기를 보양하기 좋아
　　하여, (다른 사람으로부터 정기를) 받아들이고 내보내지 않는 것을 귀하게 여겼다.
　　수장사로 전임되어 80여년을 지냈는데, 『사기』에는 "200여 년"이라고 되어 있다. 당시
　　에는 은군자로 불렸으며, 시호는 담(聃)이라고 했다. 공자가 주나라에 이르러 노자를
　　만나보고는 그가 성인임을 알아, 곧 그를 스승으로 삼았다. 나중에 주나라의 덕이 쇠하
　　자 푸른 소가 끄는 수레를 타고 떠나 대진국(大秦國)으로 들어가는 길에 서관(함곡관)
　　을 지나게 되었는데, 관령(關令) 윤희(尹喜)가 기다렸다가 그를 맞이한 뒤에 진인(眞
　　人)임을 알고는 글을 써 달라고 억지로 부탁하였다. 그래서 (노자가) 『도덕경』 상·
　　하 2권을 지었다. -유향 『열선전(列仙傳)』

13　이백이 채석강에서 배를 타고 술 마시다가, 달을 건지려고 몸을 기울이는 바람에 물에
　　빠져 죽었다는 전설이 있다. 그래서 고래를 타고 하늘에 올라갔다는 전설까지 생겼다.
　　그러나 실제로는 59세 되던 770년에 장개의 난을 피해서 형주로 갔다가, 현령이 보내

옥대(玉臺)에서 시를 짓던 이하(李賀)는[14] 사신(蛇神)이 너무 많아서 탈이었다. (백옥루) 새로운 궁전에 명(銘)을 새긴 것은 산현경(山玄卿)의 문장 솜씨인데, 상계에 구슬을 아로새길 채진인(蔡眞人)은 이미 세상을 떠났다.

(나는)[15] 스스로 삼생(三生)의 티끌 세상에 태어난 것이 부끄러운데, 어쩌다 잘못되어 구황(九皇)의[16] 서슬 푸른 소환장에 이름이 올랐다. 강랑(江郎)의[17] 재주가 다해서 꿈에 오색찬란한 꽃이 시들었고, 양객(梁客)이[18] 시를 재촉하니 바리에 삼성(三聲)의 소리가 메아리쳤다. 붉은 붓대를 천천히 잡고 웃으며 붉은 종이를 펼치자, 강물이 내달리듯, 샘물이 솟아나듯 (상량문) 글이 지어졌다. 자안(子安)의[19] 이불을 덮을 필요도 없었다. 구절이 아름다운데다 문장도 굳세니, 이백의 얼굴을 대해도 부끄러울 것이 없었다.

그 자리에서 비단 주머니 속에 있던 신령스러운 글을 지어 올리고, (백옥루에) 두어서 선궁(仙宮)의 장관을 이루게 하였다. 쌍 대들보에 걸어 두고서 육위(六偉)의[20] 자료로 삼는다.

준 술과 쇠고기를 먹고 죽었다고 한다. 날씨가 너무 더워서 고기가 상했기 때문에, 식중독에 걸렸던 것이다.

14 장길(長吉)은 당나라 시인 이하의 자이다. 그의 시에는 여인과 사랑 이야기도 많지만, 죽음과 귀신 이야기도 많다. 아름다우면서도 을씨년스러운 분위기가 이따금 있는데, 그는 결국 27세에 요절했다.

15 난설헌 자신을 가리킨다. 자신은 신선이 아니라 인간인데도, 신선세계 백옥루의 상량문을 지어 달라고 초대받았다고 상상한 것이다.

16 도가의 신선인 구황진인(九皇眞人)이다.

17 양나라 천재 문장가인 강엄(江淹)인데, 말년에 재주가 다하자 더 이상 아름다운 글을 짓지 못했다고 한다.

18 강엄이 양나라 사람이라서 양객(梁客)이라고 하였다.

19 자안(子安)은 신선 황자안(黃子安)을 가리킨다. 한양에 황학루(黃鶴樓)가 있었는데, 진(晉)나라 신선 황자안이 이곳에서 황학을 타고 노닐었다.

같은 시대의 많은 여성들은 억압을 당연히 받아들였으며, 일부 여성들은 불만을 토로했지만 글로 표현하지 못했다. 난설헌이 지은 「광한전백옥루상량문」은 억압에 대한 불만 토로라든가 항거가 아니라, 그 공간을 뛰어넘어 천상에 무대를 설치하였다. 그는 조선 사회 자체가 천하의 중심이 아니라 갇혀진 사회라고 생각했기에, 벽을 넘어갈 생각을 한 것이 아니라 뛰어올라서 내려다보기로 한 것이다.

『난설헌집』 앞부분에 실린 「감우(感遇)」와 같은 발상이다.

> 어젯밤 꿈에 봉래산에 올라
> 갈파의 못에 잠긴 용의 등을 탔었네.
> 신선들께선 푸른 구슬지팡이를 짚고서
> 부용봉에서 나를 정답게 맞아 주셨네.
> 발 아래로 아득히 동해물 굽어보니
> 술잔 속의 물처럼 조그맣게 보였어라.
> 꽃 밑의 봉황새는 피리를 불고
> 달빛은 고요히 황금 물동이를 비추었네.
> 夜夢登蓬萊、足躡葛陂龍。
> 仙人綠玉杖、邀我芙蓉峰。
> 下視東海水、澹然若一杯。
> 花下鳳吹笙、月照黃金罍。

봉래산은 바다 속에 있다는 신선산이다. 그래서 이곳으로 가려면 갈파의 물에 있는 용을 타야 한다. 신선들처럼 푸른 구슬 지팡이를 짚고서 부용봉으로 올라가 내려다보니 인간의 세계는 참으로 작고도 보잘

---

20 상량식을 마친 뒤에 떡을 던질 동서남북 상하 여섯 방향이 육위이다.

것없었다. 저 조그만 세계 조선 사회에서 사랑하고 미워하며, 슬퍼하고 눈물 흘렸던가. 봉래산은 금강산이니, 동해(東海)는 고향 강릉의 앞바다기이기도 하다. 그는 선녀인지라, 세속의 눈물과 슬픔을 모두 잊어버리고 하늘나라의 생활을 즐길 뿐이다.

허균도 이 상량문을 난설헌 문학의 대표작이라 생각했기에, 수안군수로 있던 1605년 5월에 명필 석봉(石峰) 한호(韓濩)를 수안 충천각으로 초청해 글씨를 쓰게 했다. 이 작품은 문집인 『난설헌집』보다 먼저 목판본으로 간행되어 중국에까지 퍼졌다.

시대를 앞서가며 여성의 시도 차별하지 않고 평가한 허균

여성들은 남성들같이 정식으로 한문학 공부를 하지 못했을 뿐만 아니라, 평생 공부만 할 수도 없었다. 과거시험에 떨어진 선비들은 대부분 붙을 때까지 평생 공부만 했다. 선비가 글을 읽지 않으면 할 일이 없었던 것이다. 그러나 대부분의 여성들은 평생 한문학 공부만 할 형편이 못되었으므로, 여성들은 한시를 공부하고 짓더라도 자연히 깊이나 넓이에서 남성보다 뒤떨어질 수밖에 없었다.

허균이 『학산초담』을 지을 때까지만 해도, 문집을 간행한 여성 시인은 아무도 없었다. 난설헌의 문집만 집안에 편집되어 있을 뿐이었다. 여성의 문집이 세상에 돌아다니지 않으므로, 시화(詩話)를 짓거나 시선집(詩選集)을 편찬해도 여성의 시는 평가의 대상이 되지 못했다.

김종직(金宗直, 1431-1492)이 삼국시대부터 자기가 살던 시대까지 126명의 시를 뽑아 1474년에 『청구풍아(靑丘風雅)』를 간행하면서 여성 시인은 한 사람도 뽑지 않았다.

예문관 대제학 서거정(徐居正, 1420-1488)이 어명을 받고 1478년에 편찬한 『동문선(東文選)』은 삼국시대부터 성종 때까지의 대표적인 문인 500여 명의 작품 4,302편을 뽑아 133권으로 엮었는데, 여성 시인의 시는 하나도 뽑지 않았다. 중국에서 『전당시(全唐詩)』를 편찬하면서 신라시대의 여성 시인 설요(薛瑤)와 진덕여왕(眞德女王)의 시를 뽑아 실었는데, 정작 우리나라에서는 이 여성들의 시를 내어버린 것이다.

여성 시인이 지은 한시를 시선집에 뽑아 싣거나 높이 평가한 것은 허균이 처음이었다. 그는 21세에 누이 난설헌이 세상을 떠나자 난설헌이 평생 지었던 한시를 기억나는 대로 모아서 문집을 편찬했으며, 25세에는 시화 『학산초담』을 지으면서 난설헌뿐만 아니라 이옥봉(李玉峰), 서익(徐益)의 첩, 서익의 첩의 아우, 정문영(鄭文榮)의 아내, 신순일(申純一)의 아내, 양사언(楊士彦)의 첩, 정철(鄭澈)의 첩, 금가(琴哥) 등의 시를 뽑아 싣고 평하였다.

1607년 이전에 조선 전기의 대표적인 시인 35명의 한시 888편을 뽑아 『국조시산(國朝詩刪)』을 편찬할 때에도 임벽당(林碧堂) 김씨(金氏), 조씨(曹氏), 양사기(楊士奇)의 첩, 가야선녀(伽倻仙女) 같은 여성 시인들의 시를 뽑아 실었다. 단순한 숫자로만 본다면 35명 가운데 4명을 여성 시인으로 채운 것이다.

허균은 젊은 시절에 학당파(學唐派) 시인답게 당풍(唐風)의 시만 모아서 선집(選集)을 내기도 했는데, 여기에도 당연히 난설헌의 시를 뽑아 실었다.

내가 일찍이 (최)고죽(孤竹 최경창)의 오언고시와 율시, 죽은 형님의 고가(古歌)와 행(行), 소정승(蘇政丞 소재 노수신)의 오언율시, 지천(芝川 황정욱)의 칠언율시, 손곡(蓀谷 이달)과 옥봉(玉峰 백광훈),

그리고 죽은 누님의 칠언절구를 모아서 한 책으로 만들었다. 이를
보니 그 음절과 격률이 모두 옛사람의 것에 가까웠다.

-『학산초담』 72

　　허균은 삼당시인과 그들의 선배인 소재 노수신, 지천 황정욱의 시
속에다 작은형 허봉과 누이 허난설헌의 시를 넣었는데, 남매라서가 아
니라 그들의 문학적 성취에 따라 자연스럽게 들어간 것이다. 그러나
19세기 실학자들까지도 난설헌이 한시를 지었다는 사실에 대해서 비
난한 것을 보면, 16세기에 지은 책 치고는 파격적으로 여성의 능력을
인정한 것이라고 볼 수 있다.
　　허균은 「유재론(遺才論)」이라는 논문을 지어 조선 사회에서 버림받
은 인재들을 등용하자고 주장하였다.

　　하늘이 (사람들에게) 재주를 고르게 주었는데 이것을 문벌(門閥)
과 과거(科擧)로써 제한하니, 인재가 모자라 늘 걱정하는 것도 당연
하다. 예로부터 지금까지 이 넓은 세상에서, 첩이 낳은 아들이라고
해서 어진 사람을 버리고 어미가 다시 시집갔다고 해서 그 아들의
재주를 쓰지 않는다는 말은 듣지 못했다. 우리나라만이 그렇지를 못
해서, 어미가 천하거나 다시 시집갔으면 그 자손은 모두 벼슬길에
끼이지 못하였다. (…)
　　한낱 아낙네가 원한을 품어도 하늘이 슬퍼해 주는데 하물며 원망
을 품은 사내와 홀어미가 나라의 반을 차지했으니, 화평한 기운을
이루기란 참으로 어려운 일이다.

　　허균은 이 글에서 여성에게 벼슬하고 활동할 기회를 주자는 주장까

지 한 것은 아니지만 두 번 시집간 여성의 아들에게 벼슬할 기회를 막아서 과부들이 재혼하지 못하게 막는 풍조를 비판하였다. "원망을 품은 사내와 홀어미가 나라의 반을 차지했으니, (조선이라는 나라가) 화평한 기운을 이루기란 참으로 어려운 일이다"라는 맺음말에서 여성들의 원망을 강하게 표현하였다.

사회제도를 바꿀 시대가 아직 아니었기에, 그는 자신의 저술 『학산초담』이나 『국조시산』에서 여성 시인들과 그들의 작품들을 규중 밖으로 자유롭게 이끌어냈다.

시대를 넘어서 난설헌의 시를 바르게 평가한 자하 신위와 매천 황현

허균이 난설헌을 비롯한 여성 시인들의 시를 찾아내어 소개하고 평가한 뒤에도 여성 시인들의 시가 제대로 평가받지 못하였다. 특히 가장 먼저 시집이 간행된 난설헌의 시와 인간에 대해서 많은 비난이 쏟아지고 호불호(好不好)의 편차가 심했는데, 시(詩)로써 시인(詩人)을 평가한 자하(紫霞) 신위(申緯)와 매천(梅泉) 황현(黃玹)이 우리나라의 대표적인 시인을 평하는 논시(論詩) 속에 난설헌을 넣어서 한국문학사에 제대로 자리매김을 하였다.

이에 비하면 신위(申緯, 1769-1845)가 지은 「동인논시절구(東人論詩絶句)」 35수는 동인(東人)이라는 제목부터 우리나라 시인 전체를 35수에 집약하여 중국에 알리려는 평가(評價)의 목적이 중심이다. 자하가 이 시에서 난설헌을 우리나라 제일의 규수시인으로 평가하였다.

규중의 여인은 높은 명성을 꺼리는 법이니
난설헌의 평가가 세상에서 서로 다르네.
부용꽃 스물일곱 송이 붉게 떨어지니
웃음 짓고 돌아가며 광한궁을 가리키네.

난설헌 허씨는 규중 여성 시인 가운데 으뜸
이니, 중국 사람들이 그 문집을 다투어 샀다.
홍경신(洪慶臣)과 허적(許稿)이 모두 "난설헌
의 시는 2~3편 외에 모두 다른 사람의 작품
이고 「백옥루상량문」도 허균이 지은 것이다."
하니 가소로운 일이다.

『학산초담』에 "누님이 평일에 몽중시(夢中詩)를 남겼으니, 시에
이르기를 '碧海浸瑤海, 靑鸞依彩鳳. 芙蓉三九朵, 紅墮月霜寒.' 하
였는데, 돌아가셨을 적에 향년이 27세였으니 3×9의 숫자에 부합된
다. 명의 길고 짧음이 이미 정하여졌으니 어찌 도망하겠는가?"라고
하였다.[21]

신위가 이 시를 1831년 5월에 지었는데, 신위의 문집인『경수당전고
(警修堂全藁)』에는 이 논시의 창작의도를 밝힌 서문이 없다. 단국대학
교 연민문고(淵民文庫)에 자하의 시를 뽑은『노하풍운(老霞風韻)』이라
는 시선집이 소장되어 있는데, 이 책에「동인논시절구 삼십오수(東人論

---

21 閨媛亦忌盛名中, 蘭雪人間議異同. 紅墮芙蓉三九朵, 歸程笑指廣寒宮.
原註: 蘭雪軒許氏, 爲閨媛中第一, 中朝人爭購其集. 洪慶臣, 許○皆言蘭雪詩二三篇外,
皆他人作, 白玉樓上梁文, 亦筠所撰云. 可笑. 鶴山樵談, 姊氏平日有夢中詩曰, 碧海侵
瑤海, 靑鸞倚彩鸞, 芙蓉三九朵, 紅墮月霜寒, 及上昇, 享年二十七, 恰符三九之數, 修短
之前, 豈可道乎.

詩絶句三十五首)」가 「해동논시절구(海東論詩絶句)」라는 제목으로 실려 있고, 다음과 같은 서(序)가 붙어 있다.

> 東人論詩絶句三十五首는 내가 紫霞山에서 요양하는 틈틈이 느낀 바가 있으면 붓 가는 대로 기록한 것인데, 쌓인 것이 서른다섯 편이나 되었다. 우리나라 여러 시인들에 대해 그 風雅를 평가하여 스스로 생각하기에도 유감이 없다. 다만 孝宗·顯宗 이후로도 대가들이 연이어 나왔으니, 어찌 시가 없다고 할 수 있겠는가마는, 일절 논하지 않은 것은 뒷사람이 이어서 품평해 주기를 기다린 것이다.
>
> 辛卯年(1831) 가을 칠월 오일 紫霞老樵 씀[22]

"우리나라 여러 시인들에 대해 그 풍아(風雅)를 평가하여 스스로 생각하기에도 유감이 없다."고 하였으니, 자신의 평가에 스스로 만족했음을 알 수 있다. 그런데 이 서문에도 왜 이런 논시(論詩)를 지었는지, 구체적인 동기는 밝히지 않았는데, 후배 신석우(申錫愚)가 질문하자 이렇게 설명하였다.

> 내가 "논시절구는 王漁洋(王士禎)의 영향을 받으신 것 같습니다." 라 하니, 자하장께서는 "우리 동방의 詩歌가 흥성하여 볼 만한 것이 있어 중국에 傳示하려고 이 작품을 지었다네."라 하셨다.[23]

제목에 동인(東人) 두 글자를 넣은 것만 보아도 짐작할 수 있지만,

---

22 이현일, 「紫霞 申緯의 「東人論詩絶句三十五首」 다시 읽기」, 『한국한문학연구』 83, 2021, 340쪽.

23 余曰: "論詩絶句 似倣王漁洋體也." 紫霞曰: "吾東詩歌, 蔚有可觀, 欲爲傳示中國, 爲此擧爾." 같은 글, 342쪽.

결국 이 논시 35수는 청나라 문인들에게 우리나라의 대표적인 시인들을 소개하기 위해 창작했음을 알 수 있다.

자하는 성명(盛名)으로 고생했던 난설헌 허초희를 옹호하였으며, 주석에서 난설헌을 헐뜯었던 문인들의 실명을 거론하여 비판하였다. 자하가 이처럼 허난설헌을 높이 평가하고 옹호한 것은 무엇보다 우리나라 시인들 중에서 중국에 가장 널리 알려진 시인이 허난설헌이라는 사실을 고려해서일 것이고, 자신이 생각하는 이상적인 여성상에 부합하는 인물이어서 그랬던 것으로 판단된다. 또 당시 조선 문인들과 교유했던 청대(淸代) 문인들의 경우, 자신의 아내, 누이 등의 문집이나 그림 등을 보내서 품평을 부탁한 일도 적지 않았던 것이다.[24]

「동인논시절구(東人論詩絶句)」는 자하가 허균(許筠)-김창협(金昌協)-이덕무(李德懋) 등으로 이어지는 한문학 비평사의 대가들의 관점을 취사선택한 뒤, 자기 자신의 안목과 솜씨로 한국한시사(韓國漢詩史)를 정리하고 논평한 것이라 할 수 있다. 자하의 이 작품은 이상적(李尙迪)에 의해 청나라 정계와 문단의 원로인 기준조(祁寯藻)에게 전해진 것이 확인되므로, 중국에서도 조선의 한시에 관심 있는 문인들에게 소개되었을 가능성이 크다.[25]

황현(黃玹)의 「독국조제가시(讀國朝諸家詩)」에서 보면, 난설헌을 선녀와 같은 하늘나라의 재주로 평가하고 있다.

----

24 이현일, 같은 글, 368쪽.

25 『老霞風韻』, 26b: "東人論詩絶句 三十五首, 余在霞山疾病醫藥之暇, 偶有所感, 隨得隨筆, 積至三十餘篇之多. 其於東賢諸家, 揚扢風雅, 自謂無憾, 而孝, 顯以後, 鴻碩代興, 豈曰無詩, 槪不敢論者, 以俟後賢之繼有評品耳. 辛卯秋七月五日, 紫霞老樵書." 같은 글, 336쪽.

초당 가문의 세 그루 보배로운 나무

이 가운데 제일의 신선 재주는 경번에게 주어졌네.

티끌세상에 오래 머물기 어려워

처량한 부용꽃에 서릿달만 비치는구나.

三株寶樹草堂門。第一仙才屬景樊。

料得塵寰難久住、芙蓉凄帶月霜痕。

　세 그루 보배로운 나무는 하곡 허봉, 난설헌 허초희, 교산 허균을 가리키는데, 황현은 선재(仙才)를 기준으로 하여 이 가운데 난설헌이 제일이라고 평가하였다. 난설헌의 「유선사(遊仙詞)」를 비롯한 선계시를 그의 대표작으로 본 것인데, 이 두 글자를 통하여 자연스럽게 「몽유광상산시(夢遊廣桑山詩)」로 이어지며 그의 죽음까지도 선재(仙才)였다고 매듭지었다.

　티끌세상〔塵寰〕에 적응하지 못해 상흔(霜痕)을 지녔지만, 서리 맞은 부용꽃의 이미지를 그려내어 그의 선재(仙才)가 더 두드러지게 보인다. 1-2구의 칭찬으로 그치지 않고 티끌세상에서 비난받아 제명에 죽지 못한 난설헌의 아픔으로 마무리하여 조선 후기라는 시간과 공간이 여성 시인의 선재(仙才)를 죽였음을 넌지시 밝혀냈다. 18-19세기에 여러 여성 문인 학자들이 출현한 것을 보면 이삼백 년 앞서 혼자 태어나 시를 지었던 난설헌에게 시대의 공격과 비난이 집중되었던 것이다.

　자하 신위와 매천 황현 두 시인의 논시(論詩)에 오른 여성 시인은 난설헌 한 사람뿐이었으며, 두 사람 모두 난설헌을 높이 평가한 동시에 그가 비난받아 27세에 요절한 것을 슬퍼하였다. 이 두 시인은 논시(論詩)라는 형식을 통해 16세기 조선이라는 시대를 이겨내지 못하고 요절한 난설헌을 위로하는 동시에 되살려냈다.

강릉과 난설헌

강릉 명당 연꽃터에서 태어나다

난설헌은 1563년에 강릉 초당리에서 초당 허엽의 셋째 딸로 태어났다. 난설헌의 아우 허균이 강릉에서 지은 『학산초담』에서 "작은형과 난설헌도 또한 임영(臨瀛 강릉)에서 태어났다"고 기록했는데, 강원도문화재자료 제59호 「허난설헌 생가터」가 강릉시 초당동(강릉시 난설헌로 193번길 1-16)에 있어 초당 출생이 확인된다.

난설헌 생가터와 한옥 (사진: 주대중)

강릉부는 예전 명주(溟州) 땅이다. 산과 물이 아름다워 우리나라에
서도 으뜸인데, 산천이 정기를 지녀 뛰어난 사람들이 이따금 나왔다.
(…) 매월당(梅月堂)은 천고에 뛰어난 무리라서, 온 천하를 찾더라도
이런 인재는 절대로 얻을 수가 없다. (…) 요즘은 이율곡(李栗谷)이
또한 여느 사람들과 다르다. 작은형님과 누님 난설헌(蘭雪軒)도 임영
에서 정기를 타고 태어났다고 말할 만하다.   -『학산초담』

작은형님 허봉(許篈)까지 예를 든 것은 난설헌뿐만 아니라 허봉도
강릉 외가에서 태어났다는 뜻이다.

1976년 2월 18일자 『강원일보』에 강릉의 대표적인 고가 8채를 선정
하였는데, "댓골집 초당동 475의 3번지 1천여 평 대지에 지은 고가로
이조여류시인 허난설헌의 생가"를 첫째로 꼽으면서 "허난설헌의 부친
초당 허엽으로부터 전해오는 명당의 집터는 연꽃터 또는 열두대문집이
라고 불러왔고 김씨 최씨 정씨로 주인이 바뀌왔는데 택호도 김씨일 때
는 안초당댁, 최씨일 때는 최위관집, 정씨 주인일 때에는 댓골집으로
바뀌 오늘에 이르기까지 댓골집으로 불러오고 있다."고 소개하였다.

허균이 외가 애일당의 정기를 타고 태어나 교산(蛟山)이라고 호를
지은 것처럼, 난설헌도 강릉 명당 연꽃터에서 태어난 것이다.

초당 집안의 강릉 정착

초당(草堂) 허엽(許曄, 1517-1580)이 37세 되던 1553년 장령(정4품)
으로 재직할 때에 종가가 불에 타자 집을 다시 짓기 위해서 황해도 만호
(萬戶)에게 목재를 가져오게 했는데, 이것이 문제가 되어 파직되었다.

강릉 김씨 처가에서 상속받은 땅이 강릉에 있었으므로, 이때 강릉 처가로 내려가 경포호 옆에서 지냈다. 그가 이 마을에 살면서 초당이라는 지명이 생겼다고 한다.

허엽의 장인인 김광철(金光轍, 1493-1550)은 예조참판과 전라도 관찰사를 지낸 관원으로, 그의 집 애일당(愛日堂)이 지금의 강릉시 사천면 사천진리 159 일대에 있었다고 한다. 난설헌과 허봉, 허균의 외가(外家)는 사천에 있었음이 확실하다.

『명종실록(明宗實錄)』8년(1553) 9월 18일 기사에서는 이 사건을 이렇게 기록하였다.

> 양사(兩司)에서 아뢰었다. (…)
>
> "장령(掌令) 허엽은 성품이 본래 어두워 시비를 분변하지 못하며 마음 내키는 대로 제멋대로 행동합니다. 자기 집을 지으려고 평소 알지도 못하던 황해도 만호(萬戶)를 자기 집에 불러다가 재목을 수송해 오도록 요구하였습니다. 그 만호는 변통하여 마련하지 못할까 두려워하여 자신의 답답함을 어떤 재상집에 하소연하였습니다. 또 간의대 사령(簡儀臺使令)을 뽑아다가 그 집에 사역을 시키기도 했습니다. (…)【이감(李戡)은 허엽이 이조 좌랑이 되었을 때에 자기를 천거해 주지 않은 것에 대해서 원망을 품었다. 그때 마침 허엽의 종가(宗家)가 불에 타서 다시 집을 짓게 되었는데, 이감은 의심스러운 흔적을 찾아내 허엽을 몰아붙였다. 대사헌 윤춘년(尹春年)이 그 말을 믿고 허엽을 탄핵하려 하였는데, 어떤 사람이 윤춘년에게 '허엽이 짓는 것은 종가이다. 의심스러운 흔적을 가지고 논박한다면, 한지원(韓智源)과 심전(沈銓)은 어떻게 할 것인가?'라고 하니, 윤춘년은 '한지원과 심전은 참으로 죄가 있다 하겠거니와, 허엽은 사림의 명망을 받고

있으니 그런 일이 있어서는 안 될 것이다.'라고 하였다. 그 사람이 또 '그렇다면 명망이 있는 자만을 다스리고, 사람 축에 끼지도 못할 자들은 그대로 내버려 둔단 말인가?'라고 하니, 윤춘년은 대답을 못 하고 말았다. 그 후 허엽을 논박할 때에 한지원을 함께 논박하였으나 심전은 논박하지 않았다. 하는 일이 이와 같고서야 어떻게 사람들의 마음을 만족하게 할 수 있겠는가.】

(…) 지금 만약 탐욕스러운 풍습을 통렬히 개혁하고자 한다면 그 현저하게 드러난 자부터 통렬히 다스리지 않을 수 없습니다. 한지원은 관작을 삭탈하여 문외 출송하고 허엽은 파직시켜서 일벌 백계하소서."

왕이 답하였다.

"한지원과 허엽에 대한 일은 아뢴 대로 하라."【한지원은 이기와 윤원형에게 종처럼 아첨하여 여러 차례 큰 옥사를 일으켜 사림(士林)을 해쳤으므로, 사람들이 모두 눈을 흘겼다. 안명세(安名世)의 죽음이나 유감(柳堪)의 귀양은 모두 한지원이 모함한 것이다. 이때에 이르러 윤춘년은 사림이 통분하고 있음을 알고, 우선 탐욕을 부린다고 탄핵한 것이다.】

이 기사를 기록한 사관(史官)은 첫 번째 기사에서 '홍문관 교리 이감(李戡)이 사헌부 장령 허엽을 탄핵한 이유가 사적인 감정에 치우쳤다'고 비판하였다. 대사헌 윤춘년이 그러한 내막을 알고 허엽을 변명해 주다가 끝내 탄핵에 동조한 사실까지 비판하였다. 사관은 두 번째 기사에서도 삭탈관직된 한지원은 그럴만한 이유가 있다고 인정하여, 함께 파직된 허엽에게 안타까움을 나타냈다.

난설헌은 직접 외가 애일당에 관한 기록을 남기지 않았지만, 동생 허균이 지은 「애일당기(愛日堂記)」를 보면 외가의 위치와 모습을 짐작할 수 있다.

　강릉에서 북쪽으로 30리쯤 되는 곳에 사촌(沙村)이 있다. 동쪽으로 큰 바다를 마주하였고, 북으로는 오대산·청학산·보현산 등 여러 산을 바라보는 곳이었는데, 큰 냇물 한 줄기가 백병산에서 나와 마을 가운데로 흘러들었다. 이 냇물 주위에 사는 사람들이 위아래 수십 리에 걸쳐 수백 호나 된다. 이들은 모두 양쪽 언덕에 기대어 있는데, 냇물을 바라보며 문이 열려 있다.

　개울 동쪽의 산줄기는 오대산 북쪽으로부터 용처럼 꿈틀거리면서 내려오다가, 바닷가에 와서 모래로 된 화산수(火山戍)가 우뚝 솟았다. 그 아래에 예전에는 큰 바위가 있었는데, 개울이 엇갈리는 곳 그 밑바닥에 늙은 이무기가 엎드려 있었다.

　가정(嘉靖) 신유년(1561) 어느 가을날, 그 이무기가 그 바윗돌을 깨뜨리고 가버렸다. 그 바위는 두 조각이 난 채 속이 텅 비어 마치 문처럼 되었으므로, 사람들이 교문암(蛟門岩)이라고 불렀다.

　그곳에서 조금 남쪽에 언덕 하나가 있고, 그 가운데 쌍한정(雙閑亭)이 있다. 그 고을 사람 박공달(朴公達)과 박수량(朴遂良)이 노닐던[26] 곳이었기에 붙여진 이름이다. 교산의 모습은 굴곡지고 물은 깊어서 정기가 가득 어려 있으므로, 그곳에서 기이한 사람들이 많이 태어났다.

　나의 외할아버지 참판공(參判公)[27]께서 바다에서 가장 가까운 곳

---

26 박수량은 명종 때의 학자이자 효자인데, 사섬시 주부로 있다가 기묘사화 때에 파직되었다. 강릉으로 돌아와 조카 박공달과 함께 시와 술을 즐기면서 여생을 보냈다.

27 호조참판을 지낸 김광철(金光轍, 1493-1550)을 가리킨다. 본관은 강릉(江陵), 자는

에다 터를 잡고는 그 위에다 집을 지었다. 새벽에 일어나 창을 열면 해 뜨는 것이 보였다. 공께서 그 어머님을 모시고 노년을 맞았으므로, 이 집에다 애일(愛日)이라는[28] 이름을 지었다. 황문(黃門) 오희맹(吳希孟)[29]이 큰 글자로 편액 글씨를 써 붙이고, 태사 공용경(龔用卿)이 시를 지어 읊었다. 당시에 이름난 사람들이 이에 모두 화답하자, 애일당은 이로 말미암아 강릉에서 이름나게 되었다.

임진년(1592) 가을에 나는 어머님을 모시고 왜놈들을 피해서 북쪽으로부터 배를 타고 와서 교산(蛟山)에다 대었다. 애일당을 깨끗이 쓸고 머물렀는데, 외할아버지께서 돌아가신 지 43년이나 되었다. 그동안 뜰에 우거진 풀을 베지 않아서 담쟁이가 이리저리 얽혔고, 잡풀들이 더부룩했다. 울타리는 무너지고 집은 쓰러질 듯이 금이 갔다. 벽은 벌어지고, 그 위에 걸어 두었던 시판(詩板)들도 반이나 없어졌다. 비가 새어서 대들보가 더러워졌고 서까래도 썩은 것이 있었다. 난간과 창살은 뜯겨 있었다.

어머님께서 이를 보시고 울음을 터뜨리셨다. 나는 곧 종들을 독촉해서 더러운 것을 치워내고 풀들을 베었다. 물을 뿌려 쓸어낸 뒤에,

---

자유(子由)이다. 할아버지는 김대(金臺)이고, 아버지는 김세훈(金世勳)이며, 어머니는 권송(權悚)의 딸이다. 1513년 문과에 급제하였다. 1531년에 장령이 되어, 1532년에 사송(司訟)이 바르지 못하고 지체되는 일이 많자 바르게 고칠 것을 주장하였다. 1535년 장례원 판결사로 동지사가 되어 명나라에 다녀온 뒤, 1537년 예조참판이 되었다. 1542년 안동부사로서 흉년을 힘써 구제하고 검소함을 강조해 백성들을 잘 살게 했으므로, 이 공으로 포상을 받고 자급(資給)을 올려 받아 가의대부가 되었다. 예조참판으로 『중종실록(中宗實錄)』과 『인조실록(仁祖實錄)』의 편찬에 참여하였다. 1547년 첨지중추부사를 거쳐 동지중추부사가 되었다. 1548년 전라도관찰사로 나갔다.

28 애일(愛日)은 세월이 흘러가는 것을 안타깝게 여긴다는 뜻인데, 효자가 부모를 오래 모시고 싶어 하는 마음을 비유한 말이다.

29 공용경과 오희맹은 둘 다 중종 32년(1537)에 황태자의 탄생을 알리려고 우리나라에 찾아온 중국 사신이다. 황문이란 곧 환관이다.

그곳에 머물렀다.

아아! 선조께서 힘써 일구시어 어버이 모실 곳을 마련하심이 이처럼 부지런하셨건만, 후손들이 시들해서 서까래 몇 개 있는 집도 간수치 못하고 무너질 지경에까지 이르게 했으니, 그 죄가 참으로 크도다.

내 비록 어리석고 둔하나 마침 늙으신 어머님을 모시고 이 집을 지키니, 애일(愛日)의 마음이야 어찌 선조와 다르랴. 오직 마음을 다하고 힘을 기울여 이를 지켜서 어머님의 뜻을 편안케 모시고, 선조의 업을 닦아 한가롭게 노닐며 편안히 지내다가 내 생애를 마친다면, 황천에 가서 외할아버지를 따르며 노닐만 할 것이다.

이러한 사실을 기록하여 뒷사람에게 보인다.

애일당 터 앞 바닷가에 있는 교문암 (사진: 주대중)

가정(嘉靖) 신유년(1561)에 이무기가 바위를 깨뜨리고 가버려 교문암(蛟門巖)이라는 이름이 생기고 허균이 외가가 있는 애일당 뒷산 이름을 교산(蛟山)이라고 하여 자신의 호로 삼았다고 한다. 1561년이라면 난설헌이 태어나기 바로 2년 전이었으니, 교산이라는 호는 허균이 가져갔지만, 이무기의 전설은 난설헌에게도 해당되는 것이 아닐까?

온 가족이 강릉에 정착하여 사는 모습은 난설헌의 조카이자 악록(岳麓) 허성(許筬)의 3남인 동강(東岡) 허보(許宩, 1585~1659)에게서 확인된다. 초당에게서 장남 허성에게 상속된 땅에 정착하는 것이다.

가족을 데리고 명주로 가는 허동강을 전송하다

맑은 한강 구름 같은 백사장에 기러기가 오려는데
서풍이 월나라 사람을 불어 보내네.
궁박한 길에 이별하려니 마음 애절한데
역관에 떠돌며 살아도 검만 가까이 하겠지.
고개에서 물 갈라져 농서로 가니 가슴 아파라
관산에서 끊임없이 서울 그리며 울겠지.
녹문의 계획으로 멀리 떠나가니
훗날 연하풍광 속에 이웃하리라.
淸漢雲沙雁欲賓。西風吹送越鄕人。
窮途契闊心應切、候館羈棲劍獨親。
嶺水分流傷適隴、關山不斷泣思秦。
鹿門此計誠長往、他日煙霞擬卜隣。

－「送許東岡搬家累歸溟州」

명주(溟州)는 강릉(江陵)의 옛 이름이고, 허동강(許東岡)은 동강(東岡) 허보(許宩)이다. 전국시대 월나라의 장석(莊舃)이 초(楚)나라에서 높은 관직에 올라 부귀를 누리며 살 때에 병이 들었는데 월나라 소리로 신음하였다고 한다. 『사기(史記)』 권70 「장의열전(張儀列傳)」에 실린 이 이야기에서 고향을 그리워하는 사람을 월향인(越鄉人)이라고 하게 되었다.

녹문(鹿門)은 후한(後漢)의 방덕공(龐德公)이 유표(劉表)의 초빙을 거절하고 가족들과 함께 은거하였다는 산 이름이다. 친구 허보가 강릉으로 가니, 뒷날 자신도 그의 이웃에서 살겠다는 마음을 이렇게 표현하였다. 이민구(李敏求, 1589-1670)는 대제학 이정구(李廷龜)의 아들로 진사시와 문과에 모두 장원하여 자신도 대제학이 되었는데, 마포에서 함께 살며 공부하고 금강산도 함께 여행하였던 친구 허보가 고향으로 돌아가게 되자 슬퍼하며 이 시를 지어 주었다. 이민구는 뒷날 허보의 묘갈명도 지어 주었다.

초당에 한국 최초의 개인 도서관을 세운 허균

초당은 38세에 휴가를 얻어 독서당에서 글만 읽는 사가독서(賜暇讀書)의 영예를 얻었으며, 39세에는 모친상을 당하고, 46세에는 명종 앞에서 조광조(趙光祖)의 신원(伸冤)을 주장하다가 탄핵당하였다. 47세에는 삼척부사 부임 3개월 만에 파직되었으며, 이후에도 바른말을 하다가 자주 벼슬에서 물러났다. 그럴 때마다 그가 찾은 곳이 강릉이었다.

아버지 초당뿐만 아니라 막내아들 허균도 벼슬에서 물러나면 강릉에 돌아와 쉬었고, 벼슬에 있거나 유배지에 있으면서도 귀거래(歸去來)를 꿈꾼 마음의 고향이 강릉이었다. 난설헌이 어릴 적 살던 초당에 동생 허균이 개인 도서관을 세운 기록이 『성소부부고』 권7 『호서장서각기(湖墅藏書閣記)』에 실려 있다.

허균은 1602년 10월 4일에 사복시정(司僕寺正, 정3품)이 되고, 1603

년 여름까지 춘추관 편수관을 겸직했다. 8월에 벼슬이 떨어져서 금강산을 거쳐 강릉으로 돌아갔으며, 1604년 여름까지 강릉에 머물며 선비들과 교유하였다. 강릉부사 류인길(柳寅吉)과 가깝게 사귀며 시를 주고받다가, 류인길이 임기를 마치고 떠나면서 준 인삼으로 초당(草堂)에 호서장서각(湖墅藏書閣)을 설치하여 강릉 선비들에게 공개하였다. 『호서장서각기(湖墅藏書閣記)』의 내용은 이렇다.

강릉은 영동지방의 큰 도회지이다. 신라 때에는 북빈경(北濱京)이라 했으며, 또는 동경(東京)이라고도 불렀다. 김주원(金周元)이 식읍을 받은 이래 아름답게 꾸미고 사치해져, 상경(上京)과 견줄 만큼 화려하고 웅걸했다.

또한 문교(文敎)를 숭상하는 습속이어서, 옷차림을 갖추고 문필을 업으로 삼는 선비들 가운데 과거장에 달려 나간 이들이 잇따라서 숲을 이루었다. 풍속이 또한 돈후함을 숭상했으며, 노인을 공경하고 검소한 생활을 즐겼다. 백성들도 질박하고 착해서 기교를 부리지 않았다. 또한 해산물과 쌀의 수확도 풍요롭다. 산천의 뛰어난 경치만이 우리나라에서 으뜸일 뿐만 아니라, 여러 가지 좋은 점이 많다. 그래서 이 고을에 사또로 오는 이들이 모두 이에 연연하여, 갈 적에 우는 이들도 있었다. 그러기에 원읍현(員泣峴)이란 고개가 있으니, 강릉이 좋다는 것을 증명할 만하다.

류인길(柳寅吉)이 이 고을에 부임하여 청렴하면서도 어진 행정을 하였기에, 백성들이 친어버이처럼 떠받들었다. 일찍이 학문 일으키는 것을 자기의 맡은 일로 삼아 가르치고 권장하기를 조금도 게을리하지 않았기에, 선비들 가운데 분발하는 자들이 많았다.

그가 기한이 차서 돌아갈 때에, 명삼(明參) 서른두 냥을 나에게 넘

겨주며 말했다

"이것은 공물로 바치고 남은 것입니다. 돌아가는 길에 짐꾸러미를 번거롭지 않게 하려고 드리는 것이니, 그대의 약용에나 보태 쓰시오."

나는,

"감히 사사롭게 쓸 수는 없으니, 이 고을의 학자들과 함께 쓰고 싶소."

하고는 상자에 넣어 가지고 서울로 돌아왔다. 마침 중국으로 가는 사신 일행이 있어 그것으로 사서(四書)·육경(六經)·『성리대전(性理大全)』·『춘추좌씨전(春秋左氏傳)』·『국어(國語)』·『사기(史記)』·『문선(文選)』, 이백(李白)과 두보(杜甫), 한유(韓愈)와 구양수(歐陽修)의 문집, 사륙(四六), 『통감(通鑑)』 등의 책을 북경 시장에서 구해 가지고 돌아오게 했다. 이를 노새에 실어 강릉 향교로 보냈더니, 향교의 선비들은 류인길과의 의논에 끼이지 않았었다고 사양하기만 했다.

그래서 내가 경포(鏡浦)의 별장으로 나아가 누각 하나를 비우고서, 이 책들을 간직하였다. 고을의 선비들이 만약 빌려 읽고 싶으면 나아가 읽게 하고, 마치면 도로 간직케 하기를, 마치 이공택(李公擇)의 산방(山房)처럼 하였다. 이로써 류 부사가 학문을 일으키고 인재를 양성하려던 뜻을 이룰 수 있게 되기 바란다.

의관과 문필을 갖춘 선비들이 줄지어 늘어서서 마치 옛날의 흥성하던 시절처럼 된다면 나도 그 공을 함께 나누어 지닐 터이니, 또한 다행스런 일이 아닌가?

나는 세상 여론에 거리낌을 입어 관운이 더욱 삭막해지니, 장차 인끈을 내던지고 동쪽 고향으로 돌아와서 만 권 책 속에 좀벌레나 되어 남은 생애를 마치고자 한다. 이 책을 지니게 되어 늙은 나에게 즐길 만한 밑천이 되니, 기뻐할 뿐이다. 여러 선비들이 이 책들을 갑에 넣어 좀약을 치고 햇볕도 쬐어 잃어버리거나 훼손되는 지경에 이르지 않게 한다면, 운기(運氣)를 보고 점치는 자가 반드시,

"하슬라(下瑟羅)의 옛터에 무지갯빛이 일어 하늘에 빛나고 달을 찌르니, 틀림없이 기이한 책이 그 아래 있을 것이다."

라고 말할 것이다. (이러한 사연을) 삼가 기록한다.

류인길이 강릉을 떠날 때의 분위기는 『명주잡저(溟州雜著)』 별서(別書)에 보이는데, "계묘년(1603)에 내가 풍악(楓岳)에서 명주 외가로 돌아왔는데, 명주는 마침 큰 풍년이 들었고 원님 류인길(柳寅吉)은 임기가 차서 백성들이 그의 떠남을 애석히 여겨 그를 위하여 집집마다 잔치를 베풀었다"고 하였다.

류인길은 공물로 쓰고 남은 명삼(明參)을 허균에게 약(藥)으로 쓰라고 선물하였지만, 류인길이 임기 중에 학문을 일으키는 것을 일삼았기에 허균은 그의 뜻을 살리기 위해 중국에서 책을 구입하여 향교로 보냈다. 그가 주문했던 책 목록을 보면 자신이 읽기 위해서 구입한 책이 아니라 지방 선비들이 학문에 필요한 책을 구입했음을 알 수 있다.

류인길이 준 인삼을 보약으로 사용해도 되고, 자신이 필요한 책을 구입해도 되었지만, 그는 지방 선비들과 함께 읽을 책을 구입하였다. 나중에 벼슬을 버리고 고향으로 돌아오면 이 책들을 보며 즐기겠다고 했지만, "고을의 선비들이 만약 빌려 읽고 싶으면 나아가 읽게 하고 마치면 도로 간직케 하기를, 마치 이공택(李公擇)의 산방(山房)처럼 하였다."

이 책들은 허균 혼자 보면서 즐기는 책이 아니라, 고을 선비들과 함께 보며 즐기는 책이다. "여러 선비들이 이 책들을 갑에 넣어 좀약을 치고 햇볕도 쬐어 잃어버리거나 훼손되는 지경에 이르지 않"게 해달라고 부탁하였으니, 소장(所藏)과 운영(運營)까지 맡긴 것이다.

강릉시에서 초당 난설헌 생가터 옆에 설치한 호서장서각터 안내판 (사진: 주대중)

허균 당대 강릉에 김씨(金氏)나 심씨(沈氏) 문중에 책이 많았지만 강릉 주민들에게 공개한 적은 없었으니, 이 지역 최초의 작은 도서관이라고 할 만하다. 지식을 독점할 것이 아니라 공유하자는 허균의 생각과 실천을 엿볼 수 있다.

난설헌이 강릉을 노래한 시

난설헌의 강릉 시를 소개할 때에 늘 등장하는 시가 바로 「죽지사(竹枝詞)」 제3수이다. 죽지사(竹枝詞)는 주로 지방의 풍속이나 여인의 정서를 읊는 가사(歌詞)의 일종으로, 칠언절구 연작시이다. 다양한 풍속을 한 수로 읊기는 힘들기 때문이다. 조선 전기에는 김시습(金時習)이나 성현(成俔)의 시집에 처음 보이다가, 난설헌이 다시 지었다.

소식(蘇軾)의 「죽지가(竹枝歌) 자서(自序)」에 의하면, 죽지사는 본래 초(楚)나라에서 발생한 노래로 회왕(懷王)·굴원(屈原)·항우(項羽) 등의 슬픈 이야기가 전승되어 원통하고 애달픈 곡조를 이루게 되었다고 한다.

당나라 시인 유우석(劉禹錫)이 통주자사로 좌천되었다가 낭주사마(朗州司馬)로 옮겨졌는데, 그 지방 민요를 들어보니 너무 저속해서 차마 들을 수가 없었다. 그래서 그 지방의 민속을 소재로 해서 칠언절구 형태의 「죽지신사(竹枝新辭)」 9장을 지었다. 그뒤부터 지방 토속을 소재로 다룬 칠언절구들이 많이 지어졌는데, 이러한 시들을 계속 「죽지사」라고 했다. 「죽지사」는 그 뒤에 사패(詞牌)의 이름으로 바뀌었다가, 악부체 시가 되었다. 후세에는 사랑을 소재로 한 「죽지사」도 많이 지어졌으며, 외국의 풍속과 인물을 노래한 「외국죽지사」도 많이 지어졌다. 우리나라에는 조선 후기에 악부시가 유행하였는데, 이때 「죽지사」가 많이 지어졌다.

죽지사가 지방 풍속을 노래한 가사이다보니, 난설헌이 「죽지사」라는 제목으로 강릉의 풍속을 노래한 것은 당연하다.

죽지사 3

우리 집은 강릉 땅 시냇가에 있어
문 앞 흐르는 물에서 비단옷을 빨았지요.
아침에 목란배를 한가히 매어 두고는
짝 지어 나는 원앙새를 부럽게 보았어요.
家住江陵積石磯。門前流水浣羅衣。
朝來閑繫木蘭棹、貪看鴛鴦相伴飛。   -「竹枝詞」

적석기(積石磯)는 강가에 돌이 무더기로 쌓인 곳인데, 강물이 들이쳐서 저절로 쌓이기도 했고, 빨래터를 만들려고 일부러 쌓기도 했다. 난설헌의 고향인 강릉 초당의 시냇가 빨래터를 가리킨다. 경포호로 이어지는 곳이어서 조각배가 있을 수도 있지만, 목란배는 민요에 흔히 쓰이는 소품이기도 하다.

　죽지사는 시인 자신이 살고 있는 고장의 민속을 노래하기도 했지만, 당나라 악부 죽지사에 흔히 나오는 민속을 노래하기도 했다. 이 시에 나오는 강릉은 난설헌의 고향이기도 하지만, 춘추시대와 전국시대 초나라의 도읍이었던 강릉, 지금의 호북성(湖北省) 형주시(荊州市)를 가리키기도 한다. 형주는 『삼국지』의 무대일 뿐만 아니라, 장강(長江)과 한수(漢水)로 둘러싸여 물산이 풍족한 도시였기에 풍류객들이 몰려들고 유흥지가 발달한 곳이어서 난설헌이 사랑 노래를 중유적으로 쓴 것이다.

장사꾼의 노래 3

돛 달고 바람 따라 잘 가다가
여울 만나면 이내 머물죠.
서강의 물결이 사납다 보니
며칠 걸려야 형주에 닿으려나.
掛席隨風去、逢灘卽滯留。
西江波浪惡、幾日到荊州。

　장사꾼의 노래인 「고객사(賈客詞)」에도 형주가 나온다. 형주는 호북성 강릉현의 옛 이름이니, 물산이 풍부한 만큼 장사꾼도 많았다. 제목은 장사꾼의 노래이지만, 집 떠나 돌아오지 않는 남편을 기다리는 장사꾼 아내의 노래이다. 난설헌이 강릉 장사꾼 여인에게 의탁하여 남편 기다리는 자신의 마음을 읊은 시이다.

　난설헌의 고향인 강릉(江陵) 위에 양양(襄陽)이 있는데, 중국 호북성에도 강릉 위에 양양이 있다. 이곳도 역시 물산이 풍족하여 풍류객들이 모여들던 곳이어서 죽지사에 자주 등장한다.

대제의 노래

1.
양공의 비에 눈물 떨어지고
고양 연못을 봄풀이 메웠네.
그 누가 술 취해 말을 타고서
흰 두건 거꾸로 쓰고 갔던가.
淚墮羊公碑、草沒高陽池。
何人醉上馬、倒着白接罹。 　　　　　　　　 -「大堤曲」

대제(大堤)는 호북성 양양 남쪽의 이름난 유흥가이다. 「대제곡」도 악부체 시인데, 대개 술이나 풍류를 주제로 하고 있다.

양양 태수였던 양호(羊祜)가 선정을 베풀었는데, 그의 비석을 현산에 세웠다. 뒷날 두여(杜預)가 그 비석을 보고 눈물을 흘렸다. 그래서 타루비(墮淚碑)라고도 한다.

고양의 연못은 호북성 양양에 있는데, 본래 습가지(習家池)라고 했다. 진(晉)나라 습욱(習郁)이 양어장으로 만들었는데, 애주가인 산간(山簡)이 양양태수로 와서 호화롭게 놀았다.

진나라 시인 산간이 형주의 지방관으로 있으면서 양양에 오면 늘 고양의 연못에 가서 놀았는데, 술에 취하면 흰 두건을 거꾸로 쓰고 말에 올라탔다고 한다. 당나라 시인 이백의 「양양곡」에 그 모습이 잘 그려져 있다.

산공이 술에 취했을 때엔 / 고양 아래에서 비틀거리네.
머리에는 하얀 두건을 / 거꾸로 쓰고 말에 올라타네. (둘째 수)

2.
아침부터 양양 술에 잔뜩 취해서
금채찍 휘두르며 대제를 달리네.
아이들이 손뼉 치고 웃으면서
저마다 「백동제」를 노래 부르네.
朝醉襄陽酒、金鞭上大堤。
兒童拍手笑、爭唱白銅鞮。

양양은 아름다운 고을이어서 예부터 선녀의 전설과 함께 명승지가
많았으며, 술과 풍류에 얽힌 이야기도 많다. 육조(六朝) 때에 송나라
수왕탄(隨王誕)이 「양양악」을 짓기 시작한 이래, 당나라 때에 악부시로
「양양곡」이 많이 지어졌다. 이백이 지은 「양양곡」이 특히 유명하다.
"백동제"는 말[馬]이다. 「백동제」는 육조 때에 양양에서 유행하던 노
래인데, 양나라 무제(武帝)가 옹진의 지방관으로 있을 때에 거리에 널
리 퍼졌던 동요이다. 그런데 이 노래대로 이루어지자, 무제가 즉위한
뒤에 「양양탑동제」 3곡을 지었다. 난설헌의 머릿속에 그려진 양양은
강릉의 이웃 고장이면서 책으로만 배웠던 악부시의 무대이기도 했다.
강릉의 옛 이름이 임영(臨瀛)인데, 영(瀛)은 큰 바다를 가리키기도
하지만 삼신산(三神山) 가운데 하나인 영주산(瀛洲山)을 가리키기도 한
다. 임영은 신선세계 가까이 있다는 뜻인 셈이다.
난설헌이 지은 연작시 「감우(感遇)」 가운데 제4수에서 신선세계에
올라 강릉 앞바다를 노래하였다.

어젯밤 꿈에 봉래산에 올라
갈파의 못에 잠긴 용의 등을 탔었네.

신선들께선 푸른 구슬지팡이를 짚고서
부용봉에서 나를 정답게 맞아 주셨네.
발 아래로 아득히 동해물 굽어보니
술잔 속의 물처럼 조그맣게 보였어라.
꽃 밑의 봉황새는 피리를 불고
달빛은 고요히 황금 물동이를 비추었어라.
夜夢登蓬萊、 足躡葛陂龍。
仙人綠玉杖、 邀我芙蓉峰。
下視東海水、 澹然若一杯。
花下鳳吹笙、 月照黃金罍。   -「感遇」

　이 시는「유선사(遊仙詞)」가 아니지만, 선계시(仙界詩) 가운데 한 편이다. 봉래산은 바다 속에 있다는 신선산이다. 그래서 이곳으로 가려면 갈파의 물에 있는 용을 타야 한다. 신선들처럼 푸른 구슬 지팡이를 짚고서 부용봉으로 올라가 내려다보니 인간의 세계는 참으로 작고도 보잘것없었다. 고향 강릉의 앞바다인 동해(東海)가 술잔 속의 물처럼 조그맣게 보였다니, 선녀 난설헌의 무대가 얼마나 큰지 알 수 있다. 저 조그만 세계에서 사랑하고 미워하며, 슬퍼하고 눈물 흘렸던가. 그는 선녀인지라, 세속의 눈물과 슬픔을 모두 잊어버리고 하늘나라의 생활을 즐길 뿐이다.

　유선사(遊仙詞) 50

어제 금고(琴高) 신선께서 편지를 보내 왔어요.
연못에 구슬꽃이 피었다고요.
답장을 몰래 써서 붉은 잉어에게 주었지요.

내일 밤 촉땅 다락에 오르자고 했지요.

琴高昨日寄書來。報道瓊潭玉蘂開。

偸寫尺牋憑赤鯉、蜀中明夜約登臺。

금고(琴高)는 유향이 지은 『열선전(列仙傳)』에 나오는 조(趙)나라 사람이다. 금(琴)을 잘 타서 송나라 강왕의 사인(舍人)이 되었다. 연자(涓子)와 팽조(彭祖)의 법술을 행하여 200여 년 동안 기주와 탁군 사이를 떠돌아 다녔다. 그 뒤에 (사람들과) 헤어져 용 새끼를 잡으려고 탁수(涿水) 속으로 들어가면서 제자들에게 당부하길, "모두 목욕재계하고 물가에서 기다리며 사당을 세우도록 하라"고 하였다. (그러더니 금고는) 과연 붉은 잉어를 타고 (강 속에서) 나와 사당 안에 앉았다. 아침이 되자 수많은 사람들이 그 모습을 보았다. (금고는) 한 달 남짓 머물다가 다시 강으로 들어가더니 그만 사라졌다.

금고가 제자들에게 용 새끼를 잡아 오겠다고 약속한 뒤 탁수(涿水)에 들어갔는데, 과연 붉은 잉어를 타고 나왔다. 그래서 "금고"를 잉어의 뜻으로 쓰기도 한다. 잉어에는 편지라는 뜻도 있다. 잉어가 사랑의 편지를 가져온 이야기는 난설헌의 동생 허균이 기록한 명주군왕(溟州郡王) 김주원(金周元)의 어머니 연화(蓮花夫人)의 설화에도 보인다.

별연사(鼈淵寺) 고적기(古迹記)

강릉부(江陵府)의 남쪽에 큰 내가 있고 그 내의 남쪽에 별연사(鼈淵寺)가 있으며, 그 절의 뒤쪽 언덕은 연화봉(蓮花峯)이다. 노인들이 전하기를 주원공(周元公)[30]의 어머니 연화부인(蓮花夫人)이 여기에 살았으므로, 이것을 따서 봉우리의 이름을 삼았으며, 절은 곧 그 옛집이라고 한다. 절 앞에는 석지(石池)가 있는데 이름을 양어지(養魚池)라고 한다.

노인들이 또 이렇게 말했다. 명주(溟州) 때에 한 서생(書生)이 있었는데 이곳으로 공부하러 왔다가 처녀와 혼약을 했다. 그 부모가 알지 못하고 장차 시집을 보내려 하니, 여자가 편지를 못 속에 던졌다. 한 자쯤 되는 잉어가 그것을 물어다가 서생에게 전하여, 그 인연을 이루었다고 한다. 『동국여지승람(東國興地勝覽)』을 기록한 이가 이를 믿어 고적(古迹)조에 실어 놓았다.

그 전(箋)에,

"혹은 그 사람은 동원군(東原君) 함부림(咸傅霖)[31]이라 한다."

했으나, 나는 속으로 이를 의심하였다. 봉우리가 이미 부인의 이름을 취하여 '연화봉'이라는 명칭을 삼았으니, 절은 부인의 집이 분명하다. 절이 신라 시절에 건축되었으니 부(府)는 오히려 동원경(東原京)이었을 터인데, 어찌 명주(溟州)라 했을까?[32] 절 안에 어찌 사람이 처녀를 거느리고 살 수 있었을까? 하물며 함공(咸公)은 국초(國初)의 공신으로 원래 부(府)에 적을 둔 사람인데, 어찌 고려 초의 명주 시절까지 소급하여 그를 보았다고 하며, '이곳에 공부하러 왔다.'고 하는

30　주원공(周元公)은 김주원(金周元)이니, 신라 태종 무열왕의 6대손으로 각간 유정(惟靖)의 아들이다. 명주군왕(溟州郡王)에 봉해졌으며, 강릉 김씨의 시조(始祖)이다.

31　함부림(咸傅霖, 1360-1410)은 조선조 개국공신(開國功臣)으로, 자는 윤물(潤物), 호는 난계(蘭溪), 본관은 강릉(江陵)이다. 1392년 명성군(溟城君)에 봉해졌다가 1403년 동원군(東原君)으로 개봉(改封)되었다.

32　허균은 명주가 고려시대의 이름이라고 생각하는 듯한데, 『신증동국여지승람』 제44권 「강릉대도호부 건치연혁」에 "경덕왕(景德王) 16년에 명주(溟洲)라 고쳤다. 고려 태조 19년에는 동원경(東原京)이라 불렀다"고 하였다. 오히려 동원경이 고려시대 이름이다.

것인가? 그 이야기가 거짓임을 알 수 있는 단서가 한둘이 아니지만, 거짓이 거짓으로 유전하여 왔는데도 널리 장고(掌故)를 살펴 그 미혹된 것을 타파하지 못함이 한스러웠다.

병신년(1596) 봄에 한강(寒岡)[33] 정(鄭)선생이 관찰사로서 순행하다 평창군(平昌郡)에 이르렀는데, 그 군이 동원경(東原京) 시절에는 부(府)[34]에 속했으므로 군 사람 가운데 지금까지도 부의 일을 이야기하는 자가 있었다. 선생이 옛 첩(牒)을 두루 물어 수리(首吏)에게서 고기(古記)를 얻었다. 그것을 가지고 와서 내게 보여주었으므로, 마침내 부사(府事) 이거인(李居仁)[35]이 쓴 많은 글 가운데 연화부인의 사적이 매우 자세히 실려 있음을 알게 되었다.

사적은 다음과 같다.

신라 때 명주는 동원경이었으므로 유후관(留後官)은 반드시 왕자 및 종척(宗戚)·장상(將相)·대신(大臣)으로 하여금 맡게 하고, 모든 일에 그 예하 군현(郡縣)에는 편의대로 출척(黜陟)하게 하였다. 무월랑(無月郞)이라는 왕제(王弟)가 있어 어린 나이로 그 직을 맡았는데,

---

33 한강(寒岡)은 정구(鄭逑, 1543-1620)의 호이다. 본관은 청주(淸州), 자는 도가(道可)이다. 할아버지는 사헌부감찰 정응상(鄭應祥)이고, 아버지는 김굉필(金宏弼)의 외증손으로 충좌위(忠佐衛) 부사맹(副司孟) 정사중(鄭思中)이며, 어머니는 성주 이씨(星州李氏)로 이환(李煥)의 딸이다.

5세에 이미 신동으로 불렸으며 10세에 『대학』과 『논어』의 대의를 이해하였다. 1563년에 이황(李滉)을, 1566년에 조식(曺植)을 찾아뵙고 스승으로 삼았다. 1580년 비로소 창녕현감(昌寧縣監)으로 관직생활을 시작하였다. 임진왜란이 일어나자 통천군수(通川郡守)로 재직하면서 의병을 일으켜 활약하였다. 1593년 선조의 형인 하릉군(河陵君)의 시체를 찾아 장사를 지낸 공으로 당상관으로 승진한 뒤 우부승지·강원도관찰사·형조참판 등을 지냈다.

34 강릉대도호부를 가리킨다.

35 이거인(李居人, ?-1402)의 호는 난파(蘭坡), 본관은 청주(淸州), 시호는 공절(恭節)이다. 고려 때 경상우도 관찰사를 지냈고, 조선조에서는 판개성부사(判開城府事)를 지낸 뒤 청성백(淸城伯)에 봉해졌다.

업무는 보좌관의 말을 좇아 대신 다스리게 하고, 자기는 화랑도(花郎
徒)를 이끌고 산수간에서 놀았다.

하루는 혼자 연화봉이라는 곳에 올랐더니 한 처녀가 있었는데, 용
모가 매우 뛰어났으며 석지(石池)에서 옷을 빨고 있었다. 낭(郎)이
기뻐하여 그 여자를 유혹하였더니, 처녀가,

"저는 사족(士族) 출신이라, 예를 갖추지 않고 혼인할 수는 없습니
다. 낭께서 만약 미혼이시라면 혼약을 행할 수 있으니, 육례(六禮)를
갖추어 맞이하셔도 늦지 않을 것입니다. 저는 이미 낭께 몸을 허락하
였으니, 다른 데로 시집가지 않을 것을 맹서합니다."

하였다. 낭이 이를 허락하고, 이후에 안부를 묻고 선물 보내기를 끊이
지 않았다. 임기가 차서 낭이 계림(鷄林)으로 돌아가 반 년 동안 소식
이 없자, 그 아버지는 여자를 장차 북평(北坪) 집안 총각에게 시집을
보내기로 하여 이미 날까지 받아놓았다. 여자는 감히 부모에게 아뢰
지 못하고 마음속으로 몰래 걱정하다가 자살하기로 결심했다.

하루는 연못에 가서 옛날의 맹서를 생각하고, 기르던 연못 속의
황금 잉어에게 말했다.

"옛날에 잉어 한 쌍이 서신을 전했다는 이야기가 있다. 너는 내게
서 오랫동안 양육을 받았으니, 낭이 계신 곳에 나의 뜻을 전할 수
없겠느냐?"

그러자 갑자기 한 자 반쯤 되는 황금 잉어가 못에서 뛰어 올라와
입을 딱 벌리는데, 승낙하는 것 같았다. 여자는 이를 기이하게 여기
고, 옷소매를 찢어 글을 썼다.

"저는 감히 혼약을 위배하지 않을 것이나, 부모님의 명령을 장차
어길 수 없게 되었습니다. 낭께서 만약 맹약을 버리지 않으시고 달려
서 아무날까지 도착하시면 그래도 가능하지만, 그렇지 못하면 저는

마땅히 자살하여 낭을 따르겠습니다.”

이 편지를 잉어의 입 속에 넣어 가지고 큰 내에 던졌더니, 잉어가 유유히 사라졌다.

그 다음날 새벽에 무월랑이 관리를 알천(閼川)에 보내어 고기를 잡아오게 했는데, 관리가 횟거리 생선을 찾다보니 금빛 나는 한 자짜리 잉어가 갈대 사이에 있었다. 관리가 낭에게 갖다 보였더니, 잉어가 펄쩍 뛰면서 재빨리 움직여 마치 호소하는 듯했다. 잠시 후 거품을 한 되쯤 토했는데, 그 속에 흰 편지가 들어 있었다. 이상히 여겨서 읽어 보니, 여자가 손수 쓴 것이었다. 낭이 즉시 그 편지와 잉어를 가지고 왕에게 아뢰었다.

왕이 크게 놀라면서 잉어를 궁중의 연못에 놓아주고, 대신 한 사람에게 명하여 채색 비단을 갖추게 하고 낭과 함께 동원경으로 빨리 말을 달려가게 하였다. 즉시 밤낮을 가리지 않고 달려가서, 겨우 기약한 날짜에 대었다. 도착해 보니 유후(留後) 이하 여러 관리와 고을 노인들이 모두 장막에 모였는데, 잔치가 무척이나 성대하였다. 문을 지키는 관리가 낭이 오는 것을 괴상히 여기고,

“무월랑이 옵니다.”

고 소리쳐 전하였다. 유후관(留後官)이 나와 맞고 보니 대신이 따라왔다. 드디어 사연을 갖추어 주인에게 알렸다. 북평의 신랑은 이미 도착하였으나, 대신이 사람을 시켜 멈추게 했다. 여자는 하루 앞서부터 병을 핑계대고 머리도 빗지 않고 세수도 하지 않았으며, 어머니가 강요해도 듣지 않아 꾸지람과 가르침이 한창 더해졌다. 그러다가 낭이 왔다는 소리를 듣고는 벌떡 일어나 화장을 하고 옷을 갈아입고 나아가, 양가의 혼인을 잘 이루었다. 온 부중 사람들이 다 놀라 신기하게 여겼었다.

부인이 아들 둘을 낳았는데, 장남이 바로 주원공이고 차남은 경신왕(敬信王)[36]이다. 신라의 왕이 죽고 나서 후사가 없자 나라 사람이 모두 주원을 촉망했으나, 그날 크게 비가 내려 알천에 갑자기 물이 불었다. 주원이 알천의 북쪽에 있으면서 사흘이나 건너지 못하자, 국상(國相)이,

"이것은 천명이다."

하고, 마침내 경신을 들어 왕으로 세웠다. 이로써 주원은 마땅히 즉위해야 했음에도 즉위를 못하고, 강릉 땅에 봉(封)해져서 주변의 여섯 읍을 받아 명원군(溟原郡)의 왕이 되었다. 부인은 주원에게 가서 봉양을 받았는데, 그 집을 절로 만들었으며, 왕이 1년에 한 번씩 와서 뵈었다. 사대(四代)에 이르러 나라가 없어지고, 명주가 되면서 신라도 망했다.

나는 이 글을 보고서야 비로소 양어지(養魚池)의 고사를 남김없이 알게 되어, 마치 구름을 헤치고 해를 본 듯했다. 부(府)의 노인들이 한 이야기가 간략한 것과 『동국여지승람』에 편찬된 것이 조잡함도 알게 되었다. 나의 돌아가신 어머님은 주원의 후예이시니, 곧 부인은 또한 나의 조상이 된다. 어찌 감히 오래도록 다른 사람의 이름으로써 내가 나온 근원을 더럽히고 욕되게 할 것인가? 인하여 갖추어 기록해서 부(府)의 장고(掌故)로 삼는다.

『열선전』 금고의 이야기에는 잉어가 편지를 가져왔다는 이야기만 실려 있지만, 허균이 기록한 연화부인 전설에는 잉어가 편지를 가져와 사랑을 이룬 이야기가 실렸기에 난설헌이 지은 시의 배경설화로 더 가

---

36   김주원의 아우가 김경신(金敬信, ?-798)인데, 나중에 즉위하여 원성왕(元聖王, 재위 785-798)이 되었다.

깝다. 난설헌과 허균에게 연화부인 설화는 강릉 김씨 외갓집의 전설이
니 더 감회가 깊었을 것이다.

작은오빠 허봉이 함경도로 유배갈 때 지어준 시 「갑산으로 귀양 가는
하곡 오라버니께〔送荷谷謫甲山〕」에 강릉 이야기가 보인다.

갑산으로 귀양 가는 하곡 오라버니께

멀리 갑산으로 귀양 가시니
강릉에서 헤어지는 길 멀기만 합니다.
쫓겨나는 신하야 가태부시지만
임금이야 어찌 초나라 회왕이리까.
가을 비낀 언덕엔 강물이 찰랑이고
변방 관문에는 저녁노을 물드는데,
서릿바람 받으며 기러기 울어 예니
걸음이 멎어진 채 차마 길을 못가시네.
送荷谷謫甲山
遠謫甲山去、江陵別路長。
臣同賈太傅、主豈楚懷王。
河水平秋岸、關門但夕陽。
霜風吹雁翼、中斷不成行。

마지막 구절의 '중단(中斷)'은 기러기 울음소리를 들으며 잠시 걸음
을 멈춰선 하곡(荷谷)의 중단(中斷)이지만, 서릿바람 때문에 기러기가
날아가기를 중단한 것으로도 볼 수 있다. 불성항(不成行)을 서릿바람
맞으며 날아가던 기러기가 줄을 이루지 못한다는 뜻으로도 볼 수 있는
것이다. 형제를 안항(雁行)이라고 하는 말도 여기서 생겨났는데, 잘 살

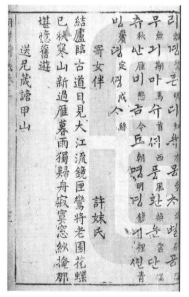

『난설헌집』보다 먼저 오명제가 중국에서 출판한 『조선시선』에 실린 시
「送兄筬謫甲山」에 "강릉에서 헤어지는 길 멀기만 합니다〔江陵別路長〕"라고 실려 있다.

아가던 난설헌의 6남매 가운데 하곡이 귀양 가는 바람에 안항(雁行)이
흐트러졌다는 뜻이다. 강릉에서 한 어머니에게 태어난 난설헌 3남매의
경우에는 더욱 그러해서, 제2구에 강릉(江陵)을 쓰고 제8구에 '중단(中
斷)'으로 시를 마무리하였다.

　1608년 공주에서 간행한 『난설헌집』에는 제2구가 "함경도 가느라고
마음 더욱 바쁘시네〔咸原行色忙〕"라고 되어 있지만, 그보다 먼저 허균이
1598년 오명제(吳明濟)에게 편집해 주어 1600년 중국에서 간행된 『조
선시선(朝鮮詩選)』에는 "강릉에서 헤어지는 길 멀기만 합니다〔江陵別路
長〕"로 되어 있다. 이들 남매가 이때 강릉에서 함께 만났다가 헤어진
것은 아니지만, 마음속의 고향은 언제나 어릴 적에 함께 태어나 자란
강릉이었던 것이다.

강릉에서 죽음을 예견하다

난설헌의 생애 가운데 구체적인 연도를 알 수 있는 것은 태어난 해(1563년)와 죽은 해(1589년), 그리고 상을 당해 강릉 외삼촌 댁에서 묵고 있던 1585년 봄의 일 정도이다. 난설헌은 25세 되던 어느 봄날 꿈속에서 신선들이 사는 광상산에 올랐는데, 그 아름다운 곳에서의 신비로운 체험을 「몽유광상산시서(夢遊廣桑山詩序)」라는 글에서 이렇게 기록하였다.

> 나는 을유년(1585) 봄에 상을 당해 외삼촌 댁에 묵고 있었다. 하루는 꿈속에서 바다 가운데 있는 산에 올랐는데, 산이 온통 구슬과 옥으로 만들어졌다. 많은 봉우리들이 겹겹이 둘렸는데, 흰 구슬과 푸른 구슬이 반짝였다. 눈이 부셔서 똑바로 바라볼 수가 없었다. (⋯)
>
> 흐르는 시냇물을 따라 올라갔더니, 기이한 풀과 이상한 꽃이 여기저기 피어 있었다. 무어라 표현할 수가 없었다. 난새와 학과 공작과 물총새들이 좌우로 날면서 춤추었다. 온갖 향내가 나무 끝에서 풍겨나 향기로웠다.
>
> 드디어 꼭대기에 올라가 보니, 동쪽과 남쪽은 큰 바다와 하늘이 맞닿아 온통 파랬다. 그 위로 붉은 해가 솟아오르니, 해가 파도에 목욕하는 듯했다. 봉우리 위에는 큰 연못이 맑았고, 연꽃 빛도 파랬다. 그 잎사귀가 커다랬는데, 서리를 맞아 반쯤은 시들어 있었다. 두 여인이 말했다.
>
> "여기는 광상산(廣桑山)입니다. 신선세계 십주(十洲) 가운데서도 가장 아름다운 곳이지요. 그대에게 신선의 인연이 있기 때문에, 감히 이곳까지 온 거랍니다. 한 번 시를 지어서 기록하지 않으시렵니까?"

나는 사양했지만, 받아들여지지 않았다. 그래서 곧 절구 한 수를 읊었다. 두 여인이 손뼉을 치며 크게 웃더니, "한 자 한 자가 모두 신선의 글입니다."라고 했다.

이때 난설헌은 장악원(掌樂院) 직장(直長)을 지내다가 고향으로 돌아와 은거하던 외삼촌 김양(金讓)이 세상을 떠나 장례를 지내러 왔던 듯한데, 난설헌이 머물렀다는 외가댁은 두 군데이다. 한 곳은 외할아버지 김광철(金光轍)이 살았던 사천 애일당이고, 다른 한 곳은 외삼촌이 살았던 반곡서원(盤谷書院)이다. 허균은 뒷날 임진왜란을 피해 어머니를 모시고 애일당으로 와서 한동안 머물렀는데, 애일당의 위치를 이렇게 설명하였다.[37]

나의 외할아버지 참판공(參判公)께서 바다에서 가장 가까운 곳에다 터를 잡고, 그 위에다 집을 지었다. 새벽에 일어나 창을 열면 해 뜨는 것이 보였다. 공께서 그 어머님을 모시고 노년을 맞았으므로, 이 집에다 '애일(愛日)'이라는 이름을 붙였다.

-「애일당기(愛日堂記)」

'애일(愛日)'은 세월이 흘러가는 것을 안타깝게 여긴다는 뜻인데, 효자가 부모를 오래 모시고 싶어 하는 마음을 비유한 말이다. 허균이 1592년에 피난 와 보니 애일당은 잡초가 우거지고 지붕도 내려앉을 지경이 되었기에 대청소를 하고 살았다. 난설헌이 7년 전에 찾아왔을

37 허경진, 「허난설헌의 생애를 통해서 본 조선시대 여성의 권리」, 『인문학보』 31, 2006 년. 124쪽.

때에도 상황은 비슷해서, 주로 반곡서원에 머물렀을 것이다. 반곡서원은 사촌에서 서쪽으로 10리를 들어간 곳에 있었다. 허균은 반곡서원가는 길을 이렇게 설명하였다.[38]

사촌에서 서쪽으로 십 리쯤 되는 곳에서 두 산이 만나는데, 냇물이 흐르다가 그 가운데 고였다. 위에는 깊은 골짜기가 있어서 여울이 그윽하고도 맑았으며, 비단결처럼 고운 돌들이 깔려 위아래에서 서로 비쳤다. 골짜기 안으로 들어가면 1리도 채 못 되어 시냇가 동쪽에 벼랑이 솟아 있고, 그 위에서 시냇물이 넘쳐흐르다가 폭포를 이뤘다. 물 떨어지는 소리가 천둥소리 같았고, 부서지는 물방울들이 마치 부슬부슬 내리는 빗방울처럼 흩날렸다. 단풍나무·삼나무·소나무·상수리나무들이 하늘을 찌를 듯이 자라서 해를 가렸다. 그윽하고 맑은데다 언제나 상쾌한 바람까지 불어서, 세상에 뜻이 없는 선비들이 숨어살기에 알맞은 곳이었다.

-「반곡서원기(盤谷書院記)」

외삼촌 김양은 이곳에 책 1천권을 쌓아놓고 시를 지으며 즐기다가, 나이 여든에 아무런 병 없이 세상을 떠나니 '신선이 되어 떠났다'고 말하는 사람도 있었다. 난설헌은 애일당에서 바다와 하늘이 만나는 수평선을 바라보기도 하고, 반곡서원에 들어오며 산들이 만나는 곳에서 물방울 흩날리는 폭포를 바라보기도 했다. 글자 그대로 선계(仙界)를 연상시키는 곳이다.

남편도 없는 서울 시집살이에 시달렸던 난설헌은 고향 강릉에 돌아

---

38 같은 곳.

와서 마치 선계에 올라온 것처럼 황홀한 시간을 보냈는데, 1603년 8월에 사복시정(司僕寺正) 벼슬에서 떨어진 허균이 고향 강릉의 사촌으로 돌아와 지은 시에서도 그같이 편안한 느낌을 찾아볼 수 있다.

걸음이 교산에 이르자 갑자기 얼굴이 환해지네.
주인이 돌아올 날을 교산은 이제껏 기다리고 있었네.
붉은 정자에 홀로 오르니 하늘이 바다에 이어졌네.
아득히 넓게 펼쳐진 봉래산에 내가 들어 있구나.
行至沙村忽解顔。蛟山如待主人還。
紅亭獨上天連海、我在蓬萊縹緲間。　　　　　　　　　 -「至沙村」

봉래산은 허균 자신이 서울에서 내려오던 길에 들려서 구경했던 금강산이자, 강릉과 사촌에서 느꼈던 선계(仙界)이기도 하다. 봉래산은 삼신산 가운데 하나이기 때문이다. 그러한 풍경들이 그대로 난설헌의 꿈에 들어와 서문과 시가 어우러진 그의 대표작 「몽유광상산시서(夢遊廣桑山詩序)」를 지었다. 서문에 이어지는 시는 이렇다.

푸른 바닷물이 구슬 바다에 넘나들고
파란 난새가 채색 난새와 어울렸구나.
부용꽃 스물일곱 송이 붉게 떨어지니
달빛 서리 위에서 차갑기만 해라.
詩曰、
碧海侵瑤海、靑鸞倚彩鸞。
芙蓉三九朶、紅墮月霜寒。

봄에 난설헌 생가터를 찾으면 뜨락 가득 떨어지는 붉은 꽃잎을 보며
난설헌의 마지막 시를 체험할 수 있다. (사진: 주대중)

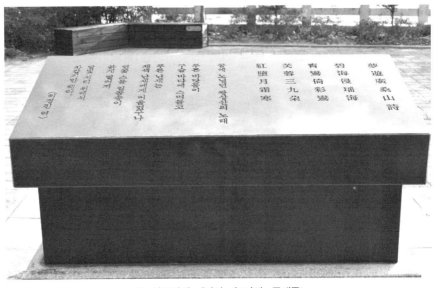

오누이공원에 새겨진 시 (사진: 주대중)

그는 이곳에서 자신이 27세에 세상을 떠날 것이라고 예언하는 시까지 지었는데, 4년 뒤에 그 나이가 되자 과연 세상을 떠났다. 허균은 이 글 끝에 "우리 누님은 기축년 봄에 세상을 떠났으니, 그때 나이 27세였다. 그래서 '삼구홍타(三九紅墮)'라는 말이 바로 증험되었다"고 주석을 붙였다. 강릉은 그가 세상에 태어난 고향이자, 세상을 떠날 시기까지 예언한, 죽음과 관련되는 곳이기도 하다.

난설헌의 대표작인 이 시는 초당동 강원도 교원연수원 입구의 오누이공원 허난설헌시비에 허경진 번역으로 새겨져 있다. 난설헌은 1589년 3월 19일에 세상을 떠났다. 그의 죽음이 위의 시 그대로 이뤄졌으므로, 허균 이외에도 많은 사람들이 그의 죽음을 신비롭게 기록하였다.

3— 난설헌이 시를 지을 수 있게 도와준 남매들

여성에게 남성과 동등한 교육을 시키지 않았던 조선조 중기에 태어났던 허난설헌(許蘭雪軒, 1563-1589)이 한시를 짓고, 그 시가 지금까지 남게 된 뒤에는 그의 남매들, 특히 작은 오빠 허봉과 아우 허균의 도움이 많았다. 여성이 글 짓는 것을 무시하던 시대에 그가 어떻게 글을 배우고 글을 지었는지, 그렇게 지었던 글이 어떻게 지금까지 남아 있게 되었는지, 허봉과 허균을 중심으로 알아보고자 한다.

화담 서경덕의 제자 초당 허엽

난설헌이 시를 배우고 짓게 도와준 허봉이나 시집을 간행해준 허균 못지않게 중요한 인물이 바로 초당(草堂) 허엽이다. 딸이 한시를 배우고 짓게 허락한 아버지가 바로 허엽이었기 때문이다. 초희(楚姬)라는 이름을 지어 주었을 뿐만 아니라, 성년이 되어 계례(筓禮)를 치를 때에 초희라는 이름에 맞게 경번(景樊)이라는 자를 지어준 사람도 아마 아버지 허엽이었을 것이다.

난설헌의 친정 종가에 전해오는 「앙간비금도(仰看飛禽圖)」는 어릴 적

부터 하늘을 올려다보며 새처럼 날아가고 싶었던 난설헌 자신의 꿈을
그린 것인데, 어린 난설헌의 손을 잡고 있는 선비도 당연히 아버지 허
엽이었을 것이다.

앙간비금도(仰看飛禽圖)

초당은 배우기를 좋아하여, 한 스승에게만 배우지 않고 여러 스승들
을 찾아다녔다. 마지막 스승이 바로 화담(花潭) 서경덕(徐敬德)인데 서
경덕이 당시 학계의 주류가 아니었으므로, 서경덕을 비판한 퇴계(退溪)
이황(李滉)은 허엽도 비판하면서 "학문을 하지 않았으면 더 좋은 사람
이 되었을 것이다."라고 아쉬워하였다. 그러나 주자학을 벗어나 자유롭
게 학문하려던 화담이나 초당의 학풍은 사실상 시대를 앞서가려던 노
력이기도 했다.

허엽이 세상을 떠나자, 선조실록을 기록한 사관(史官)은 그의 줄기

(卒記)를 이렇게 기록하였다.

선조 13년 2월 1일에 동지중추부사 허엽이 죽었다. 엽의 자는 태휘(太輝)이고 호는 초당(草堂)인데, 젊어서 화담 서경덕을 따라 배우고 노수신과 친구가 되어 선비로 이름났다.

가정(嘉靖) 병오년(1546)에 문과에 오른 즉시 사간원에 들어갔는데, 당시의 당론에 감히 이의는 내세우지 못했으나 마음으로 사류(士類)를 두호하여 일에 따라 바른 쪽을 구했으므로 칭찬할 만한 행적이 있었다. 지금의 임금 조정에서 오랫동안 대사간(大司諫)과 대사성(大司成)이 되어 직언을 좋아하면서도 사정에 맞지 않으므로 선조가 그다지 중하게 여기지 않았는데, 경상감사로 승진되었다가 바로 판서 물망에 올라서 크게 쓰이게 되었었다.

엽은 말년에 기생을 가까이 하였고, 조약(燥藥)을 복용하다가 병을 얻은 뒤로는 성격이 갑자기 편협하고 조급해졌다. 적용하는 형벌이 많이 남용되었으므로, 백성들이 괴이하게 여겼으며, 이어 병으로 인해 해직되었다가 상주 객관에서 사망했다.

엽이 이황(李滉) 과 더불어 학설을 논하면서 고집된 경향이 많으므로 황이 "태휘가 만약 학문을 하지 않았던들 참으로 선인이 될뻔했다"고 하였다. 그러나 경전의 가르침을 독실히 좋아하여 노년에 이르도록 게을리 하지 않았으므로 세상에서 어질게 여겼다.

동서(東西)로 당파가 나누어진 뒤에는 엽이 동인의 우두머리가 되어 의론이 가장 준엄하였고, 박순과는 (화담) 동문의 교우였다가 만년에 당파가 달라진 뒤에는 여지없이 공박하였으므로 사람들이 그를 묘지(卯地)라 칭하였는데, 묘지는 오행(五行)의 방위로 따져서 정동(正東)이 되기 때문이다.

그의 세 아들 성(筬) 봉(篈) 균(筠)과 사위 우성전(禹性傳)과 김성
립(金誠立)이 다 문장가로 조정에 올라 의론이 높았으므로, 세상에서
허씨의 당가(黨家)가 가장 번창하다고 칭하였다. (原註: 균이 悖德을
꾀하다가 誅滅된 뒤로는 家門이 침체되었다.)[39]

작은오라버니 허봉에게 글을 배우다

조선시대 여성들은 거의 한문을 배우지 않았다는 것이 지금까지의
통설이었다. 그 많은 여성 가운데 몇몇 여성이 한시와 한문을 지었는
데, 그들의 한문공부를 설명할 때에 가장 많이 썼던 말이 "어깨너머
공부"였다.

그러나 여성들이 어깨너머로 한문을 배우고도 그렇게 수준 높은 한시
를 지었다면, 여성들이 남성들같이 평생 한문공부를 하고 창작생활을
했을 때에 그들의 한문학은 남성들보다 수준이 훨씬 더 높았을 것이다.

여성들이 어깨 너머로만 한문을 배운 것이 아니라, 집안에 따라서는
체계적으로 한문을 배웠다. 살림을 하고 집안을 다스리기 위해 주로
내훈(內訓) 계통의 책과 기본적인 유가서(儒家書)를 배웠지만, 본격적

---

39 同知中樞府事許曄卒. 曄字太輝, 號草堂, 少從花潭徐敬德學, 與盧守愼爲友, 以士類著
名. 登嘉靖丙午文科, 卽入諫院, 其於一時橫議, 雖不敢作異, 心護善類, 隨事救正, 有足
稱者. 今上朝, 久爲諫長館長, 好直言而不切於事情, 上不甚重之. 及陸粹爲慶尙監司,
卽擬判書薦望, 將大用矣. 曄末年, 頗近娼妓, 服燥藥得病, 性忽褊急, 刑罰多不中, 士民
怵之, 仍病解職, 卒於尙州之客舘. 曄與李滉論學, 多執滯苟難, 滉曰, 太輝若不學問, 則
眞是善人也. 然篤好經訓, 至老不懈, 世以此賢之, 東西分黨之後, 曄爲東人宗主, 議論
最嚴, 與朴淳同師相友, 晩年以色目之異, 攻駁不顧, 人稱爲卯地, 以卯爲正東故也. 三
子筬篈筠, 女婿禹性傳金誠立, 皆以文士登朝, 論議相高, 故世稱許氏, 爲黨家最盛. (及
筠悖德誅滅, 而門戶替矣.)-『宣祖大王修正實錄』卷之十四. 二月朔辛未.

으로 문학을 가르쳤던 집안도 많았다.[40]

신사임당이나 서포 김만중의 어머니같이 아들에게 훌륭한 스승이 되었던 어머니들도 많았으니, 일부 여성들이 높은 수준의 한문을 배웠다는 사실은 이들의 경우만 가지고도 증명할 수가 있다.

허난설헌의 아버지 초당(草堂) 허엽(許曄)은 유학자였지만 좌파라고 볼 수 있는 화담 서경덕에게 배웠다. 그래서 난설헌은 어린 시절에 도가(道家)의 책도 많이 보면서 자랐다. 스승을 정할 때에는 여러 기준이 있었는데, 초당이 한미한 집안 출신의 화담을 스승으로 정한 것은 출세보다도 학문 자체를 중히 여겼기 때문이다.

집안의 그런 분위기는 막내 허균의 스승을 정할 때에도 계속되었다. 아버지 초당이 세상을 일찍 떠나자 형들이 스승 노릇을 했는데, 시는 손곡 이달에게서, 산문은 서애 유성룡에게서 배우게 했다.

손곡 이달은 당대 최고의 시인이었지만 기생에게서 태어난 서얼이었기에, 과거시험에 응시할 수도 없는 신분이었다. 평생 떠돌이로만 살았던 손곡이었기에, 그는 허균에게 든든한 후원자가 되어줄 수 없었다.

이에 반해서 서애 유성룡은 퇴계 이황의 수제자로, 영의정까지 올라 임진왜란을 잘 수습한 당대 최고의 재상이었다. 이 집안에서는 신분이나 벼슬보다도 실력 하나만 기준으로 삼아 스승을 정했던 것이다.

난설헌이 언제 누구에게 글을 배우기 시작했는지에 대한 기록은 정확치 않다. 손곡 이달에게 나아가서 시를 배웠다는 이야기가 전해지지만, 당대의 기록으로 남아 있지는 않다.

난설헌에 대해서 가장 많은 기록을 남겼던 아우 허균도 난설헌의 스승에 대해서는 기록하지 않았다. 난설헌 집안이 남들보다 앞서 갔다고

---

40 허경진, 『사대부 소대헌 호연재 부부의 한평생』, 푸른역사, 2003, 113-146쪽.

해도, 내외가 심하던 시절에 외간 남자를 집안에 불러들여 처녀에게 시를 가르치게 했을 것 같지는 않다. 중국 기록에는 난설헌이 일여덟 살 때부터 글을 잘 지었다고 했다.

장원 허균의 누이가 일곱 살에 능히 시를 지었으므로, 온 나라에 여신동이라고 불렸다.　　　　　　　　　　　　　-『양조평양록』

난설헌은 조선 사람이다. 그 오라버니 봉과 균이 모두 장원을 했다. 여덟 살에 광한전 백옥루의 상량문을 지었다. 재주로 이름났는데, 두 오라버니보다도 더 뛰어났다.　　　　　　　-전겸익『열조시집』

그러나 이러한 기록은 국경을 넘어가면서 전설처럼 확대되어 전해진 것이고, 가장 정확한 기록자 허균도 이런 기록을 남기진 않았다. 〈광한전백옥루상량문〉은 천재성뿐만 아니라, 깊고 넓은 독서량도 필수적인 작품이다. 난설헌이 한문을 배워서 수많은 책을 읽은 뒤에야 그런 글을 지을 수 있으므로, 일여덟 살에 지었다는 기록을 글자 그대로 믿을 수는 없다. 8세 창작설은 후대 중국에서 와전된 정보가 조선으로 역수입된 결과이다.

난설헌의 스승은 여전히 알 수가 없지만, 집안에서 아버지, 또는 오라버니들이 가르쳤을 것이다. 허균은 누이의 문장이 집안에서 배운 것이라고 증언했다.

형님과 누님의 문장은 가정에서 배운 것이며, 선친은 젊었을 때 모재(慕齋) 김안국(金安國)에게 배웠다. 모재의 스승은 허백당(虛白堂) 성현(成俔)인데, 그 형 성간(成侃)과 김수온(金守溫)에게 배웠다.

두 분은 모두 태재(泰齋) 유방선(柳方善)의 제자이고, 유공은 문정공
(文靖公) 이색(李穡)의 으뜸가는 제자였다.

-〈답이생서(答李生書)〉

난설헌의 문장은 집안에서 배운 것이며, 그의 집안 가학(家學)은 고려
시대의 목은(牧隱) 이색(李穡)까지 거슬러 올라간다. 집안에서 배웠다면
아버지와 오라버니들에게서 배웠다는 말인데, 지금 밝혀낼 수 있는 난
설헌의 스승은 작은 오라버니 하곡(荷谷) 허봉(許篈, 1551-1588)이다.
  허봉은 유배지에서 돌아온 뒤에 아우 허균을 본격적으로 가르쳤다.
허봉이 난설헌을 책상에 앉혀 놓고 글을 가르쳤다는 기록은 없지만,
글을 배울 때에 가장 필요한 책과 붓을 구해 주면서 격려한 기록은 허봉
의 문집에 남아 있다.

신선 나라에서 예전에 내려주신 글방의 벗을
가을 깊은 규중에 보내어 경치를 그리게 한다.
오동나무를 바라보며 달빛도 그려 보고
등불을 따라다니며 벌레나 물고기도 그려 보아라.
仙曹舊賜文房友、奉寄秋閨玩景餘。
應向梧桐描月色、肯隨燈火注虫魚。　　　　　　　-〈送筆妹氏〉

제목 그대로 〈누이에게 붓을 보내며〉 지어준 시이다. 붓은 문학하는
선비가 언제나 가까이 지니고 있어야 하는 문방사우(文房四友) 가운데
하나이다. 이 글만 보면 난설헌이 몇 살 때에 지어준 시인지 알 수 없지
만, 붓을 보냈다는 구절을 보면 서로 다른 집에 살았던 것만은 분명하다.
  난설헌은 시만 잘 지은 것이 아니라, 그림에도 뛰어났다. 그런 예술

성을 일찍이 인정하고 계발시켜 준 이가 바로 작은 오라버니 허봉이었다. 그는 붓만 보내준 것이 아니라, "등불을 따라다니며 벌레나 물고기도 그려 보라"고 가르쳤다. 상상 속의 그림이 유행하던 시절에 허봉은 실제 사물을 관찰하면서 사실적으로 그리게 했던 것이다.

난설헌의 천재는 역시 시에서 드러났는데, 그 능력을 계발시키고 가르쳐 준 이도 또한 작은오라버니 허봉이었다. 그는 명나라에 사신으로 다녀오면서, 당나라 시인 두보의 시집을 사 가지고 와서 누이 난설헌에게 주었다.

> 이『두율(杜律)』1책은 문단공(文端公) 소보(邵寶)가 가려 뽑은 것인데, 우집(虞集)의 주에 비하여 더욱 간명하면서도 읽을 만하다. 만력(萬曆) 갑술년(1574)에 내가 임금의 명령을 받들고 황제의 생신을 축하하러 갔다가 통천(通川)에 머물렀다. 섬서성의 거인(擧人) 왕지부(王之符)를 만나서 하루가 다하도록 이야기를 나누었는데, 헤어지면서 이 책을 나에게 주었다. 내가 책상자 속에 보물처럼 간직한 지 벌써 몇 해가 되었다.
>
> 이제 아름답게 묶어서 네게 한번 보이노니, 내가 열심히 권하는 뜻을 저버리지 않으면 희미해져 가는 두보의 소리가 누이의 손에서 다시 나오게 할 수도 있을 것이다.
>
> 만력 임오년(1582) 봄에 하곡은 쓰다

우리나라 시인들은 중국의 시를 모범으로 삼아 배웠는데, 난설헌 당대에는 그 모범이 송나라 시에서 당나라 시로 바뀌고 있었으며, 그 중심에 손곡 이달과 하곡 허봉, 그리고 교산 허균이 자리 잡고 있었다.

송나라 시가 이성적이라면 당나라 시는 감성적이었는데, 당나라 시는 난설헌 집안의 가학(家學)이었으며, 감성적인 난설헌의 취향에도 알맞았다. 당나라 시인 가운데도 이백(李白)과 두보(杜甫)가 가장 뛰어나, 그들의 시집은 여러 가지 형태로 수입되거나 간행되었다. 책을 구하지 못하면 빌려다가 베껴가며 공부하기도 했다.

허봉은 1574년 명나라에 사신으로 가서 명나라 문인 소보가 편찬한 『두율(杜律)』을 명나라 학자 왕지부에게서 선물로 받아왔다. 두보의 한시 가운데서도 가장 뛰어난 율시만 모아 편찬한 책이었으며, 시인들이 가장 많이 보던 교과서였다.

허봉은 당시 생원시에 장원으로 합격하고 문과에 급제한 뒤 예조좌랑 벼슬을 하다가 명나라에 서장관으로 다녀와서 홍문관 수찬이 되었는데, 24살 젊은 나이여서 한창 두보의 시집을 읽고 있었다. 그러다가 8년 동안 이 책을 다 배우고 나자, 누이 난설헌에게 주어 두보의 시를 공부하게 하였다.

그가 8년 동안 열심히 읽어, 겉장이 너덜너덜하게 해어졌다. 그래서 다시 제본하여 보냈던 것이다. 두보의 시집을 그대로 보낸 것이 아니라, 책 뒷장에다 신신당부하는 글까지 지어 보냈다. 〈두율(杜律) 시집 뒤에 써서 누이 난설헌에게 주다[題杜律卷後奉呈妹氏蘭雪軒]〉라는 글 제목 그대로이다.

허봉도 처음에는 송나라 시를 읽고 배웠다. 그러나 중국에 다녀오면서 당나라 시를 알게 되자, 송나라 시를 다 내어버렸다. 두보의 시를 다 터득하고 나자, 자신의 체험을 누이에게도 알려주고 싶었다. 그래서 "열심히 권한다"고 했다.

그가 열심히 권한 까닭은 두보의 시가 그만큼 중요하다는 의미도 있었지만, 누이 같은 천재라면 두보의 소리를 다시 낼 수 있을 것이라고 믿었기 때문이다. 난설헌의 천재를 알아주고, 여성을 무시하던 시대에 그 가능성을 적극적으로 계발해준 작은오라버니 허봉이 있었기에, 난설헌은 한시와 그림 두 가지 다 천재를 이룰 수 있었다. 허봉이 누이 난설헌의 재주에 대해서 이렇게 말했다.

> 경번(景樊)의 글재주는 배워서 얻을 수 있는 힘이 아니다. 대체로 이태백과 이장길(李長吉)이 남겨둔 글이라고 할 만하다.
>
> ―『학산초담』 15

여성이 재주가 많으면 박복(薄福)하다고 믿던 시절에 자기 누이의 재주를 인정하고 계발한 오라버니 허봉이 있었기에 난설헌의 천재는 문학작품으로 남을 수 있었다.

허봉이 난설헌에게 붓을 보내주던 시절까지는 난설헌 남매들이 단란하게 지냈다. 그러나 몇 년 전에 친정아버지 허엽이 세상을 떠나더니, 붓을 받은 이듬해(1583)에는 작은오라버니 허봉이 율곡 이이를 탄핵하다가 함경도 갑산으로 귀양길에 올랐다. 스승같이 따르던 오라버니가 귀양길에 오르자, 난설헌은 그 슬픔을 달래며 시를 지어 보냈다.

> 멀리 갑산으로 귀양 가는 나그네여
> 함경도 가느라고 마음 더욱 바쁘시네.
> 쫓겨나는 신하야 가태부시지만
> 임금이야 어찌 초나라 회왕이시랴.[41]
> 가을 비낀 언덕엔 강물이 찰랑이고

---

41 한나라 문제가 20세 밖에 안 된 가의(賈誼 B.C. 201-169)를 대중대부에 올리고 다시 공경(公卿)으로 등용하려 했는데, 중신들이 모함하여 실각하였다. 그래서 장사왕과 양회왕의 태부로 밀려났다가, 슬퍼한 끝에 32세 젊은 나이로 죽었다.

변방의 구름은 저녁노을 물드는데,

서릿바람 받으며 기러기 울어 예니

걸음이 멎어진 채 차마 길을 못 가시네.[42]

遠謫甲山客、咸原行色忙。

臣同賈太傅、主豈楚懷王。

河水平秋岸、關雲欲夕陽。

霜風吹雁去、中斷不成行。 　　　　　　-〈送荷谷謫甲山〉

난설헌은 평소에도 작은오라버니의 시에 차운(次韻)해서 여러 편의 시를 지었다. 차운하는 행위는 단순히 운(韻)을 받아쓰는 것을 넘어서, 그의 시를 본받는다는 의미도 있다. 여러 편의 차운시를 통해서도, 난설헌이 작은오라버니를 스승으로 생각했음을 알 수 있다. 엄정한 유학자였던 큰오라버니 허성의 시에 차운한 경우는 없다.

아우 허균과의 문학적 교유

난설헌과 허균은 여섯 살 차이였으므로 작은오라버니보다는 가깝게 자랐지만, 난설헌이 시집갈 때에 허균은 열 살도 채 못 되었으므로 그 시절엔 문학적으로 교유할 사이가 아니었다. 시집간 뒤에도 아우가 누나에게 영향을 줄 수는 없었고, 주로 누나가 아우에게 영향을 끼쳤다.

42　중단(中斷)은 기러기 울음소리를 들으며 잠시 발을 멈춰선 하곡의 중단이지만, 서릿바람 때문에 기러기가 날아가기를 중단한 것으로도 볼 수 있다. 불성항(不成行)을 서릿바람 맞으며 날아가던 기러기가 줄을 이루지 못한다는 뜻으로도 볼 수 있는 것이다. 형제를 안항(雁行)이라고 하는 말도 여기서 생겨났는데, 잘 살아가던 난설헌의 6남매 가운데 하곡이 귀양 가는 바람에 안항이 흐트러졌다는 뜻이다.

임상원(任相元, 1638-1697)이 지은 『교거쇄편(郊居瑣編)』에서 그러한 예를 찾아보겠다.

　　허균이 글재주가 남보다 뛰어났는데, 어릴 적에 일찍이 〈여인이 어지럽게 그네를 밀어 보낸다〉는 시를 과체(科體)로 지어 그의 누이 난설헌에게 보였다. 그러자 난설헌이 보고 말했다. "잘 지었다. 다만 한 구절이 모자라는구나." 아우 균이 물었다. "모자라는 게 어떤 구절입니까?" 난설헌이 곧 붓을 끌어다 보태어 썼다. "문 앞에는 아직도 애간장을 태우는 사람이 있는데, 님은 백마를 타고 황금 채찍을 쥔 채 가버렸네."

　　許筠才絶人, 少時嘗賦女娘撩亂送鞦韆詩科體, 示其妹蘭雪軒, 蘭雪曰, 善矣, 但欠一句, 問所欠何語, 蘭雪乃援筆補之曰, 門前還有斷腸人, 白馬半拖黃金鞭.　　　　　　　-임상원 『교거쇄편』 권2

　　당시 남성들이 한문을 배우는 목적은 대부분 과거시험에 응시하기 위해서였다. 허균도 역시 과거공부를 열심히 했으며, 열일곱살 되던 해 봄에 한성부에서 치르는 초시(初試)에 합격하면서 본격적으로 과거 공부에 몰입했다. 그는 워낙 재주가 뛰어났으므로, 곧 과체시(科體詩)를 잘 짓는다고 이름이 났다.[43]

　　위의 기록을 보면, 허균이 과체시를 잘 짓게 된 배경에 바로 난설헌이 있었음을 알 수 있다.

　　과거시험에 응시했을 때에 제출하던 과체시는 다른 시들과 달리, 형식이 몹시 까다로웠다. 7언 1구를 한 짝, 곧 1척(隻)이라 했으며, 2척을

43　허경진, 「동시품휘보(東詩品彙補)와 허균의 과체시」, 『열상고전연구』 14, 2001.

합하여 1구(句)라고 했다. 18구 36척, 즉 7언절구 36구가 되어야 완전한 형태를 이룬다.

위에서 난설헌이 "한 구절이 모자란다"고 말한 것은 두 가지 의미가 있다. 첫 번째는 과체시의 형식을 이루기 위해 한 구절, 즉 2척(隻) 14자가 모자란다는 뜻이다. 두 번째는 2척 14자라는 숫자를 넘어서, 시 한편의 분위기와 주제를 살리기 위해 꼭 필요한 구절이 빠졌다는 뜻이다. 허균이 지은 시는 형식만 과체시였지, 제목이나 분위기는 과거시험 답안지가 아니라 염정시(艶情詩)였다. 〈여인이 어지럽게 그네를 밀어보내다〉라는 제목 자체부터 과거시험의 제목으로는 어울리지 않는다.

허균이 지은 과체시는 한 구절만 보더라도 전체 분위기를 엿볼 수 있다. 한참 사랑에 빠진 청년이 지어봄직한 시였으니, 과거공부를 하면서도 과체시의 형식을 이용해 연애시를 지었던 것이다. 염정시는 악부시에 많았으므로, 난설헌은 유흥가의 모습을 확실히 보여줄 한 구절을 보태어 마무리해주었다. 난설헌이 보태준 한 구절은 자신이 지은 악부시 〈소년행(少年行)〉의 분위기를 그대로 나타내었다.

이 무렵에는 작은형이 귀양 갔거나, 유배지에서 풀려났지만 서울에 들어오지 못하고 떠돌며 지냈으므로, 집안에서 그의 시를 고쳐줄 사람은 난설헌 밖에 없었다. 작은오라버니 허봉이 난설헌에게 스승이 되었던 것처럼, 난설헌도 아우 허균에게 스승이 되었다.

누이의 시를 높이 평가하고 문집을 엮어준 허균

아무리 뛰어난 시인이 있어도, 그 가치를 제대로 평가하는 사람이 없으면 파묻히고 만다. "천리마는 늘 있지만, (천리마를 알아보는) 백락(伯樂)은 늘 있는 게 아니다"는 구절도 그래서 나왔다. 난설헌의 시는 아우 허균 덕분에 살아남고, 높이 평가되었으며, 중국과 일본까지 전파되었다.

난설헌은 시를 잘 짓는다는 이유 때문에 평생 핍박받았다. 그래서 세상을 떠나면서 "(다시는 나같이 불행한 여인이 생기지 않도록) 내 시를 다 불 태우라"고 유언을 남겼다. 그래서 난설헌이 평생 지었던 시는 다 없어지고 말았다.

> 부인의 성은 허씨인데, 스스로 호를 난설헌이라 하였다. 균(筠)에게는 셋째 누님인데, 저작랑(著作郞) 김성립에게 시집갔다가 일찍 죽었다. 자녀가 없어서 평생 매우 많은 글을 지었지만, 유언에 따라 불태워 버렸다.
>
> 전하는 작품이 매우 적은데, 모두 균이 베껴서 적어 놓은 것이다. 그나마 세월이 오래 갈수록 더 없어질까 걱정되어, 이에 나무에 새겨 널리 전하는 바이다.
>
> 만력 기원 36년(1608) 4월 상순에 아우 허균 단보(端甫)는 피향당(披香堂)에서 쓰다

난설헌이 세상을 떠나자, 아우 허균이 누이의 시를 수집하기 시작했다. 유언에 따라 불태워 버렸지만, 그대로 없애버리기는 너무 아까웠다. 그래서 평소에 베껴 놓은 시 210편을 모아서 편집했다.

우리가 지금 난설헌의 작품을 읽을 수 있게 된 것은 오로지 누이의 시를 높이 평가한 아우 허균의 노력이 있었기 때문이다. 그는 누이의 시집을 엮은 뒤에 스승 유성룡을 찾아가 그 문집에 발문을 받았다. 그러나 문집을 간행하는 비용이 막대하기 때문에, 봉급이 많아질 때까지

기다렸다.

그는 누이의 문집을 엮어서 집안에 곱게 간직하는 것으로 만족하지 않고, 널리 퍼뜨렸으며, 높이 평가했다. 그랬기에 문집이 간행되기 전에도 난설헌의 시는 널리 읽혀졌다.

오희문(吳希文, 1539-1613)이란 선비가 임진왜란에 피난 다니면서 일기를 썼는데, 그 일기 가운데 난설헌의 시가 11수 실려 있다. 『갑오일기』의 잡록편에 격문이나 통문, 편지글과 함께 여덟 명의 시 18제 24수가 실려 있는데,[44] 난설헌의 시가 가장 많다. 앞뒤에 실린 글들을 보면, 아마도 피난 살던 집에서 눈에 띤 글을 베껴 놓은 듯하다. 그렇다면 난설헌이 세상을 떠난 지 4-5년 밖에 지나지 않은 1594년(갑오년) 이전에 벌써 난설헌의 시가 시골구석까지도 소개되었다고 볼 수 있다.

벼슬하던 남성들과는 달리 여성의 시는 집안에만 전해진다. 유언으로 다 불태워 버린데다 일부 집안에만 남아 있어야 할 난설헌의 시가 벌써 시골구석까지 퍼졌다는 것은 허균이 적극적으로 퍼뜨렸다는 뜻이다.

임진왜란이 일어나자, 허균도 피난길에 올랐다. 그는 강릉 외갓집 애일당에 피난했다가, 이듬해(1593) 건너편 청학산을 바라보며 『학산초담(鶴山樵談)』을 지었다. 자신이 살던 선조시대 시인들의 시에 대한 평과 이야기들을 기록한 시화(詩話)인데, 여기서 가장 많이 다룬 시인이 작은형 허봉과 누이 난설헌을 비롯한 학당파(學唐派) 시인들이다.

시화 및 시평이 99칙인데, 스승 손곡 이달을 비롯한 삼당시인(三唐詩人)이 18칙, 작은형 허봉이 25칙, 누이 난설헌이 6칙이다. 허균이 작은형을 스승으로 모셨으므로, 그의 말을 믿고 인용하다보니 허봉의 이야

---

44 구지현, 「『쇄미록』에서 발견된 허난설헌의 시에 대하여」, 『열상고전연구』 14, 2001. 186쪽.

기가 많았다. 난설헌의 경우는 모두 그의 시를 높이 평가하기 위해서
기록했다.

> 누님의 시와 문장은 모두 하늘이 내어서 이룬 것들이다. 〈유선시
> (游仙詩)〉를 짓기 좋아하였는데, 시어가 모두 맑고도 깨끗해서 사람
> 의 솜씨가 아니라고 이를 만하다. 문장이 또한 기이하게 뛰어났으니,
> 그 가운데서도 사륙문(四六文)이 가장 아름다웠으며, 〈백옥루상량
> 문〉이 세상에 전한다.   -『학산초담』15

남성 중심의 현실사회에서 소외되었던 난설헌 시의 특징 가운데 하
나는 상상의 세계를 만들었다는 점이다. 허균도 그 특성을 파악하고,
"사람의 솜씨가 아니다"고 말했다. 사람의 솜씨가 아니라면 신선(선녀)
의 솜씨이다. 단순한 칭찬이 아니라, '선녀가 아니고서야 어찌 신선세
계를 가본 것처럼 생생하게 그려낼 수 있겠느냐'는 뜻으로 칭찬한 말이
다. 그는 〈보허사(步虛詞)〉를 예로 들어, 난설헌의 선계시를 구체적으
로 평가하였다.

> 이 시들은 유몽득(劉夢得)의 체(體)를 본받았지만, 오히려 그보다
> 도 맑고 뛰어났다. 또한 〈유선사〉 백편을 지었는데, 모두 곽경순(郭
> 景純)의 남긴 뜻을 이어 받았지만, 조요빈(曹堯賓)과 같은 무리들이
> 따라오지 못했다.
> 작은형님과 손곡 이달까지도 누님의 시를 흉내 내어 시를 지었지
> 만, 모두 누님의 울타리 안을 벗어나지 못하였다. 누님은 참으로 하늘
> 선녀의 글재주를 타고 났다고 말할 만하다.   -『학산초담』93

유선사(遊仙詞)는 유몽득이 시작한 체(體)이므로 당연히 그의 체를 본받았지만, 그를 넘어서서 더욱 맑고 뛰어났다. 난설헌은 조요빈 같은 시인들이 따라오지 못할 정도로, 중국 시인들보다 더 뛰어난 유선시를 지었다. 허균은 난설헌의 선계시를 그냥 칭찬한 것이 아니라, 선계시의 본류인 중국의 시인들과 비교하여, 그보다도 더 낫다고 칭찬했다. 폭넓게 독서하고 예리하게 비평하는 안목이 있었으므로, 그러한 평가가 가능했던 것이다.

허균은 난설헌의 시를 글자 하나까지도 꼼꼼하게 분석해가며 평가했다.

> 누님이 일찍이 "사(詞)를 지으면 율(律)에 맞는다"고 스스로 자랑하면서, 소령(小令) 짓기를 즐겨하였다. 그건 사람의 눈이나 속이는 짓일 거라고 나는 속으로 생각했는데, 시와 도보(圖譜)를 보니 글귀마다 그 옆에 모두 권점(圈點)이 있었다. 아무 자는 전청(全淸) 전탁(全濁)이며, 아무 자는 반청(半淸) 반탁(半濁)이라고 하였는데, 글자마다 음을 달았다. 그 지은 것을 시험 삼아 취하여서 맞추어 보니, 다섯 자가 잘못된 곳도 있고, 또는 석 자가 잘못된 곳도 있었지만, 크게 어긋난 곳은 하나도 없었다. 그제야 누님의 타고난 재주가 아주 뛰어난 것을 알고, 머리를 숙여 그 뒤를 좇았다. 누님은 공들이는 것을 아꼈는데도, 그 이루어 놓은 것은 이와 같았다.
>
> 누님이 지은 〈어가오(漁家傲)〉 한 편은 모두 음률이 맞았는데, 그 가운데 한 글자가 맞지 않았다. 그 사(詞)에 이르기를 (…)라고 하였다. 주(朱) 자의 자리에는 마땅히 반탁(半濁)을 써야 했는데, 주(朱) 자는 전탁이다. 소동파같이 재주를 지닌 사람도 또한 억지로 율에 맞추지 못했으니, 하물며 그보다 못한 사람이야 말해 무엇하랴?
>
> ─『학산초담』42

중국 사람들은 평소에 중국어로 말하기 때문에 성조(聲調)가 자연히 익숙하지만, 그래도 완전히 맞추지는 못했다. 그에 비하면 우리나라 사람들은 평소에 우리말을 하기 때문에, 한자의 성조에 익숙지 않다. 운서(韻書)를 찾아가며 한 글자 한 글자 운이 맞는지 확인해서 시를 지어야 한다.

그런데 허균의 표현에 의하면 난설헌은 "공들이는 것을 아꼈다"고 했으니, 평소에 운서(韻書)를 찾아가며 시를 짓는 편은 아니었다. 그런데도 중국인보다 더 정확하게 운을 맞춰 지었으니, 예리한 평론가 허균도 누님의 시에서 흠을 찾아내지 못했던 것이다. 난설헌의 시가 뛰어난 것은 허균이 예로 든 작품들이 입증하고 있다.

여성의 이름을 후세에 전해준 허균

허균은 난설헌의 시만 실은 것이 아니라, 그의 이름과 당호, 그리고 자(字)까지도 소개했다. 조선시대에 여성은 이름이 없었다. 아니, 처음부터 없었던 것은 아니다. 친정에서 자랄 때에는 이름이 있었다. 신분에 따라서 우리말로, 아니면 한자어로 이름을 지어서 불렀건만, 시집간 뒤에는 저절로 없어진 것이다.

친정의 족보에는 딸 대신에 사위의 이름이 들어가고, 시댁의 족보에는 며느리의 이름 대신에 김씨나 이씨 등의 성씨만 실렸다. 자기를 표현한 글이 없으니까, 구태여 이름이 전해질 계기도 없었다. 그러나 한시를 지어 남긴 여성 경우에도 대부분은 성씨만 전하고, 드물게 당호가 전해진다. 이런 시대에 살면서 허균이 누이의 이름을 자세하게 소개한 것은 그만큼 여성의 존재를 인정한 것으로 볼 수 있다.

난설헌(蘭雪軒)의 이름은 초희(楚姬)이고, 자(字)는 경번(景樊)이다. 초당(草堂) 엽(曄)의 딸이고, 서당(西堂) 김성립(金誠立)의 아내이다.   -『학산초담』 7

난설헌은 이름 그대로 당호(堂號)이고, 초희는 명(名)이다. 자(字)는 관례(冠禮)나 계례(筓禮)를 치를 때에 성년이 되었다는 의미로 지어준, 또 하나의 이름이다. 친구들끼리 자를 불렀으며, 윗사람이 자를 불러주는 것은 자기보다 아랫사람이지만 적당히 존중한다는 뜻이다.

작은형님이 일찍이 이렇게 말씀하셨다.
"경번(景樊)의 글재주는 배워서 얻을 수 있는 힘이 아니다. 대체로 이태백이나 이장길(李長吉)이 남겨둔 글이라고 할 만하다."
       -『학산초담』 15

작은오라버니 허봉도 누이의 이름을 직접 부르지 않고, 자를 불렀다. 12년이나 차이가 나는 누이였으므로 스승과 제자 사이라고도 볼 수 있었지만, 누이의 자를 불러줌으로써 독립된 여성 시인으로 인정했음을 알 수 있다.
허균은 다른 여성 시인의 이름도 소개하였다.

옥봉(玉峰)의 이름은 원(媛)이니, 완산(完山) 사람이다. 충의(忠義) 봉(逢)의 딸이다.   -『학산초담』 16

이옥봉(李玉峰, 1550-1600)은 조원(趙瑗)의 첩이었는데, 시댁 조상들의 문집인 『가림세고(嘉林世稿)』 뒤에 부록으로 그의 시문집인 『옥봉

집』이 실려 있다. 다른 시화나 시선집에는 이씨(李氏), 또는 조원의 첩이라고 소개되었으며, 친절한 경우에는 옥봉이라는 호를 덧붙여 소개했다. 그러나 허균은 원(媛)이라는 이름까지도 소개했다. 이원의 예만보더라도, 이 땅에 살았던 수많은 여성들의 이름이 흔적도 없이 사라졌음을 알 수 있다.

한자가 뜻글자이기 때문에, 한자로 만들어진 이름에는 모두 나름대로의 뜻이 있다. 그런데 난설헌이 남편과 사이가 좋지 않자, 많은 사람들이 "난설헌이 남편보다 다른 남성을 마음에 두고 있다"고 비난했다. 구체적으로 당나라 시인 두목(杜牧)을 사모한다고 비난했다.

관례나 계례를 치르면서 자(字)를 받았는데, 자는 본인이 마음대로 짓는 것이 아니라 어른들이 지어 주었다. 난설헌이 당나라 시인 두목을 사모해서 '번천을 사모한다'는 뜻의 경번(景樊)이라고 지은 것이 아니라, 선계시를 많이 지은 번부인(樊夫人)을 사모한다는 뜻에서 '경번'이라고 지어준 것이다.

난설헌이 성년이 되었을 무렵에는 아직 아버지 초당이 살아 있었으므로, '경번'이라는 자는 아버지가 지어 주었을 가능성이 있다. 물론 난설헌의 마음을 가장 잘 이해한 작은오라버니가 지어 주었을 가능성도 있다.

임상원(任相元)이 일찍이 경번(景樊)이라는 자(字)의 의미를 해명하였다.

> 난설헌은 『태평광기』를 즐겨 읽었다. 그 긴 이야기를 다 외웠으며, 중국 초나라 번희(樊姬)를 사모했기 때문에 호까지도 경번(景樊)이라고 지었다.
> —임상원 『교거쇄편』 권1

홍대용이나 박지원같이 세상을 앞서갔던 18-9세기의 실학자들까지도 난설헌이 이름을 가졌다고 비난한 사실을 본다면 허균이 누이의 이름과 자, 그리고 호까지 소개한 행위나 옥봉 이원의 호와 이름까지 소개한 행위가 여성의 존재를 몇백 년 앞서 인식했음을 보여준다.

난설헌이 동생 균에게 지어준 시

『난설헌집』에 작은오라버니 하곡(荷谷) 허봉(許篈)에게 지어준 시는 여러 편 보이지만, 동생 허균에게 지어준 시는 보이지 않는다. 그러나 문집 밖에서 두어 군데 찾아볼 수 있다.

오희문의 일기 『쇄미록(瑣尾錄)』에서도 난설헌이 허균에게 지어준 시가 1수 보인다. 『쇄미록』은 오희문이 1591년부터 1601년까지 난을 피해 다니면서 겪었던 임진왜란 중의 사실을 7권 분량으로 기록한 것인데.[45] 「갑오일기」의 잡록편에 허난설헌의 시가 8제 11수 실려 있다. 11수 중 6수는 『난설헌집』에도 실려 있는 것으로 글자 한두 자가 약간 다를 뿐, 전체적으로는 같다.

「산사(山寺)에 가서 공부하는 단보에게 부치다〔端甫隷業山寺有寄〕」라는 시는 유배에서 풀려난 작은형 허봉을 따라 백운산에 들어가 공부하는 동생 허균에게 지어 보낸 오언율시이다.

새 달은 동쪽 숲에서 떠오르고
풍경 소리 산사 그늘에서 울리겠지.

------

45 구지현, 같은 글, 183쪽. 이하 이 논문을 요약하여 정리한다.

높은 바람에 처음 잎이 지고
비 많이 내리니 돌아올 마음이 없나 보구나.
바다와 산 그윽한 기약은 멀었고
강호에서 술병만 깊어갈 텐데,
함관에서 돌아오는 기러기 적으니
어느 곳에서 답신을 얻을 수 있으려나.
新月吐東林, 磬聲山殿陰.
高風初落葉, 多雨未歸心.
海岳幽期遠, 江湖酒病深.
咸關歸鴈少, 何處得回音.

허봉이 1585년에 유배에서 풀려났지만 서울에 들어오지 못하게 하
자 인천, 춘천 등지로 떠돌아다니다가 백운산에 잠시 정착하여 청년들
을 가르쳤다. 허균은 마침 혼인하느라고 백운산 글공부에 참여하지 못
했다가, 이듬해 처남인 김확과 함께 작은형을 찾아가 고문을 배웠다.

난설헌은 백운산에 가보지 못했기에, 백운산의 경치와 분위기를 추
측하는 형태로 시를 지었다. "공부는 하지 않고 술병만 깊어졌겠지."라
는 구절은 오라버니 허봉과 동생 허균 형제의 술병을 넌지시 풍자한
것이기도 하다.

『난설헌집』에도 난설헌이 동생 허균에게 지어 보낸 시가 1편 실렸는
데, 제목만 보아서는 알 수가 없다. 『난설헌집』에 실린 시 가운데 몇
수의 제목이 『쇄미록』에는 한두 글자 다르게 실려 있는데, 「작은오라
버니의 견성암 시에 차운하다〔次仲氏見星庵韻〕」라는 시 2수 가운데 제1
수가 『쇄미록』에는 「단보의 독서산방에 부치다〔寄端甫讀書山房〕」이라
는 제목으로 실려 있다.

높은 산마루에 구름이 일어 연꽃이 촉촉하고
낭떠러지 나무에는 이슬 기운이 젖어 있겠지.
경판각에서 염불 마치면 스님은 선정에 들고
법당에서 재가 끝나면 학도 소나무로 돌아가겠지.
다래 덩굴 얽힌 낡은 집에는 도깨비가 울고
안개 자욱한 가을 못에는 용이 서려 있겠지.
밤 깊어가며 향그런 등불이 돌의자에 밝아지면
동쪽 숲에 달은 어둡고 쇠북소리만 이따금 울리겠지.
雲生高頂濕芙蓉、琪樹丹崖露氣濃。
板閣梵殘僧入定、講堂齋罷鶴歸松。
蘿縈古壁啼山鬼、霧鎖秋潭臥燭龍。
向夜香燈明石榻、東林月黑有踈鍾。

이 시에서 제1구의 '정(頂)' 자가 『난설헌집』에는 '장(嶂)' 자로, 제5구의 '영(縈)' 자가 『난설헌집』에는 '현(懸)' 자로 실려 있는 것 외에는 글자가 모두 같다. 같은 시가 제목이 다르게 실린 이유는 쉽게 짐작할 수 있다.

허봉이 먼저 「견성암」 시를 지어서 난설헌에게 보내자, 난설헌이 그 시에 차운하여 허균에게 보내는 시를 지은 것이다. 난설헌은 오라버니의 시에 차운하여 오라버니에게 글빚을 갚고, 동생이 독서하는 산방의 분위기를 짐작하면서 차운시를 지어 동생에게도 편지를 보낸 셈이다.

오라버니가 읽으면 자신의 시에 대한 차운시이고, 동생이 읽으면 산방에서 공부하는 자신을 위로하는 시가 되니, 한 편의 시로 두 편의 효과를 얻은 셈이다. 아쉽게도 『하곡집』에는 허봉이 먼저 난설헌에게 지어 보낸 「견성암」 시가 없다. 유배지에서 풀려나 떠돌던 때에 지은 시라서 제대로 수습되지 않았던 것이다.

난설헌의 시에 표절 시비가 생긴 것은 그가 세상을 떠나면서 자신의 시를 다 불태우라고 유언했기 때문이다. 그 뒤에 허균의 기억에서 재구성되어 나온 시에 오류가 있을 가능성이 있다. 이에 비하면 이 시들이 기재된 『쇄미록』은 시기적으로 난설헌이 살고 있던 때와 거의 비슷한 시기에 써졌으므로, 기록된 시들이 와전될 가능성이 비교적 적다. 그러므로 이 기록은 허난설헌의 시가 문헌상 기록된 가장 앞선 자료라 할 수 있다.

난설헌 남매들의 공동작품

난설헌 자신이 천재이기도 했지만, 작은오라버니 허봉이나 아우 허균같이 헌신적으로 도와준 남매들이 있었기에 그의 천재가 더욱 빛났다. 작은오라버니는 가르치고, 격려하며, 붓과 책을 대어 주었다. 난설헌은 작은오라버니에게 배운 시를 다시 아우 허균에게 가르쳐 주었다.

아우는 누이의 유작을 모으고, 높이 평가하였으며, 이름과 자, 호까지 후세에 전해 주어 역사에 살아남게 하였다. 일찍이 국제화에 눈을 떠, 한시의 본고장인 중국에서 많은 독자들에게 읽히게 하였으며, 문장 대가들에게 평가받아 그 진면목을 돋보이게 하였다. 난설헌은 동아시아 3국에서 문집이 간행된 유일한 한국인으로 남아 있다. 여성이 온전한 인간으로 대접받지 못하던 시절, 난설헌의 문학은 3남매의 공동작품이라고 할 만하다.

난설헌이 읽은 책들

일제강점기 『신가정(新家庭)』 편집실에서 조선사상십대여성(朝鮮史上十代女性)을 투표하여 그 공천결과(公薦結果)를 1934년 1월호에 발표했는데, 난설헌이 19표를 얻어 2위를 차지하였다. 10대 여성의 순위를 참고삼아 소개하면 다음과 같다.

1. 율곡 모친 신사임당 (20표)
2. 허난설헌 (19표)
3. 선덕여왕 (17표)
4. 도미처(都彌妻) (14표)
4. 논개(論介) (14표)
6. 온달부인(溫達夫人) (13표)
7. 왕건 태조비(太祖妃) 유씨(柳氏) (8표)
7. 황진이(黃眞伊) (8표)
9. 김유신모(金庾信母) 만명부인(萬明夫人) (6표)
10. 가실처(嘉實妻) 설씨(薛氏) (6표)

이상의 순위를 보면 몇 가지 공통점이 눈에 뜨인다. 율곡모, 도미처,

온달부인, 태조비, 김유신모, 가실처에서 볼 수 있듯이, 자신의 이름이 아니라 누구의 부인, 또는 어머니이기 때문에 선정된 여성이 많다. 선덕여왕이라든가 태조비, 김유신모 등의 경우에는 삼국통일, 또는 후삼국통일 과정에서 권력의 핵심에 있었기 때문에 선정된 경우이다.

자기 자신의 이름으로 10위 안에 든 여성은 2위 허난설헌, 5위 논개, 7위 황진이, 세 사람뿐이다. 논개와 황진이 두 여성이 기생이었기에 집밖에 나가 자유롭게 활동할 수 있었던 점까지 고려한다면, 집 밖을 마음대로 나다니지 못하고도 자아를 성취하여 10대 여성에 들었던 사람은 허난설헌 한 사람뿐이다. 그만큼 허난설헌이 우리 역사상 독특한 성과를 이뤘다고 볼 수도 있지만, 대부분의 여성들이 결혼생활을 통해 활동할 권리를 제한당하고 살았다는 방증이기도 하다.

위의 명단이 결국 오천년 한국역사에 이름이 알려진 대표적인 여성들인데, "책을 많이 읽었던 여성"을 투표했다면 상당수가 탈락했을 것이다. 대부분의 여성들이 책 읽을 필요성이나 기회조차 없었기 때문이다.

실학파(實學派)의 대가인 성호(星湖) 이익(李瀷)까지도 그의 저서『성호사설』에서, "글을 읽는 것과 가르치는 것은 남자가 할 일이다. 여자가 이에 힘쓰면 그 해로움이 끝없을 것이다."라고 경고한 것이 당시 사대부들의 신념이었다. 여자가 글을 좋아하면 팔자가 사납다고 걱정하였다. 그러나 난설헌의 집안에서는 그러한 경고를 무시하고 딸에게 글을 가르치고, 책을 읽게 하였다.

우리 문학사에서 첫 번째로 간행된 여성 문집이『난설헌집』이다. 시집이 간행되려면 우선 독자들로부터 인정받을 정도의 수준이 되어야 하고, 한 권을 편집할 정도의 분량이 되어야 하며, 상업출판이 없던 시절이었으므로 누군가 출판 경비를 부담해야만 했다. 신사임당도「사친(思親)」같이 효심이 흘러넘치는 칠언율시를 지었지만, 완전히 전하는 시가 2수밖에 되지 않아 시집을 간행하지 못했다.

　시집을 간행할 정도의 시인이 되려면 우선 기본적인 공부를 하고, 많은 책을 읽어야 했다. 한시는 형식만 어려운 것이 아니라, 수많은 책을 읽어서 고사성어를 많이 알고 있어야 몇 글자만 가지고도 함축적인 시를 지을 수 있었다. 그러나 여성이 한문을 배워도 과거시험에 응시하거나 밖에 나가 활용할 방법이 없었으므로, 대대로 학문을 하는 사대부 집안에서도 딸에게는 가르치지 않았다. 허균이 난설헌의 학문을 이렇게 증언하였다.

　　형님과 누님의 문장은 가정에서 배운 것이며, 선친은 젊었을 때 모재(慕齋) 김안국(金安國)에게 배웠다. 모재의 스승은 허백당(虛白堂) 성현(成俔)인데, 그 형 성간(成侃)과 김수온(金守溫)에게 배웠다. 두 분은 모두 태재(泰齋) 유방선(柳方善)의 제자이고, 유공은 문정공(文靖公) 이색(李穡)의 으뜸가는 제자였다.

　　　　　　　　　　　　　　　　　　　　　　　　－「답이생서(答李生書)」

　난설헌의 문장은 집안에서 배운 것이며, 그의 집안 가학(家學)은 고려시대의 목은(牧隱) 이색(李穡)까지 거슬러 올라간다. 조선 유학의 본류(本流)에 이어진 것이다. 유학자의 집안이니, 『천자문』은 물론 유학의 기본적인 경전인 사서(四書) 삼경(三經)은 읽었을 것이다. 그의 시집에 등장하는 중국 인물들의 면모를 보면, 기본 역사서인 『통감절요(通鑑節要)』 정도는 읽었을 것이다.

　집안에서 배웠다면 아버지와 오라버니들에게서 배웠다는 말인데, 지금 밝혀낼 수 있는 난설헌의 스승은 작은오라버니 하곡(荷谷) 허봉(許葑)이다. 허봉이 난설헌을 책상에 앉혀 놓고 글을 가르쳤다는 기록은 없지만, 글을 배울 때에 가장 필요한 책과 붓을 구해 주면서 그림을 그려보게 격려한 시가 허봉의 문집에 남아 있다. 그는 명나라에 사신으로 다녀오면서, 당나라 시인 두보(杜甫)의 시집을 가지고 와서 누이 난설헌에게 주었다.

우리나라 시인들은 중국의 시를 모범으로 삼아 배웠는데, 난설헌 당대에는 그 모범이 송나라 시에서 당나라 시로 바뀌고 있었으며, 그 중심에 손곡 이달과 하곡 허봉, 그리고 교산 허균이 자리 잡고 있었다. 송나라 시가 이성적(理性的)이라면 당나라 시는 감성적(感性的)이었는데, 당나라 시는 난설헌 집안의 가학(家學)이었으며, 감성적인 난설헌의 취향에도 알맞았다. 당나라 시인 가운데도 이백(李白)과 두보가 가장 뛰어나, 그들의 시집은 여러 가지 형태로 수입되거나 간행되었다. 책을 구하지 못하면 빌려다가 베껴가며 공부하기도 했다.

허봉은 1574년 명나라에 사신으로 가서 소보가 편찬한 『두율(杜律)』을 왕지부에게서 선물로 받아왔다. 두보의 한시 가운데서도 가장 뛰어난 율시만 모아 편집한 책이었으며, 시인들이 많이 보던 교과서였다. 허봉은 문과에 급제하고 명나라에 서장관으로 다녀온 뒤에는 홍문관 수찬이 되었는데, 24살 젊은 나이여서 한창 두보의 시집을 읽었다. 8년 동안 열심히 읽어 겉장이 너덜너덜하게 해어지자, 다시 제본하여 난설헌에게 보냈던 것이다. 두보의 시집을 그대로 보낸 것이 아니라, 책 뒷장에다 신신당부하는 글까지 적어 보냈다. 「두율(杜律) 시집 뒤에 써서 누이 난설헌에게 주다〔題杜律卷後奉呈妹氏蘭雪軒〕」라는 글 제목 그대로이다.

난설헌은 중국 역대의 시집도 많이 읽었는데, 그의 시집에 실린 시의 제목들을 보면 그의 독서 범위가 시집이나 시선집 쪽으로 넓어진다. 「효이의산체(效李義山體)」, 「효심아지체(效沈亞之體)」, 「효최국보체(效

崔國輔體)」 등의 제목을 보면 이들의 시집이나 『당시품휘(唐詩品彙)』
또는 『당음(唐音)』, 악부(樂府) 등을 읽었음이 확실하다.

「견흥(遣興)」의 "근자최백배(近者崔白輩) 공시궤성당(攻詩軌盛唐)"이
라는 구절을 보면 스승 이달(李達)뿐만 아니라 최경창(崔慶昌)이나 백
광훈(白光勳) 같은 당대 국내 시인들의 시도 열심히 읽어, 그들의 학당
(學唐) 시풍에 공감한 흔적이 보인다.

난설헌 당대에 동서 당쟁이 시작되었는데, 난설헌의 집안이 동인의
중심이었다. 동인(東人)의 영수(領袖)가 난설헌의 아버지인 초당(草堂)
허엽(許曄)이었으며, 선봉장 김효원(金孝元)이 허균의 장인이었고, 김
효원의 며느리가 허봉의 딸이었다. 뒷날 정권을 잡은 서인(西人)과 노
론(老論)에서는 성리학 중심의 학문을 답습하였지만, 동인(東人)과 남
인(南人)에서는 성리학을 넘어선 양명학, 노장(老莊), 서학(천주학) 등
으로 관심이 확산되었다. 특히 남인 경우에는 권력에서 멀어지자 과거
시험에서 요구하는 정답 이외의 학문에도 관심을 가지면서 독서의 폭
이 넓어진 것이다.

그러한 경계를 벗어난 첫 세대가 바로 난설헌의 아버지 초당 허엽이
었다. 그는 퇴계와 화담에게 배웠지만 화담에 더 깊이 들어가, 그 집에
가서 먹고 자며 공부하였다. 화담은 생각이 깊었지만 많은 글을 쓰지
않았는데, 저술도 별로 없이 세상을 떠나게 되자 자신이 사색하던 내용
을 제자 허엽에게 구술(口述)하고, 허엽이 문장으로 정리하여 『화담집』
을 편집하였다. 화담의 대표적인 논문 「이기설(理氣說)」, 「태허설(太虛
說)」, 「귀신사생론(鬼神死生論)」 등을 허엽이 정리하여 출판한 것이다.

조선시대에는 도교 서적이 대체로 배척되었지만, 사대부들도 『장
자』, 『노자』, 『태평광기』는 많이 읽었다. 『장자』는 문장이 좋아서 읽었
으며, 자신들의 문장에도 많이 인용되었다. 『태평광기(太平廣記)』는 공

부하려는 것보다 재미있어서 읽었다.

난설헌은 시집간 뒤에도 별당(別堂)에서 향을 사르고『태평광기』를 읽었다. 사대부 집안에서 딸들에게 읽게 하였던『여범(女範)』이나『여사서(女四書)』, 계녀서(戒女書)와는 독서 방향이 다르다.『태평광기』는 북송(北宋)의 문학가 이방(李昉)이 977년 태종(太宗)의 명을 받아 12명의 학자와 함께 편찬한 소설집인데, 981년에 간행하였다.

475종의 고서에서 7,000여 편의 설화를 골라내어 92류로 나누고 다시 150소류로 세분하여 500권으로 편집하였다. 내용에 따라 신선(神仙)·방사(方士)·이승(異僧)·보응(報應)·명현(名賢)·공거(貢擧)·호협(豪俠)·유행(儒行)·해회(詼諧)·부인(婦人)·정감(情感)·몽(夢)·환술(幻術)·신(神)·귀(鬼)·요괴(妖怪)·재생(再生)·용(龍)·곤충(昆蟲)·초목(草木)·잡전기(雜傳記) 등으로 분류했다.

이 책은 송나라에서 편찬되자마자 고려에 수입되어,「한림별곡」2장에 "太平廣記 四百餘卷 太平廣記 四百餘卷, 위 歷覽 景 긔 엇더ᄒ니잇고"라고 노래할 정도로 문인들의 필독서가 되었다. 고려는 불교국가였기에, 문인들이 유학 서적만 읽으란 법이 없었다. 이 구절은 "우리들이 두보 이백의 시집과 사서삼경만 읽었을 뿐만 아니라,『태평광기』400여 권도 다 읽었다"는 자부심을 나타낸 노래이다.

『태평광기』가 400여 권이나 되다보니, 문인 학자들이 유학자의 필독서도 아닌 이 책을 다 구입하거나 읽기가 힘들었다. 그래서 세조 때에 성임(成任)이『태평광기』에서 143개의 편목에 839제(題)를 뽑아『태평광기상절(太平廣記詳節)』50권을 만들었다. 10분의 1로 줄인 이 책을 난설헌이 읽었을 가능성도 있다.

성임이 이 책을 편찬한 뒤에, 친구 이승소를 찾아가 서문을 부탁하였다. 유학자의 필독서도 아닌 책을 일부러 줄여서까지 다시 만들어낸 변명을 해달라는 것이다. 이승소는 이 책의 가치를 이렇게 칭찬하였다.

경전과 역사서 이외에 또 백가(百家)와 여러 학술의 유파가 있어서, 각기 자신들의 소견에 따라서 학설을 세우고 책을 저술하였다. 이 책들이 비록 모두 성인의 경전과 합치되지는 않으나, 반드시 일단의 볼만한 것이 없지는 않다. 오히려 견문을 넓히는 데 이바지하기에 충분하며, 도가 지극히 커서 어느 곳에나 있다는 것을 더욱 잘 알게 해 준다. 그러니 이것은 참으로 유학자가 폐해서는 안 되는 바이다. 이것이 바로 『태평광기』가 만들어진 이유이다. (…)

나의 친구 성임은 옛 것을 좋아하고 아는 것이 많으며 고상한 군자이다. 일찍이 『태평광기』를 읽고는 그 문장의 풍부함과 사건의 기괴함을 좋아하였으나, 너무 광범하고 요점이 부족한 것을 유감스럽게 여겼다. 그래서 복잡한 것을 간추려 50권으로 요약해서 (독자들이) 보기에 편리하게 하였다.

유학자의 경전뿐만 아니라 제자백가의 저술에도 볼만한 것이 많은데, 『태평광기』를 10분의 1로 줄려놓았으니 보기에도 편하다는 장점을 내세운 것이다. 성임이 걱정한 것은 이 책 가운데 상당한 부분이 공자가 말하지 말라던 괴력난신(怪力亂神)에 관한 것이어서, 자기가 먼저 그 말을 꺼내면서 이승소에게 변명을 부탁하였다.

이승소는 유학자들이 이런 책을 읽어야 하는 이유를 성임에게 이렇게 설파하였다.

"『주역(周易)』에는 용도(龍圖)가 실려 있고, 『서경(書經)』에는 귀문(龜文)이 실려 있고, 『시경(詩經)』에는 「현조(玄鳥)」와 무민(武敏)

을 노래하였다. 예(禮)를 기록한 자는 사령(四靈)의 영험을 기록하였고, 역사서를 쓴 사람은 육익(六鷁)이 나는 것을 썼는데, 성인께서 경전(經典)을 편찬할 때 이 글들을 모두 그대로 두고 없애지 아니하였다. 그러니 어찌 이치가 없다고 할 수 있겠는가.

참으로 천하의 이치는 한이 없고 사물의 변화도 이와 더불어 한이 없으니, 한 가지만 가지고 고집하여 말할 수 없다. 공자께서 괴력난신에 대해 말하지 않은 것은 아마도 사람들이 육경(六經)의 내용에 대하여 분명히 알지 못한 상태에서 궁벽한 것을 찾으며 괴이한 짓을 행하는 말에 의혹될까 염려하신 것이다.

만일 먼저 육경의 도리에 밝아서 학문이 이미 정대고명(正大高明)한 경지에 나아갔다면, 비록 길거리의 이야기나 뒷골목의 말같이 아주 저속한 것이라도 모두 이치가 담겨 있어서 반드시 나를 일깨워 주는 도움이 있을 것이다.

더구나 한가하고 울적할 즈음에 이 책을 얻어서 읽으면 옛사람과 함께 한자리에 앉아 담소하면서 희학하는 것과 같아서 무료하고 불평스러운 기분이 얼음 녹듯이 확 풀려 가슴속을 깨끗이 씻어 맑아지게 할 것이다. 그러니 이것이 어찌 한 번 팽팽하게 당겼다가 한 번 늦추어 주는 방도가 아니겠는가. 그렇지 않다면 옛날에 패관(稗官)이란 관직을 설치하지 않았을 것이며, 소설가 역시 후세에 전하지 않았을 것이다."

그러자 성임이 그렇겠다고 수긍하였다. 우리가 주고받은 말을 그대로 써서 성임에게 준다.

천하의 대표적인 저술을 수집하여 『사고전서』를 편찬한 청나라 학자 기윤(紀昀)은 『태평광기』를 『사고전서』에 편입한 뒤에, 『사고전서총목

제요(四庫全書總目提要)』에서 이 책의 가치를 이렇게 설명하였다.

이 책은 비록 신괴(神怪)를 많이 이야기하고 있지만 채록한 고사가 매우 풍부하고 명물(名物)과 전고(典故)가 그 사이에 섞여 있기에, 문장가들이 늘 인용하고, 고증가들 역시 자료로 삼는 바가 많다. 또한 당(唐) 이전의 책 가운데 세상에 전해지지 않는 것으로 잔결(殘缺)된 서적이 10분이 1이나 여전히 보존되어 있으므로 더욱 귀중하다.

청나라 학자 기윤은 편집자의 입장에서 『태평광기』를 "소설가의 깊은 바다"라고 칭찬하면서 문장가와 고증가들이 많이 이용한다고 설명했는데, 근대 소설가 노신(魯迅)은 작가이자 독자의 입장에서 이 책의 가치를 이렇게 설명하였다.

나는 『태평광기』의 장점이 두 가지라고 생각한다. 첫째는 육조(六朝)에서 송초(宋初)까지의 소설이 거의 전부 그 안에 수록되어 있으므로, 대략적인 연구를 한다면 많은 책을 따로 살 필요가 없다는 점이다. 둘째는 요괴, 귀신, 화상(和尙), 도사 등을 한 부류씩 매우 분명하게 분류하고 아주 많은 고사를 모아 놓았으므로 우리들이 물리도록 실컷 볼 수 있다는 것이다.[46]

노신의 말처럼 이 한 책에 다양한 인물들, 특히 현실을 초월한 세계의 인물들 이야기가 방대하게 모여져 있었으므로, 이 분야를 전공하려는 학자가 아닌 난설헌 같은 시인에게는 아주 요긴한 책이었다. 별당에서

46　이방 지음, 김장환 옮김, 『태평광기』 1, 학고방, 2001, 서문 10쪽.

『태평광기』를 읽고 있노라면 고단한 현실을 잠시라도 잊고 신선세계에 오를 수 있었기 때문이다.

난설헌 집안에서 『태평광기』를 많이 읽은 증거는 허균의 『성소부부고』에 여러 차례 보이거니와, 작은오라버니 허봉의 『조천기(朝天記)』에서도 확인할 수 있다. 허봉이 18세에 생원시에 장원하고 22세에 문과에 급제하여 23세에 사가독서(賜暇讀書)를 마친 뒤, 이듬해인 1574년에 성절사(聖節使)를 파견하게 되자 자원하여 서장관(書狀官)으로 파견되었다. 7월 27일 계주(薊州)를 지나면서 기록한 일기에 『태평광기』에 관한 이야기가 보인다.

아침에 환향하(還鄕河)를 건넜다. 하수 서쪽에서부터 계주(薊州) 지방에 이르기까지, 비가 내리면 길이 끊기어 우가장(牛家莊) 네 역참이 같은 까닭에 사람들은 나갈 수가 없어서 반드시 이 하수에서 배를 타야만 제도(帝都)에 가게 된다고 하였다.

낮에는 사류하(沙流河)의 급체포(急遞鋪)에서 점심을 먹었다. 중청(中廳)에 걸어 둔 현판에는 '차지(且止)'라 하였는데, 융경(隆慶) 3년(1569) 정월에 현지사(縣知事) 왕납언(王納言)이 쓴 것이었다.

오후에는 양가점(梁家店)의 성(城)을 지나 보장문(保障門)을 거쳤고 영정문(寧靜門)으로부터 나갔다. 또한 오리교(五里橋)·탄선하(攤船河)를 지나자 한나라 양공(陽公) 옹백(雍伯)의 종옥비(種玉碑)를 세워 놓았는데, 그것은 가정(嘉靖) 14년(1535)에 지현(知縣) 마강(麻强)이 세웠으며, 현의 이름은 이 일로 해서 얻어졌다. 이 일은 『태평광기(太平廣記)』에 실려 있는데 그 말은 극히 이를 것이 없었다.

관왕묘(關王廟)를 거쳐 옥전현(玉田縣) 동문(東門)에 이르렀는데 문밖에는 동문교(東門橋)가 있었고, 성 아래에는 새로 세운 동문교기

비(東門橋記碑)가 있었다. 성안을 지나서 정업사(淨業寺), 삼관묘(三官廟), 광계문(光啓門), 대방백문(大方伯門), 붕악고박문(鵬鶚高搏門), 문묘(文廟)를 지났다. 고을은 비록 작았으나 사람 사는 것은 부유하고 밀집하여 있었다.

서문(西門)으로부터 벗어나서 양반역(陽樊驛)으로 들어가니, 역 가운데에 신천역기비(新遷驛記碑)가 있었는데, 가정(嘉靖) 3년(1524)에 안찰 부사(按察副使) 웅상(熊相)이 지은 것이었다.

허봉은 압록강에서 북경까지 가는 동안 눈에 보이는 수많은 건물, 성곽, 비석 등을 모두 기록하였는데, 이날은 옥전현에 세워져 있는 웅백의 종옥비(種玉碑)를 보고 예전 『태평광기』에서 읽었던 내용이라고 기억해냈다. 이 이야기는 원래 『수신기(搜神記)』에 실렸다가 『태평광기』에 들어간 것이다.

한나라 때 양공 웅백(楊公雍伯)이 효성이 지극하였는데, 부모가 돌아가시자 무종산(無終山)에 장사지내고 우물을 파서 지나가는 사람들이 물을 마시게 하였다. 3년 뒤에 한 나그네가 물을 마신 후 감사의 뜻으로 품속에서 돌 하나를 꺼내어 웅백에게 주면서, "이것을 심으면 아름다운 옥이 될 것입니다. 당신은 그것으로 아름다운 아내를 얻게 될 것입니다."라고 하였다. 그는 이 돌을 심었다. 몇 년이 지나 웅백이 북평(北平)의 서씨(徐氏)에게 아름다운 딸이 있다는 소문을 듣고 서씨를 찾아가니, 서씨가 "백옥 한 쌍을 가져오면, 내 딸을 주겠다."고 하였다. 웅백이 나그네의 말이 떠올라 돌을 심어 놓았던 곳으로 가서 땅을 파보니 그 돌이 백옥 다섯 쌍으로 되어 있으므로 이것으로써 아내를 얻었다. 그가 돌을 캔 곳을 사람들이 '옥전(玉田)'이라 하였다.

허봉은 18세에 생원시 정원급제하고 22세에 문과에 급제한 뒤, 24세에 성절사 서장관으로 북경에 가는 길에 옥전현을 지나갔다. 생원시 장원급제나 문과 급제나 모두 많은 책을 읽으며 열심히 공부하여 남들보다 빨리 이뤄낸 성과인데, 24세에 중국을 지나는 길가에 세워져 있는 비석 하나에서도 『태평광기』의 구절을 기억해낸 것을 보면, 젊은 나이에 과거시험에 방해가 되는 『태평광기』를 몇 차례 읽었을 가능성이 있다.

허균의 문집 『성소부부고』에도 『태평광기』는 등장하며. 특히 「열선찬(列仙贊)」30수 가운데 대부분이 『태평광기』에서 만난 신선들을 주인공으로 삼아 찬양한 시이다. 이 남매들은 유교 경전 못지않게 『태평광기』에 빠져 있었던 것이다.

난설헌이 『태평광기』를 얼마나 꼼꼼하게 읽었는지는, 임상원(任相元)이 『교거쇄편(郊居瑣編)』에서 이렇게 증언하였다.

> 난설헌은 『태평광기』를 즐겨 읽었다. 그 긴 이야기를 다 외웠으며 중국 초나라 번희(樊姬)를 사모했기에 또한 호를 경번(景樊)이라 지었다.

임상원은 두 가지 증언을 했다. 하나는 난설헌이 『태평광기』를 외울 정도로 꼼꼼하게 읽었다는 점이고, 하나는 등장인물 가운데 초나라 번희(樊姬)를 사모하여〔景〕 호를 경번(景樊)이라고 지었다는 점이다.

초나라의 번희는 장왕(莊王)의 부인으로, 매우 지혜롭고 현명한 여인이어서 장왕이 패주(霸主)가 되는데 결정적인 공헌을 하였다. 난설헌이 번희를 사모해서 호를 경번이라고 지을 정도로 그가 등장하는 『태평광기』를 많이 읽었다는 뜻인데, 경번은 자이고, 호는 난설헌이다. 자(字)는 관례(冠禮)나 계례(筓禮) 때에 성년이 되었다는 뜻으로 아버지나 스승이 지어 준다. 그렇다면 난설헌이 자신이 지은 것이 아니라 아버지 초당(草堂) 허엽(許曄)이 지어주었을 가능성이 크고. 초당도『태평광기』를 많이 읽었을 가능성이 크다.

초당의 스승 화담(花潭) 서경덕(徐敬德)의 학문은 열려 있어서 자신의 학설을 강요하지 않고, 제자들이 자득(自得)하도록 가르쳤다. 서경덕은 평소에 글을 많이 짓지 않고 사색을 주로 하였는데, 병이 깊이 들자 자신의 학문이 후세에 전하지 못할 것을 걱정하였다. 제자 허엽에게 자신의 학문 구상을 구술(口述)하여 허엽이 정리한 논문이『화담집』잡저(雜著) 앞부분에 실려 있는 「원이기(原理氣)」, 「이기설(理氣說)」, 「태허설(太虛說)」, 「귀신사생론(鬼神死生論)」 등의 4편이다. 「태허설」이나 「귀신사생론」 같은 제목만 보아도 퇴계나 율곡 같은 성리학 주류 학자들과 달랐음을 알 수 있다.

『태평광기』에 신선은 여선(女仙)을 포함하여 70권이고, 귀(鬼)가 40권, 신(神)이 25권 편집되었으니, 많은 내용이 신선과 귀신에 관한 것이다. 봉건적인 16세기의 조선 땅을 벗어날 꿈을 꾸던 난설헌은 이 책을 읽으면서 「광한전백옥루상량문(廣寒殿白玉樓上樑文)」이나 「유선사(遊仙詞)」 87수의 방대한 무대를 설계할 수 있었다.

중국『태평광기』의 등장인물들이 난설헌의 상상력과 구상에 의해 몇백 년 뒤 조선 땅에서 광한전(廣寒殿) 백옥루(白玉樓)의 상량식을 계기로 잔치를 열게 되었다. 조선 당대의 여성, 또는 남성 학자들과도 달랐던 난설헌의 독서 세계가 그의 시집과 상량문에서 화려하게 펼쳐진 것이다.

제2장

난설헌의 사랑과 결혼

5

난설헌의 결혼생활

난설헌의 생애는 결혼 전과 후로 뚜렷하게 나뉜다. 아마도 조선시대 대부분의 여성들이 그러했겠지만, 그들의 결혼 이전의 기록이 많이 남아 있지 않아 비교할 수는 없다. 결혼 이후의 생활은 주로 시댁과 자녀에 관한 기록이나 남아 있고, 이름도 시댁 족보에 성씨만 기록되던 시대였다.

그에 비해 난설헌은 결혼 이전에 받은 이름들인 명(名)과 자(字)가 분명하게 기록되어 있고, 언제 지었는지 확실치 않지만 호(號)도 남아 있다. 작은오라버니에게서 받은 글들도 남아 있고, 오라버니나 동생에게 지어준 시도 남아 있어 친정과의 관계가 결혼 전후를 가릴 것 없이 변함없음을 알 수 있다. 그러나 시댁과 관련된 글은 별로 남아 있지 않아, 주변 사람들의 증언을 통해 결혼생활을 짐작할 수 있을 뿐이다.

결혼 이전의 꿈 많은 시절

다음과 같은 시에서 결혼 이전의 난설헌 모습을 찾아볼 수 있다.

이웃집 벗들과 내기 그네를 뛰었지요.

띠를 매고 수건 쓰니 신선놀음 같았어요.

바람 차며 오색 그넷줄 하늘로 굴러 오르자

댕그랑 노리개 소리가 나며 버들에 먼지가 일었지요.

隣家女伴競鞦韆。結帶蟠巾學半仙。

風送綵繩天上去、佩聲時落綠楊烟。　　　　　　-「추천사(鞦韆詞)」1

그네 뛰기 마치고는 꽃신을 신었지요.

숨가빠 말도 못하고 층계에 섰어요.

매미날개 같은 적삼에 땀이 촉촉이 배어

떨어진 비녀 주워 달라고 말도 못했어요.

蹴罷鞦韆整繡鞋。下來無語立瑤階。

蟬衫細濕輕輕汗、忘却敎人拾墮釵。　　　　　　-「추천사」2

　　그네는 대부분의 여성들이 탔겠지만, 결혼 이후에 타는 모습은 상상하기 힘들다. 한 가정의 주부가 친구들과 그네를 타겠다고 집 밖에 나가는 행위조차 불가능했을 것이다. 결혼 후의 난설헌 시에 하늘을 날아오르는 선계시(仙界詩)가 많이 보이지만, 이 시 「추천사(鞦韆詞)」는 제도적인 속박을 벗어나려는 행위라기보다는 꿈 많은 소녀들의 자유로운 일탈 분위기에 가깝다.

　　물론 난설헌이 실제로 그네를 타고난 뒤에 그 체험을 바탕으로 하여 이 시를 지었을 가능성도 있지만, 악부체 시의 민요적인 관습에 가탁하여 자신의 꿈을 표현했을 수도 있다.

　　띠를 매고 머리 수건을 쓴 모습으로 꽃신까지 벗고서 맘껏 하늘을 날아오르자 노리개가 소리를 내며 땅에 떨어졌다. 마치 『춘향전』에서

춘향이가 단옷날 광한루 앞 언덕에서 그네를 타다가 비녀를 떨어뜨려 소리를 내며 바위에 구르는 모습을 연상케 한다.

버선발로 그네에서 내려 숨 가빠 말도 못하고 상기된 모습의 난설헌은 한창 행복한 미래를 꿈꾸는 사춘기 소녀이다. 비녀가 땅에 떨어진 채로 하늘을 날아올랐으니 머리는 흐트러졌을 테고, 매미날개 같이 얇은 적삼에 땀이 촉촉이 밸 정도로 건강하게 노닐던 여성이 바로 난설헌이다. 이같이 관능적인 시가 자신의 체험을 바탕으로 하였든, 아니면 당나라 악부체를 본받아 상상 속에 지었든 간에, 난설헌이 이런 여인이고자 했던 것만은 분명하다.

5대를 잇달아 문과에 급제하고
친정과 같은 당파에 속한 안동김씨 시댁

안동김씨(安東金氏) 집안인 시댁은 5대나 계속 문과에 급제한 문벌이었다. 서당(西堂) 김성립(金誠立, 1562-1592)의 할아버지 김홍도(金弘度)는 진사와 문과에 장원하였다. 아버지인 김첨(金瞻)도 문과에 급제하고 호당(湖堂)에 드나들었으므로, 친구인 허봉이 나서서 혼인을 추진하였다.

이원정(李元禎)이 지은 김첨의 묘갈(墓碣)에 이 집안의 위상이 잘 드러나 있다.

선계(先系)는 신라의 종성(宗姓)에서 나왔다. (…) 대사헌을 지내고 호(號)가 유연재(悠然齋)이며 휘가 희수(希壽)인 분이 공의 증조이다. 조부의 휘는 노(魯)이고, 홍문관 직제학을 역임하였으며, 호(號)

는 동고(東皐)이다. 부자가 문학(文學)과 초서(草書)와 예서(隸書)를 잘하여 연이어 세상에 명성이 알려졌다.

부친은 휘가 홍도(弘度)이고, 문장(文章)과 풍절(風節)이 있었다. 사마시(司馬試)와 문과(文科)에서 모두 장원에 발탁되었고, 문신들의 정시(廷試)와 동호대책(東湖對策)에서 모두 으뜸을 차지하였다. 홍문관 전한(弘文館典翰)으로 관직을 마쳤는데, 바른 도로써 간하다가 유배되어 북쪽의 변방에서 생을 마쳤다. 사람을 평론하는 자들이 김일손(金馹孫), 박은(朴誾)과 더불어 갑론을박하자, 주박(周博)이 지나치다고 하였다. 부인은 평창 이씨(平昌李氏) 충의위(忠義衛) 희철(希哲)의 딸로, 홍문관 정자(弘文館正字) 광(光)의 후손이다. 아들 둘을 두었는데 공이 그 맏이이

가정(嘉靖) 임인년(1542)에 태어났다. 문학과 품행으로써 집안 대대로 벼슬을 하고, 만력(萬曆) 병자(1576) 별시(別試)에 급제하여 예원(藝院)에 선발되어 들어갔으며 유연재(悠然齋)로부터 공에게 이르기까지 4대가 모두 호당(湖堂)서 사가독(賜暇讀書) 하였다. 옥당 양사 천관랑(玉堂兩司天官郎)을 역임하고, 접반사(接伴使)를 따라서 명나라 사신과 시문을 지어 서로 주고받을 적에 하곡(荷谷) 허봉(許篈), 하의(荷衣) 홍적(洪迪)과 함께 번갈아 가면서 앞서거니 뒤서거니 하며 화답하였으므로 세상 사람들이 삼하(三荷)라고 일컬었다. 율곡(栗谷) 이이(李珥)가 국사를 제멋대로 한다고 상소하여 논하다가 왕의 뜻을 거슬러 지례현감으로 좌천되었다가 1년 만에 작고하였다. 이해는 갑신년(1584) 9월 4일이었으며, 춘추 43세이다. (…)

휘(諱)는 첨(瞻)이요, 자(字)는 자첨(自瞻)이며, 하당(荷塘)은 바로 그의 자호이다. 광주(廣州) 초월(草月) 경수(鏡水)의 신좌(申坐) 언덕이 실로 의관(衣冠)이 묻힌 곳이다. 부인을 부장(附葬)하였다.

손자 때문에 추은(推恩)되어 승정원 도승지에 추증되었다.

인용이 길어졌지만, 김성립 집안의 위상을 확인할 필요가 있다. 김첨의 증조부부터 모두 문과에 급제했으니 김첨 본인까지 4대가 잇달아 급제하였으며, 문신의 최대 영예였던 호당(湖堂)의 사가독서(賜暇讀書)도 4대가 잇달아 선발되었다. 숫자로만 비교할 수는 없지만, 난설헌 집안에서는 초당(草堂)과 악록(岳麓), 하곡(荷谷), 교산(蛟山) 4부자가 문과에 급제하고 초당과 하곡 두 사람이 사가독서에 선발되었으니 모두들 적당한 혼처라고 인정할 만하였다.

문과에 급제한 인재 가운데 장래가 촉망되는 몇 명을 선발하여 왕이 휴가를 주고 용산 독서당에서 글만 읽게 하는 사가독서(賜暇讀書)는 문신의 최고 영예였는데, 대제학(大提學)이 임기 중에 보통 한 차례 젊은 문신들을 선발하였다.

사가독서자 명단을 기록한 『독서당선생안(讀書堂先生案)』을 보면 대제학 신광한(申光漢)이 계축년(1553)에 선발한 허엽의 동기 앞에는 대제학 성세창(成世昌)이 갑진년(1544)에 선발한 노수신(영의정), 윤춘년(이조판서) 등 6명, 신축년(1541)에 선발한 이황(李滉), 유희춘(柳希春), 김인후(金麟厚) 등 10명의 이름이 적혀 있어, 당대 최고의 학자, 문인, 관원들이 이곳에서 학문을 닦으며 미래를 설계하였음을 알 수 있다.

김성립의 조부 김홍도는 허엽과 호당의 사가독서를 함께했던 동기이다. 『독서당선생안』을 보면 허엽 앞에는 우의정을 역임한 심수경(沈守慶), 허엽 뒤에는 강원감사를 역임한 유순선(柳順善), 우의정을 지낸 김귀영(金貴榮), 김홍도의 이름이 나란히 실려 있어서, 당대 최고의 수재들이 함께 공부하며 친하게 지냈음이 확인된다. 허엽과 김홍도, 허봉과 김첨의 대를 잇는 친분 속에서 김성립과 난설헌의 혼사는 순조롭게 이뤄졌다.

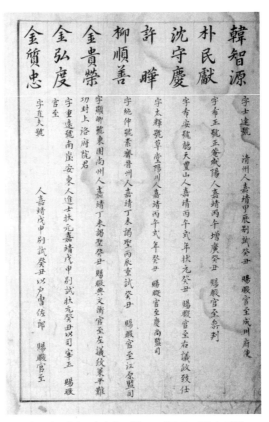

심수경, 허엽, 김귀영, 김홍도 이름이 나란히 적힌
계축년 『독서당선생안』

혼담 자리에 난설헌이 참석했다는 친정 종가의 전설

양천 허씨 족보에서는 난설헌이 몇 살에 혼인했는지 확실한 기록이
보이지 않는데, 김성립 집안인 안동김씨 서운관정공파(書雲觀正公派)에
서 간행한 『석릉세적(石陵世蹟)』에는 난설헌이 14세에 김성립에게 시
집왔다고 하였다.

조선시대 여성들은 자유롭게 결혼하지 못하고, 대부분 부모가 정해준 남자와 얼굴도 보지 못하고 결혼하였다. 여성들뿐만 아니라, 남성들 또한 마찬가지였다. 성격 차이를 극복하지 못한 부부 사이에는 자연스럽게 갈등이 생겼다.

그러나 허씨 문중에는 난설헌이 남편감을 고른 이야기가 전설로 전해진다. 초당 허엽의 종손인 허강(許橿)의 누이동생 허미자(許米子) 교수가 종가에 전해지던 전설을 『허난설헌 연구』에 소개하였다.

> 김성립과 약혼할 때에 난설헌은 부모님께
> "소녀의 신랑은 소녀가 친히 보지 않고는 시집가지 못하겠습니다. 한편 그 신랑을 우리 집으로 청해오면 소녀가 엿보아서 마음에 합당해야 시집가겠고, 그렇지 않으면 죽어도 그대로는 시집가지 않겠으니, 소원을 이루어 주십시오."
> 라고 졸랐다 한다. 그리고는 난설헌의 부친은 그 후에 삼십 리쯤 떨어져 있는 신랑의 집에 가서 간선을 하고 김성립의 부친과 한담을 하려는데 돌연 방문이 열리고 연죽(煙竹)을 든 상노아이가 들어와서 섰는데, 허엽이 눈을 들어보니 난설헌이 남장을 하고 부친 뒤를 쫓아서 몰래 신랑 될 사람을 보고, 부친보다 먼저 집에 당도하고 있었다 한다.[47]

전설이긴 하지만, 당시 여성들로서는 상상도 하지 못할 방법으로 난설헌은 자기 눈에 드는 남편을 고르고 싶어 했다. 그러나 담배가 광해군 시대에 처음 들어왔다는 왕조실록의 기록을 믿는다면, 이 전설은 난설헌이 세상을 떠난 뒤에 만들어졌을 듯하다. 당시 민중들은 자신들

---

47 허미자, 『허난설헌연구』, 성신여자대학교출판부, 1984, 163쪽.

김성립과 난설헌의 혼담 때에 난설헌이 남장을 하고 끼어든 모습 재연.
MBC 선을 넘는 녀석들.「조선의 쎈 언니들」, 2020년 11월 8일 상영.

이 꿈도 꾸지 못할 남편 간택을 난설헌은 했을 것이라고 믿고 싶었던
것이다.

그러나 낭만적인 사랑을 꿈꾸었던 난설헌의 기대와는 달리, 김성립
은 과거 공부를 한다는 이유로 집에 제대로 붙어 있지 않았다. 이러한
이유 때문에 난설헌은 신혼 초기부터 불행했다. 당시에는 흔하고 당연
한 일이었지만, 마음이 맞는 아버지와 오라버니들 사이에서 곱게 자라
난 그로서는 너무나도 커다란 시련이었다.

난설헌의 시에 차운해
친구 하곡에게 시를 지어 보낸 시숙부 김수

난설헌의 시부모인 김첨과 송씨 부인 사이에는 4남매를 두었는데,
아들은 김성립과 김정립이고, 맏딸은 이경전(李慶全, 1567-1644)에게
시집갔다. 이경전 또한 한산 이씨의 명문 출신으로 영의정 이산해(李山

海)의 아들인데, 역시 동인에 속했다. 동인이 남인과 북인으로 갈릴 때에
는 허균과 함께 북인에 속했으며, 1590년 문과에 급제해 형조판서(정2
품)을 지냈다. 난설헌의 시누이까지도 허균과 함께 동인-북인-대북에
속한 이경전에게 시집갔으니, 난설헌은 시집간 뒤에도 시아버지, 시어
머니, 시누이까지 모두 같은 당색(黨色)에 어울려 살았다고 볼 수 있다.

같은 당색이어서 난설헌이 시댁 식구와 일체감을 느낀 경우는 작은
오라버니가 1583년에 귀양 갔을 때이다. 난설헌은 이때 21세였는데,
갑산으로 유배되는 오라버니에게 시를 지어 전송했다.

> 멀리 갑산으로 귀양 가는 나그네여
> 함경도 가느라고 마음 더욱 바쁘시네.
> 쫓겨나는 신하야 가태부시지만
> 임금이야 어찌 초나라 회왕이시랴.
> 가을 비낀 언덕엔 강물이 찰랑이고
> 변방의 구름은 저녁노을 물드는데,
> 서릿바람 받으며 기러기 울어 예니
> 걸음이 멎어진 채 차마 길을 못가시네.
> 遠謫甲山客、咸原行色忙。
> 臣同賈太傅、主豈楚懷王。
> 河水平秋岸、關雲欲夕陽。
> 霜風吹雁去、中斷不成行。   -「송하곡적갑산(送荷谷謫甲山)」

이때 시어머니의 오라버니이자 허봉의 친구인 송응개도 함께 유배가
게 되어 동병상련(同病相憐)을 느끼게 되자 시숙(媤叔) 김수(金睟 1547-
1615)가 조카며느리 난설헌의 이 시에 차운하여 친구인 허봉에게 보냈다.

조정의 시론(時論)이 변해서

철령 밖으로 쫓겨나는 신하 바쁘시네.

쓰고 버리는 거야 운수에 달렸으니

사랑하고 미워하는 마음이 어찌 우리 임금께 있으랴.

슬피 시 읊는 것은 굴원이 못가에 거닐 때와 같지만

누워 다스리는 것은 회양태수와 다르네.

갑산에 오래 있게 되리라 듣고 보니

마음이 놀라 만 줄기 눈물 흐르네.

朝端時論變、嶺外逐臣忙。

用舍關天數、愛憎豈我王。

悲吟同澤畔、治臥異淮陽。

聞說甲山久、心驚淚萬行。

　　　　-「차질부운송허미숙적갑산(次姪婦韻送許美叔謫甲山)」

　각 구절의 마지막 글자인 망(忙), 왕(王), 양(陽), 행(行) 자를 난설헌의 시와 같은 글자로 썼는데, 모두 상성(上聲) 양운(陽韻)에 속하는 운자(韻字)들이다. (운자를 알아보기 쉽게 하기 위해, 표점에 。부호를 써서 표기하였다.)

　「조카며느리의 시에 차운(次韻)하여 갑산으로 유배되는 허미숙(許美叔)을 전송하다[次姪婦韻送許美叔謫甲山]」라는 제목에서도 난설헌의 시에 차운했음을 밝혔으니, 난설헌이 먼저 지어 오라버니에게 보낸 시를 김수가 송별 현장에서 읽어보고 차운하여 지었을 가능성이 있다.

　김수는 1573년 문과에 허봉과 함께 급제하고, 호조판서를 거쳐 영중추부사(정1품)까지 오른 재상이다. 허봉은 1574년 명나라에 서장관으로 다녀오면서 『조천록(朝天錄)』을 기록했는데, 명나라로 떠나는 날 아침에 건천동 본가에 들려 아버지 초당에게 인사드리고, 왕에게 하직하기 위해 경복궁으로 왔다. 허봉이 『조천록』 5월 11일 기사에서 마지막으로 송별해준 친구들을 이렇게 기록하였다.

보루문(報漏門) 오른편에서 쉬고 있었는데 (…) 검열(檢閱) 김수(金晬)가 잇따라 찾아와서 소작(小酌)을 베풀었다. (…) 마지막으로는 여성군(礪城君)과 정랑(正郎) 김효원(金孝元)이 같이 와서 작별 인사를 하였다.

조촐한 술자리를 마련해준 친구가 난설헌의 시숙부 김수이고, 마지막으로 찾아와준 친구가 뒷날 허균의 장인이 된 김효원이었다. 계주(薊州) 어양역(漁陽驛)에서 자던 7월 28일 일기에 보면 "새벽에 김자앙(金子昻)을 꿈꾸었다"는 구절이 실려 있고, 사령역(沙嶺驛) 우경순(于景順)의 집에서 자던 9월 28일 밤에도 "김자앙(金子昻)과 시사(時事)를 논하는 꿈을 꾸었다."고 기록하였다. 자앙(子昻)은 김수의 자(字)이니, 외국에 나가서도 꿈꿀 정도로 두 사람이 친했음을 알 수 있다.

김수의 시에 나오는 치와(治臥)는 어진 태수로 이름난 급암(汲黯)의 고사이다. 한나라 무제 때에 초나라 땅에서 오수전(五銖錢)을 많이 위조하자, 무제가 급암을 불러 초나라의 중심지인 회양에 태수로 임명하였다. 급암이 엎드려 사퇴하며 태수의 인(印)을 받지 않으려 하자, 무제가 달랬다. "내가 그대의 위엄을 빌려, 편히 누워서 그곳을 다스리려 하는 것이다." 충신 굴원같이 바르게 간하다가 귀양 간 친구 허봉을 김수가 동정하는 시인데, 난설헌의 시를 차운(次韻)했을 뿐만 아니라 난설헌의 시에서 굴원의 이야기까지 그대로 빌려왔다. 회양의 경우와 다르다는 이야기는 허봉이 창원부사로 좌천되었다가 갑자기 갑산으로 유배되었기 때문에 나온 듯하다.

　김수는 1591년에 정철(鄭澈)의 건저문제(建儲問題)로 남인과 북인이 갈릴 때에 난설헌의 형부 우성전을 따라 남인에 들며 허균과는 당파를 달리 하였지만, 그것은 허봉과 난설헌이 모두 세상을 떠난 뒤의 일이다. 시숙 김수의 차운시가 난설헌 살아생전에는 난설헌과 시댁 안동 김씨가 당색을 같이 했다는 좋은 증거이다. 아울러 시숙이 자기보다 16세나 어린 조카며느리의 시를 읽어보고 그 시에 차운할 정도로, 아직 어리고 앳된 조카며느리의 시를 인정했다고 볼 수도 있다.

　난설헌의 시아버지 김첨은 허봉의 친구이고, 시어머니의 친정오라버니 송응개도 허봉의 친구였으며, 시숙부 김수가 조카며느리의 시에 차운할 정도로 친근했으니, 이 정도의 범위에서는 난설헌의 시가 외부로 유통된 듯하다.

신혼 초부터 과거시험 공부를 하러 집을 떠난 남편

　조선시대 양반들의 공부는 크게 세 가지가 있다. 하나는 과거시험에 응시하기 위한 공부이고, 하나는 학자가 되기 위한 공부이며, 하나는 양반으로서의 교양과 인품을 갖추기 위한 공부이다. 아주 드물지만 시인이 되기 위해 공부하는 사람도 있었으니, 난설헌과 허균의 스승이었던 손곡(蓀谷) 이달(李達) 같은 경우는 과거시험에 응시할 자격이 없으면서도 시집을 열심히 읽으며 시를 배웠다. 오로지 시인이 되기 위한 공부였는데, 난설헌도 그런 경우에 해당된다.

　난설헌의 남편 김성립은 신혼 초부터 공부하기 위해 집을 떠나 독서당에 머물렀다. 그의 부친부터 조부, 증조부 모두 문과에 급제한 뒤에 사가독서(賜暇讀書)에 선발되어 용산에 있는 독서당(讀書堂)에 들어가 공부하였는데, 김성립 경우에는 친구들과 함께 한강 가에 집을 얻어 공부하였다. 당시로서는 흔하고도 당연스런 일이었다.

신혼 초에 남편이 공부하기 위해 집을 떠나 있게 되자, 새색시 난설헌은 당연히 남편이 그리워졌다. 시인에게 그리움을 표현하는 방법은 시를 짓는 것이었으므로, 칠언절구를 지어 남편에게 편지 삼아 부쳤다. 이 시는 『난설헌집』에 실려 있지 않고, 허균의 손윗동서인 이수광이 지은 『지봉유설(芝峯類說)』에만 실려 있다.

> 제비는 처마 비스듬히 짝 지어 날고
> 지는 꽃은 어지러이 비단옷 위를 스치는구나.
> 동방에서 기다리는 마음 아프기만 한데
> 풀은 푸르러도 강남에 가신 님은 돌아오지를 않네.
> 燕掠斜簷兩兩飛。落花撩亂撲羅衣。
> 洞房極目傷心處、草綠江南人未歸。　　　　　　-「寄夫江舍讀書」

위의 작품에서 제비는 비행(飛行)의 이미지를 지니고 있으며, 낙화는 하강(下降)의 이미지를 지니고 있다. 이러한 사물을 통해 강남으로 가신 님(강가 서당에 공부하러 간 남편)에 대한 정한이 심화되어 간다. 돌아오지 않는 님에 대한 그리움이 제비처럼 꽃잎처럼 날아오르는데, 이 땅에서 하늘로 날아오르려는 난설헌의 노력은 어릴 적에 하늘에 나는 새를 올려다보는 자신의 모습을 그릴 때부터 세상을 떠날 때까지 이어졌다.

이때 강가 서당에서 김성립과 함께 공부하던 친구 신흠(申欽)을 통해서, 그리고 허균의 손윗동서인 이수광을 통해서 이 시는 당대에 이미 널리 알려졌지만, 봉건적인 당시 사회에서는 이 시를 순수하게 받아들이지 않았다. 서당에서 공부하는 남편을 그리워하는 규수의 정한(情恨) 자체를 비난한 것이다.

우리가 그나마 난설헌의 대표적인 작품 가운데 하나인 이 시를 읽게 된 것은 허균의 동서인 이수광이 『지봉유설』에 실어준 덕분인데, 이 시의 앞뒤에 시화(詩話)가 덧붙어 있다.

> 김성립이 젊었을 때에 강가 집에서 글을 읽었는데, 그의 아내 허씨가 시를 지어 부쳤다.
>
> 제비는 처마 비스듬히 짝 지어 날고
> 지는 꽃은 어지러이 비단옷 위를 스치는구나.
> 동방에서 기다리는 마음 아프기만 한데
> 풀은 푸르러도 강남에 가신 님은 돌아오지를 않네.
> 이 두 작품은 유탕(流蕩)에 가까우므로 『난설헌집』 속에 싣지 않았다고 한다.
> 金誠立少時 讀書江舍 其妻許氏寄詩云 燕掠斜簷兩兩飛 落花撩亂撲羅衣 洞房極目傷春意 草綠江南人未歸 此兩作近於流蕩 故不載集中云   -『지봉유설』 권14 문장부(文章部) 7 「규수(閨秀)」

세상 사람들은 이 시가 유탕(流蕩)에 가깝다고 비난했지만, 정작 한강 서당에서 김성립과 함께 공부하던 친구이자 이종사촌인 현헌(玄軒) 신흠(申欽, 1566-1628)은 난설헌이 기백이 있는 여인이라고 칭찬하였다. 이 이야기는 당시에 널리 펴져, 『시화휘성(詩話彙成)』이라는 시화집에 실렸다.

> 현헌(玄軒) 신흠이 일찍이 이런 말을 하였다.

"내가 젊었을 때 김성립과 다른 친구들과 함께 집을 얻어서 같이 머물며 과거시험 공부를 했는데, 한 친구가 '김성립이 기생집〔娼樓〕에서 놀고 있다'고 근거없는 말을 지어냈다. 계집종이 이를 듣고는 난설헌에게 몰래 일러바쳤다. 난설헌이 맛있는 안주를 마련하고 커다란 흰 병에다가 술을 담아서, 병 위에다 시 한 구절을 써서 보냈다.

　　낭군께선 이렇듯 다른 마음 없으신데,

　　같이 공부하는 이는 어찌된 사람이길래 이간질을 시키시는가?

　　郎君自是無心者、同接何人縱反間。

그래서 난설헌은 시에도 능하고 기백도 호방함을 비로소 알게 되었다."[48]

신흠은 당대 최고의 문장가이지 학자여서 대제학(大提學)과 영의정을 지냈으며, 그의 아들 신익성(申翊聖)이 선조(宣祖)의 부마(駙馬)가 될 정도로 조정에서 신임을 받던 인물이었으니, 그의 증언은 신빙성이 있다. 이 시화에서도 한 친구가 근거 없는 말〔飛語〕을 지어냈다고 하였는데, 이런 소문들이 늘어나면서 난설헌에 대한 비난이 그를 병들게 하였다.

자녀들이 모두 요절하다

여성에게 남편만큼이나 소중한 존재가 바로 자식인데, 난설헌은 어

48　『詩話彙成』, 서울대학교 규장각본.
　　玄軒申公欽嘗言, 少時, 與金誠立及他友, 僦屋同做擧業, 友人造飛語, 以爲金遊娼樓, 婢輩聞之, 密告於許氏. 許氏備妙饌, 盛酒於白大瓶, 書一句於瓶腹以送曰, 郎君自是無心者, 同接何人縱反間, 於是始知許氏能詩氣豪也.

린 아들과 딸을 먼저 저 세상으로 보내고, 무덤 앞에서 통곡하며 시를
지었다.

지난해에는 사랑하는 딸을 여의고
올해에는 사랑하는 아들까지 잃었네.
슬프디 슬픈 광릉 땅에
두 무덤이 나란히 마주보고 서 있구나.
사시나무 가지에는 쓸쓸히 바람 불고
솔숲에선 도깨비불 반짝이는데,
지전을 날리며 너의 혼을 부르고
네 무덤 앞에다 술잔을 붓는다.
너희들 남매의 가여운 혼은
밤마다 서로 따르며 놀고 있을 테지.
비록 뱃속에 아이가 있다지만
어찌 제대로 자라나기를 바라랴.
하염없이 슬픈 노래를 부르며
피눈물 슬픈 울음을 속으로 삼키네.
去年喪愛女、今年喪愛子。
哀哀廣陵土、雙墳相對起。
蕭蕭白楊風、鬼火明松楸。
紙錢招汝魄、玄酒奠汝丘。
應知弟兄魂、夜夜相追遊。
縱有腹中孩、安可冀長成。
浪吟黃臺詞、血泣悲吞聲。

-「哭子」

허균이 25세에 지은 『학산초담』에서 "누님의 시문은 모두 천성에서 나온 것들이다. 유선시(遊仙詩)를 즐겨 지었는데 시어(詩語)가 모두 맑고 깨끗하여, 음식을 익혀 먹는 속인으로는 미칠 수가 없다.〔姉氏詩文俱出天成 喜作遊仙詩 詩語皆淸冷 非烟火食之人可到也〕"라고 칭찬하였다. 유선사(遊仙詞)를 비롯한 선계시(仙界詩)들은 불을 때서 밥을 지어 먹는 사람이 아니라 선녀가 지은 듯하다는 고백이다. 유선시(遊仙詩)뿐만 아니라 악부체 시들도 자유분방하고 천진난만하여 16세기 조선에 사는 여인이 지은 시 같지가 않다.

별당에서 화관을 쓰고 향기 속에서 선녀같이 시를 지을 것 같던 난설헌의 시 가운데 유일하게 처절한 아낙네의 울음이 들리는 시가 바로 「곡자(哭子)」이다. 난설헌은 두 아이를 낳았지만, 모두 제대로 키우지 못하고 잃었다. 그는 피눈물과 슬픈 울음으로 「곡자」라는 시를 지어 제사를 지내며, 무덤 앞에 술을 따랐다. 어둠 속에 도깨비불이 반짝이는 솔숲은 이승의 자신과 저승의 어린 남매를 이어주는 공간이다.

선녀 난설헌을 지상에 붙들어 매었던 끈이 모성(母性)이었는데, 이미 무덤에 묻힌 아들과 딸뿐만 아니라 그가 예측한대로 배 안에 있던 아이까지 여의게 되자 난설헌도 더 이상 고된 육신을 지탱할 수 없었다.

동생 허균의 기억

난설헌이 시댁이나 남편에 대하여 푸념한 기록은 없다. 처음부터 없었는지, 난설헌의 유언에 따라 모든 원고들을 불태워 없앨 때에 함께 없어졌는지는 모를 일이다. 다만 동생 허균의 기록 속에 한두 개의 편린이 보일 뿐이다.

난설헌이 세상을 떠나자 허균이 누이 잃은 슬픔을 달래기 위해 「훼벽사(毀璧辭)」를 지었는데, 그 서문에 난설헌의 시어머니에 대한 이야기가 한 줄 보인다.

훼벽사 병서(幷序)

나의 죽은 누님은 어질고도 글재주가 있었지만, 그 시어머니에게 잘못 보였으며, 또 두 아들을 잃은 뒤에 드디어 한을 품고 죽었다. 그를 생각할 때마다, 사무치는 슬픔을 어찌할 수 없었다. 그러다가 황태사(黃太史)의 사(辭)를 읽었는데, 그가 홍씨(洪氏) 누이의 죽음을 애통해하는 정이 간절하고도 사무쳤다. 천년 뒤에 태어난 몸이지만 동기를 그리워하는 슬픔이 이처럼 서로 같기에, 그의 글을 본받아서 나의 슬픔을 달래고자 한다.

옥이 깨어지고 구슬이 떨어지니
그대의 한평생이 불행하였어라.
하늘이 내려줄 때는 넉넉하여 넘치게 했으면서도
어찌 그토록 가혹하게 벌주고 속히 빼앗아 가는가.
금슬은 버려둔 채 타지 못하고
좋은 음식이 있다지만 그대 맛보지 못하네.
고요한 침실은 처량키만 하고
난초도 싹이 났지만 서리 맞아 꺾였어라.[49]
하늘로 돌아가 소요하소서

49　난초의 싹은 글자 그대로 난설헌의 자식인데, 아들과 딸도 어려서 죽었다. 난설헌이 지은 시 〈곡자(哭子)〉에 의하면 뱃속에 있던 아기라도 잘 길러 보고 싶어 했지만, 그 아기도 결국 태어나기 전에 죽었다.

뜬 세상에 한순간 왔던 것이 슬프기만 해라.

홀연히 왔다가 홀연히 떠나니

오랜 세월 머물지 못했어라.

구름 가득 덮인 광릉의 무덤길이여

유궁에는 햇빛도 흐리구나.

숲이 우거져서 아스라이 어두운데

그대의 혼은 흩날리면서 어느 곳으로 가시는지.

오리향로 그윽한 향이 아스라이 실려 오니

누이 가 계실 옥루(玉樓)는 어디쯤인가.

그곳으로 돌아가 거닐면서

여러 신선 따라 즐겁게 지내소서.

인간세계엔 온갖 귀신이 떠돌아다니니

멀리 구름 속으로 가볍게 올라가소서.

무지개로 깃발 하고 난새로 멍에 하여

차가운 바람 타고 상제께 배알하소서.

요지(瑤池)에서 서왕모께 술 따를 제면

해와 달·별도 늘어서서 밑에 있으리이다.

티끌세상 굽어보고 지닌 걱정 누르시면

어둡던 그 마음도 조화되리이다.

살아 있는 나만이 슬픔 안고서

높은 하늘 바라보니 속이 다 뒤틀린다오.

하늘로 돌아가 소요하소서

상제의 뜨락은 노닐 만하리이다.

毁璧兮隕珠。子之生兮不淑。天之賦兮奚富以豐。胡罰以酷兮奪
之速。捐琴瑟兮不御。有晨羞兮君不得。嘗闌帷寢兮凄靚。蘭拙芽

兮摧霜。歸來兮逍遙。哀一瞬兮浮世。儵而來兮忽而往。曾不淹兮
星歲。雲溶溶兮廣陵之阡。白日翳兮幽宮鬱。曾林兮渺冥。魂飄颻
兮何所窮。瑤鴨兮迢遙。玉樓兮何許。歸來兮逍遙。從列仙兮容
與。下界汩漂兮萬鬼駈駈。炎遠擧兮雲中。虹爲旌兮鸞爲駕。覩上
天兮御泠泠之長風。酌王母兮瑤池。三光羅列兮在下。俯視塵寰兮
抑我憂。冥此心兮於造化。唯生者兮懷悲睇。九霄兮回腸。歸來兮
逍遙。帝之庭兮可以相羊。

아마도 "나의 죽은 누님은 어질고도 글재주가 있었지만, 그 시어머니
에게 잘못 보였으며, 또 두 아들을 잃은 뒤에 드디어 한을 품고 죽었다."
라는 서문의 첫 구절은 허균이 생각도 하지 않고 절로 썼을 것이다.
"어질고도 글재주가 있었던" 누이가 시어머니에게 잘못 보였으니 그만
큼 한이 맺힐 만도 하다. 그러나 시어머니가 특별한 사람이라기보다는
서로 기대치가 달랐을 것이다. 시어머니로서는 글재주 있는 며느리를
기대하지 않았는데, 당시로서는 너무나 평범한 시어머니의 기대치를
난설헌이 채워주지 못했을 것이다.

"금슬은 버려둔 채 타지 못하고〔捐琴瑟兮不御〕"라는 구절에서 난설헌
부부의 금슬이 좋지 않았음을 넌지시 암시하고, "난초도 싹이 났지만
서리 맞아 꺾였어라.〔蘭拙芽兮摧霜〕"라는 구절에서는 난설헌보다 먼저
세상을 떠난 자녀들의 죽음이 어머니 난설헌의 죽음으로 이어졌음을
슬퍼하였다. "티끌세상 굽어보고 지닌 걱정 누르시면〔俯視塵寰兮抑我
憂〕 어둡던 그 마음도 조화되리이다.〔冥此心兮於造化〕"라고 하여 티끌세
상에서의 걱정과 어둡던 마음을 모두 잊고 조화를 찾으라고 권하여,
서문 첫 구절에서 내보였던 자신의 한도 함께 달랬다.

1608년에 『난설헌집』을 편집한 뒤에 발문을 쓰면서 자연스럽게 매

부 이름을 썼다.

　　부인의 성은 허씨인데, 스스로 호를 난설헌이라 하였다. 균(筠)에게는 셋째 누님인데, 저작랑(著作郎) 김성립에게 시집갔다가 일찍 죽었다. 자녀가 없어서 평생 매우 많은 글을 지었지만, 유언에 따라 불태워 버렸다.
　　전하는 작품이 매우 적은데, 모두 균이 베껴서 적어 놓은 것이다. 그나마 세월이 오래 갈수록 더 없어질까 걱정되어, 이에 나무에 새겨 널리 전하는 바이다.

난설헌이 세상을 떠난 지 20년이 되어선지 감정이 절제되었고, 문장도 간결하다. "자녀가 없어서 평생 매우 많은 글을 지었지만, 유언에 따라 불태워 버렸다."는 구절의 행간에 많은 이야기가 들어있을 듯하지만, 왜 자녀가 없었는지에 대한 부연 설명은 하지 않았다.
허균이 매부 김성립에 대하여 이렇게 평하였다.

　　세상에 문리(文理)는 부족하면서도 글은 잘 짓는 이가 있다. 나의 매부 김성립은 경·사(經史)를 읽으라면 입도 떼지 못하지만 과문(科文)은 요점을 정확히 맞추어서, 논·책(論策)이 여러 번 높은 등수에 들었다.
　　그가 책문을 지을 때에는 편 끝부터 거꾸로 지어 올라가되 맨 처음 끝 부분을 짓고 그 다음에 구폐(救弊)를 말하고 다음 축조(逐條), 다음 중두(中頭)를 짓고, 시지(試紙)에 옮겨 쓸 무렵에 모두(冒頭)를 짓는데 모두 질서 정연하니 이것은 또 이야기하지 않을 수 없다.
　　　　　　　　　　　　　　　　　　　　　-『성옹지소록 하(惺翁識小錄下)』

이 글은 매부를 칭찬한 글이면서도 대단한 칭찬은 아니다. 문리가 부족하면 글을 잘 지을 수 없는데, 여기서 말한 '글'은 과문(科文), 즉 과거시험 답안지이다. 나의 매부는 내용은 없으면서 답안지 형식은 그럴 듯하게 채워 넣는다고 칭찬 아닌 칭찬을 한 것이다. 어쨌건 질서 정연하여 여러 번 높은 등수에 들었기 때문이다.

후대의 일이지만, 정조(正祖)가 이런 폐단을 없애기 위해, 이렇게 과거시험 문제를 출제한 적이 있다.

> 이른바 질문 뜻을 부연하는 허두(虛頭)는 진실로 군더더기이고, 말을 만드는 중두(中頭)는 한갓 정해진 규식을 따를 뿐이다. 문목(問目)에 따라 대략 의견을 개진하는 축조(逐條), 문제에 따라 똑같이 베껴내는 대저(大抵), 자신의 생각을 진언하는 구폐(救弊), 고사를 인용하여 미리 강구하는 편종(篇終)은 앞 단락의 끝부분을 이어받아 대답하기에 급급한지라 실용에는 전혀 도움이 안 된다. (…) (시험문제를) 어떻게 고쳐야 질문을 잘한 것이 되어서 대답하는 자의 생각을 이끌어낼 수 있겠는가? ─『홍재전서』권49「책규(策規)」

허균이 위의 글을 쓸 때는 난설헌도 김성립도 모두 세상을 떠난 뒤인지라, 매부에 대한 감정보다는 과거시험 답안지를 잘 쓰는 능력이 있는 사람 정도로 인식하고 썼다.

난설헌의 결혼생활에 대한 후대 문인들의 평가와 비난

담헌 홍대용이나 연암 박지원이 청나라 문인들을 만나서 난설헌에 대하여 비난한 이야기는 다른 글에서 소개하였으므로, 이 글에서는 난설헌에 대해 서로 다른 견해만 두어 가지 소개하기로 한다.

홍중인이 지은 『시화휘성(詩話彙成)』에는 중립적으로 기록하였다.

허씨는 김성립의 처이고 초당공의 딸인데 호를 난설헌이라고 한다. 나이 27세에 요절하고, 자식이 없지만 문집이 세상에 남아 있다. 난설헌 허씨는 근대 제일의 규수시인으로 평생에 금슬이 좋지 않았기 때문에 원사(怨思)의 작품이 많다. 그가 지은 「채련곡(采蓮曲)」은 다음과 같다.

가을의 호수는 맑고도 넓어 푸른 물이 구슬처럼 빛나는데
연꽃으로 둘린 깊숙한 곳에다 목란배를 매어 두었네.
님을 만나 물 건너로 연밥 따서 던지고는
행여나 누가 보았을까봐 한나절 혼자서 부끄러웠네.
秋淨長湖碧玉流。荷花深處繫蘭舟。
逢郞隔水投蓮子、或被人知半日羞。

『지봉유설』에서는 이 시가 "유탕(遊蕩)함에 가까워〔近於遊蕩〕" 문집에 실리지 못했다고 했지만, 홍중인은 아무 말도 하지 않았다. 자식이 없다는 사실을 군이 밝힌 이유는 평생 금슬이 좋지 않아서 원사(怨思)의 작품이 많다는 말을 하기 위해서인데, 「채련곡(采蓮曲)」은 원사(怨思)가 아니다. "원사(怨思)의 작품이 많다."는 설명 뒤에 이 시를 대표적으로 소개한 이유는 난설헌의 적극적인 사랑을 보여주기 위한 것이다. 금슬이 좋지 않은 이유를 넌지시 암시한 것이 아닐까.

초당 허엽의 친구인 심수경(沈守慶, 1516-1599)이 지은 『견한잡록(遣閑雜錄)』에서는 난설헌을 기이한 여성 시인으로 옹호하였다.

부인(婦人)으로 문장에 능한 자를 말하자면 옛날 중국의 조대가(曹大家)와 반희(班姬), 그리고 설도(薛濤) 이외에도 많이 있어 이루 다 기재할 수가 없다. 중국에서는 기이한 일이 아닌데, 우리나라에서는 드물게 보는 일이어서 기이하다고 한다.

문사(文士) 김성립의 아내 허씨는 바로 재상 허엽(許曄)의 딸이며, 허봉(許篈)·허균(許筠)의 누이이다. 허봉과 허균도 시에 능하여 이름이 났지만 그 여동생인 허씨는 더욱 뛰어났다. 호는 경번당(景樊堂)이며 문집도 있으나, 세상에 유포되지 못하였다. 백옥루 상량문 같은 것은 많은 사람들이 전송(傳誦)하고 시 또한 절묘하였는데, 일찍 죽었으니 아깝다. (…)

논하는 자들은 혹, "부인은 마땅히 주식(酒食)이나 의논할 것인데, 양잠하고 길쌈하는 것을 집어치우고 오직 시를 읊는 것으로 일삼는 것은 미행(美行)이 아니다." 하나, 나의 생각에는 그 기이함에 감복할 뿐이다.

심수경은 문과에 장원급제하고 사가독서(賜暇讀書)한 뒤에 우의정까지 오른 성공한 관원이자 문인이다. 그는 『난설헌집』이 간행되기 전에 이미 그의 시와 「광한전백옥루상량문」을 읽어보았으며, 재주 있는 여성 시인이 일찍 죽은 것을 아까워하였다. 난설헌이 살림하지 않고 시나 읊는다고 비난받는 것을 알면서도, 그 기이함에 감복한다고 높이 칭찬하였다. 심수경은 1553년에 난설헌의 아버지 초당 허엽, 역시 문과에 장원급제한 난설헌의 시할아버지 김홍도와 함께 사가독서(賜暇讀書)를 하였던 친구였으므로, 누구보다도 난설헌의 결혼생활을 잘 알았던 사람이었다.

이덕무(李德懋)의 손자인 실학자 이규경(李圭景)이 『오주연문장전산고(五洲衍文長箋散稿)』에 「경번당(景樊堂)에 대한 변증설〔景樊堂 辨證說〕」을 실어서 난설헌의 억울함을 변호해 주었다.

　허초당의 딸 난설헌은 저작랑 김성립의 부인인데, 약간 재주가 있고 시(詩)에 능하여『난설헌집』1권이 세상에 전해지며, 그 서문은 명나라의 사신 난우(蘭嵎) 주지번(朱之蕃)이 썼다. 이 때문에 그 시집이 중국에 들어가 온 천하에 알려지게 되었다.

　세속에서, "허씨가 부군의 사랑을 받지 못했기 때문에 '인간에서는 김성립과 사별하고, 지하에 가서 영원히 두목지를 따르리.〔人間願別 金誠立 地下長隨杜牧之〕'라는 시를 짓고 이어 호(號)를 경번당이라 하였으니, 이는 번천(樊川)을 사모한 것이다."라는 소문이 전해진다.

　우산(虞山) 전겸익(錢謙益)의『열조시선(列朝詩選)』, 어양(漁洋) 왕사진(王士禛)의『별재집(別裁集)』, 주죽타(朱竹垞)의『명시종(明詩綜)』·『정지거시화(靜志居詩話)』, 서당(西堂) 우동(尤侗)의『서당잡조(西堂雜俎)』 등에도 다 허씨를 경번당으로 인정하고 있는데, 천하에서 다 허씨를 경번당으로 알고 있다는 것은 허씨에게 있어 씻을 수 없는 치욕이다. 그러므로 우리나라의 선현(先賢)들이 그렇지 않음을 많이 변론하였다.

　폐상(廢相) 강산(薑山) 이서구(李書九)의『강산필치(薑山筆豸)』에 "허씨는 그런 사실이 없는데, 사람들이 억지로 끌어대어 괜히 그런 누명을 받게 된 것이다." 해명하였다. (…)"

　내가 그 본집(本集)을 살펴보니 그 「곡자(哭子)」 시에 "지난해엔 귀여운 딸애를 잃고 올해엔 귀여운 아들을 잃었다.〔去年喪愛女 今年喪愛子〕" 하였다. 부군과의 사이가 좋지 않았다는 말은 허위이다. 내가 평소에 "젊은 부녀자가 아무리 부군과의 사이가 좋지 않다손 치더라도 어찌 다른 세대의 남자를 사모하여 경번당이라 자호까지 할 수 있겠느냐."생각하며 세속에 전하는 풍설을 늘 불만스럽게 여겨 오다가 신돈복(辛敦復)의 『학산한언(鶴山閑言)』을 보았다.

"난설헌이 경번당이라 자호한 데 대해 세상에서는 '두번천(杜樊川)을 사모했기 때문이라' 하는데, 이 어찌 규중의 부녀로서 사모할 수 있는 일이겠는가. 당나라 때에 선녀 번고(樊姑)가 있었는데 호는 운교부인(雲翹夫人)으로 한나라 때 상우령(上虞令)이었던 선군(先君) 유강(劉綱)의 아내였다. 그는 선격(仙格)이 매우 높아 여선(女仙)들의 우두머리가 되었고 이름도 『열선전(列仙傳)』에 기록되어 있으므로 난설헌이 바로 그를 흠모하여 경번당이라 칭한 것이다."

는 대문을 보고서야 무릎을 치며 통쾌하게 여겼다. 이 어찌 억울한 누명을 깨끗이 씻어 줄 수 있는 단안(斷案)이 아니겠는가.

자호나 당호가 경번(景樊)이 되면 번아무개(樊○)를 사모한다는 뜻이 될 수도 있어 아무개가 누구냐는 논란이 벌어질 수도 있지만, 경번이 스스로 정한 자호가 아니라 어른이 계례 때에 지어주는 자(字)라면 논란의 여지는 없어진다. 경번(景樊) 두 글자를 따지는 것은 처음부터 비난거리를 찾아내기 위한 말장난일 뿐이다.

김성립은 임진왜란에 공을 세우고 죽었지만, 무덤에 비석 하나 없었다. 조선 말기 철종 때에 와서야 비석을 세우게 되었는데, 7세손 김수돈(金秀敦)이 홍문관과 예문관의 제학을 지낸 허전(許傳) 1797-1886)에게 비문을 부탁하였다. 허전(許傳)은 초당의 대표적인 후손으로『양천허씨세고(陽川許氏世稿)』의 발문을 쓴 학자이니, 사돈 집안의 두 후손이 선조의 비문을 부탁하고 써준 것이다. 부부가 금실이 좋지 않았다는 이야기가 많이 전해졌지만, 후손들이 선조를 위하는 마음은 한결같았다. 경기도 광주군 초월면 지월리 경수산 안동 김씨 선영에는 지금도 허전의 비문을 새긴 김성립의 비석이 서 있다.

6

난설헌의 사랑

난설헌이 세상을 떠나면서 "나의 시를 모두 불 태우라"고 유언했을 정도로, 그는 자신의 시가 조선 사회에서 비난받을 것이라고 알았기에 편집해 놓지 않았다. 그러다보니 시대순으로 정리되지 않아, 시가 변모한 과정을 확실히 알기도 어렵다. 시 속의 화자(話者)를 통해서 짐작할 수 있을 뿐이다.

장간리 노래

사는 집이 장간리 마을에 있어
장간리 길을 오가곤 했어요.
꽃가지 꺾어들고 님께 묻기도 했죠
내가 더 예쁜가 이 꽃이 더 예쁜가.
長干行
家居長干里、來往長干道。
折花問阿郎、何如妾貌好。

장간리는 강소성 금릉(金陵), 즉 남경에 있던 마을 이름인데, 이 마을을 배경으로 해서 남녀의 정한을 다루는 악부체(樂府體) 시 「장간행(長

干行)」이 많이 지어졌다. 당나라 시인 이백의 「장간행(長干行)」에 "열네 살에 당신 아내가 되었지요〔十四爲君婦〕"라는 구절이 유명해져, 어렸을 때에 결혼하는 것을 "장간행(長干行)"이라고도 표현하였다.

이 시는 난설헌이 결혼하기 전에 사랑을 상상하던 시기에 노래한 것이다. 제목을 그대로 가져다 쓴 것만 보아도 알 수 있는 것처럼 민요체 시를 표방했지만, 사실은 민요라는 방어막에 몸을 숨기고 자신의 사랑 방식을 노래한 것이다. 구체적인 남자가 있다기보다는, "이렇게 사랑하고 싶다"는 꿈이 아니었을까. 그나마 그 후에도 이만큼 용감한 여성 시인은 없었다.

> 강남 노래
>
> 호수에 달빛이 처음 비치면
> 연밥 따서 한밤중에 돌아왔지요.
> 노 저어서 언덕 가까이 가지 마세요
> 원앙새가 놀라서 날아간답니다.
> 江南曲
> 湖裏月初明、采蓮中夜歸。
> 輕橈莫近岸、恐驚鴛鴦飛。

「강남곡」도 시인들이 즐겨 놀았던 양주(揚州) 일대 여인들의 정한(情恨)을 노래한 악부체 시인데, 당나라 이후에 많이 지어졌다. 조선의 여성들이 봄에 나물을 캐러 집 밖에 나서며 잠시의 일탈(逸脫)을 맛본 것처럼, 시 속의 화자(話者)도 연밥을 따러 간다는 명분으로 집을 나섰다. 이 시에서는 원앙새가 놀라서 날아갈 테니까 언덕 가까이 가지 말라고 당부했는데, 금슬 좋은 원앙새의 사랑을 방해하지 말라는 당부이

자. 나의 사랑 방식을 지켜달라는 뜻이기도 하다.

난설헌은 「채련곡(採蓮曲)」에서 좀 더 솔직하게 자기의 사랑을 표현하였다.

> 가을의 호수는 맑고도 넓어 푸른 물이 구슬처럼 빛나네.
> 연꽃 덮인 깊숙한 곳에 목란배를 매어 두었네.
> 임을 만나 물 건너로 연꽃 따서 던지고는,
> 행여나 누가 보았을까 봐 한나절 혼자서 부끄러웠네.
> 秋淨長湖碧玉流。荷花深處繫蘭舟。
> 逢郎隔水投蓮子、遙被人知半日羞。

이 시는 사랑에 겨운 노래이다. 연자(蓮子)는 "그대를 사랑한다"는 뜻의 연자(憐子, 戀子)와 음이 같아서, 연자(蓮子)를 따서 던지는 행위는 간접적인 구애(求愛)의 표현이다. 상주지방의 모내기노래 「연밥 따는 처자」도 이런 성격의 민요이다. "상주 함창 공갈못에 / 연밥 따는 저 처자야 / 연밥 줄밥 내 따 주게 / 이내 품에 잠자주소 / 잠자기는 어렵잖소 / 연밥 따기 늦어가오" 그래서 이수광은 평하기를 "이 시가 너무나 방탕한 데에 가까워 문집에 싣지 않았다"고까지 말했다.

조선시대 여성들은 자유롭게 결혼하지 못하고, 부모가 정해준 남자와 결혼하였다. 성격 차이를 극복하지 못한 부부 사이에는 자연스럽게 갈등이 생겼다.

안동 김씨 집안인 시댁은 5대나 계속 문과에 급제한 문벌이었다. 김성립의 할아버지 김홍도는 진사와 문과에 장원하였다. 아버지인 김첨도 문과에 급제하고 호당(湖堂)에 드나들었으므로, 친구인 허봉이 나서서 혼인을 추진하였다.

그러나 낭만적인 사랑을 꿈꾸었던 난설헌의 기대와는 달리, 김성립은 과거 공부를 한다는 이유로 집에 붙어 있지 않았다. 이러한 이유 때문에 난설헌은 신혼 초기부터 불행했다. 마음이 맞는 아버지와 오라버니들 사이에서 곱게 자라난 그로서는 너무나도 커다란 시련이었다. 한강 서당에서 글을 읽는 남편을 생각하면서 난설헌이 한 편의 시를 지어서 보냈다.

> 제비는 처마 비스듬히 짝 지어 날고,
> 지는 꽃이 어지럽게 비단옷 위를 스치네요.
> 동방에서 기다리는 마음 사뭇 아프기만 한데
> 풀은 푸르러도 강남에 가신 임은 돌아오지 않으시네요.
> 燕掠斜簷兩兩飛。落花撩亂撲羅衣。
> 洞淚極目傷春意、草綠江南人未歸。
>   -「강가 서재에서 글 읽는 남편에게 부치다〔寄夫江舍讀書〕」

미물인 제비조차 짝을 지어 나는데, 신혼살림을 차린 방에서 오지도 않는 임을 혼자서 기다리며 난설헌이 지은 시이다. 철따라 봄은 찾아오고 풀은 푸르러졌건만 자기만 홀로 있다. 신혼 초의 아내가 낭군을 기다리는 것쯤이야 당연하다고 하겠건만, "이 시가 너무 방탕하므로 그의 시집에는 실리지 않았다〔此兩作近於流蕩, 故不載集中云〕"고 『지봉유설』에 기록되었다.

이수광은 허균의 손위 동서이니, 허균이 세상의 비난을 피하기 위해 이 시를 『난설헌집』에 넣지 못했다는 말을 직접 듣고 『지봉유설』에 쓴 것이다. 그토록 비인간적인 조선 사회에서 인간적인 난설헌이 살아간다는 것은 참으로 힘든 일이었다.

심아지 체를 본받아

긴 낮의 햇볕이 붉은 정자에 비치고
맑은 물결이 푸른 못을 거둬가네.
버들 늘어져 꾀꼬리 소리 아름답고
꽃이 지자 제비들 조잘대네.
진흙길이 질어서 꽃신 묻히고
머리채 숙이니 옥비녀 반짝이네.
병풍을 둘러 비단요 따스한데
봄빛 속에서 강남꿈을 꾸네.

效沈亞之體
遲日明紅榭、晴波斂碧潭。
柳深鸎睍睆、花落燕呢喃。
泥潤埋金屐、鬟低膩玉箴。
銀屏錦茵暖、春色夢江南。

심아지(沈亞之)는 당나라 시인인데, 자는 하현(下賢)이다. 강남몽(江南夢)은 남녀 간의 사랑을 꿈꾼다는 뜻이다. 「몽강남(夢江南)」은 이덕유(李德裕)가 절서관찰사가 되었을 때에 죽은 기생 사추랑(謝秋娘)을 위해서 지은 곡조인데, 뒤에 「망강남(望江南)」이라고 고쳤다.

앞의 시와 마찬가지로 제비가 날고 꽃이 피어 남편을 그리워하였는데, 이번에는 병풍 속에서 육체적인 사랑을 꿈꾼다고 표현했어도 문집에 실렸다. 당나라 시인 이덕유의 고사를 가져온데다가, 내가 처음 쓴 것이 아니라 유명한 당나라 시인 심아지의 시를 흉내 냈다[效]고 중무장한 덕분에 이 시는 살아남은 것이다.

새 여인에게는 주지 마셔요

곱게 다듬은 황금으로
반달 모양 노리개를 만들었지요.
시집올 때 시부모님이 주신 거라서
붉은 비단치마에 차고 다녔죠.
오늘 길 떠나시는 임에게 드리오니
서방님 정표로 차고 다니세요.
길가에 버리셔도 아깝지는 않지만
새 여인 허리띠에만은 달아 주지 마셔요.
遣興
精金凝寶氣、鏤作半月光。
嫁時舅姑贈、繫在紅羅裳。
今日贈君行、願君爲雜佩。
不惜棄道上、莫結新人帶。

　반달 모양의 노리개는 아내가 낭군에게 바치는 사랑과 정성의 표시
이다. 이러한 사랑을 남편이 받아 주기를 바라며, 정표로 준 것이다.
그러나 그는 벌써 남편의 마음속을 잘 알고 있다. 이러한 정성을 곧
저버릴 것은 분명하지만, 다른 여인을 사랑하지는 말아 달라는 것이
난설헌의 호소이다. 그는 자기의 자존심이 상처받는 것을 참을 수 없었
던 것이다.
　난설헌은 사랑을 표현한 시를 대부분 악부체, 즉 민요 형식으로 지었
다. 아니, 그보다 더 많은 시를 지었겠지만, 악부체 형식으로 지은 시만
이, '악부체 시는 원래 그렇다'는 인식 덕분에 살아남은 것이다. 당나라
악부체에 흔히 나오는 인명과 지명, 그리고 악부체 제목은 조선에서도

당연히 용인되는 문학형식이었으므로, 그들의 사랑 행태도 비난받을 여지는 그만큼 적었던 것이다.

제3장

난설헌의 시세계

7

가난한 사람을 사랑한 난설헌의 시

난설헌의 시 가운데 대표적인 주제는 기다림, 외로움과 그러한 공간과 시간을 벗어나기 위한 신선세계이다. 외로워 시를 짓다 보니 자신의 외로움을 넘어서서 다른 여성들의 외로움까지 공감하여 지를 지었다.

중국 한시 가운데에도 외로움을 노래한 시가 많은데, 그 가운데 하나가 수자리를 살러 변방에 간 남편을 그리워하는 여성의 시이다. 『시경(詩經)』에서부터 시작된 주제인데, 고생하는 남편을 걱정하다가 몇 년이고 무작정 기다리는 자신의 외로움을 달래는 것으로 끝난다. 여성들만 이런 시를 지은 것이 아니라, 남성들도 많이 지을 정도로 문학적인 관습이 되었다.

우리나라에서는 실제로 수자리를 살러 간 남편을 그리워한 여성의 시가 거의 보이지 않고, 난설헌 경우에도 문학적 관습에 따라 지은 것이다.

밤마다 부르는 노래

1.
애절한 쓰르라미 소리에 바람마저 스산한데
부용꽃 향기 스러지고 흰 달만 높이 떴네.
아낙네는 가위를 손에 쥐고서

긴긴 밤에 등잔불 돋우며 군복을 꿰매네.

夜夜曲

蟋蛄切切風騷騷。芙蓉香褪氷輪高。

佳人手把金錯刀、挑燈永夜縫征袍。

2.

물시계 소리 나직하고 등잔불 깜박이는데

비단 휘장 써늘해지고 가을밤은 길구나.

변방에 보낼 옷 마르고 나니 가위도 차가운데

창에 가득한 파초 그림자만 바람 따라 흔들리네.

玉漏微微燈耿耿。羅幃寒逼秋宵永。

邊衣裁罷剪刀冷、滿窓風動芭蕉影。

수자리 살러 간 남편은 신역(身役)이 고달프지만, 집에 남아 기다리는 아내는 심사(心思)가 고달프다. 흰 달은 남편과 아내를 함께 비추어, 아내는 흰 달을 바라보며 남편 생각을 하고 긴긴 밤을 지새우며 군복을 꿰맨다. 제2수에는 옷을 마르고 나서 할 일이 끝났지만 밤늦도록 잠을 이루지 못하는 아내의 외로움을 그렸는데, 난설헌은 한강 서재에 공부하러 간 남편을 날마다 기다려 보았기에 수자리 살러 간 아내의 외로움을 자기의 외로움으로 공감하여 시를 지었다.

사 계절 노래 -가을(四時詞 秋)

비단 장막으로 추위가 스며들고 아직도 밤이 길게 남았는데

텅 빈 뜨락에 이슬이 내려 병풍이 더욱 차가워라.

연꽃은 시들어도 밤새 향기가 퍼지는데

우물가 오동잎이 져서 가을 그림자가 없네.

물시계 소리만 똑똑 하늬바람에 들려오고

발 바깥에 서리가 짙게 내려 밤벌레 소리 구슬프구나.

베틀에 감긴 무명을 가위로 잘라낸 뒤에

옥문관 님의 꿈 깨니 비단 장막이 쓸쓸하네.

임의 옷 지어내어 먼 길에 부치려니

등불이 쓸쓸하게 어두운 벽을 밝히네.

울음을 삼키며 편지 한 장을 써서

날이 밝으면 남쪽 길 가는 역인에게 부치려네.

옷과 편지 봉해 놓고 뜨락을 거니노라니

반짝이는 은하수에 새벽별이 밝구나.

찬 이불 속에서 뒤척이며 잠도 못 이루는데

지는 달만이 다정하게 병풍 속을 엿보네.

紗幮寒逼殘宵永。露下虛庭玉屛冷。

池荷粉褪夜有香、井梧葉下秋無影。

丁東玉漏響西風、簾外霜多啼夕虫。

金刀剪下機中素、玉關夢斷羅帷空。

裁作衣裳寄遠客、悄悄蘭燈明暗壁。

含啼寫得一封書、驛使明朝發南陌。

裁封已就步中庭、耿耿銀河明曉星。

寒衾轉輾不成寐、落月多情窺畫屛。

　이 시는 흔히 규방의 외로움을 노래한 시로만 해석한다. 비단 장막으로 시작되는 구절부터 시중 화자(話者)가 사대부의 아내일거라고 생각되지만, 만리장성의 끝자락인 옥문관(玉門關)에 수자리 살러 간 아내의 노래이다. 옥문관은 만리장성에서 서역으로 나가는 길목의 이름난 관문인데, 감숙성 돈황현 서쪽, 양관의 서북쪽에 있다. 흔히 옥관(玉關)이라고도 하는데, 한나라 무제 때에 곽거병(郭去病)이 월지(月氏)를 치고 옥문관을 열어 서역(西域)과 통하게 했다. 장안으로부터 3,600리 떨어져 있다. 악부시에 많이 나오는 관문인데, 사신이나 군사들이 이곳을 한 번 나가면 살아서 돌아오기 힘든 곳으로 여겼다. 베틀에 감긴 무명을 잘라내고 얼핏 잠이 든 새에 옥문관의 남편을 만났지만, 잠이 깨고 나자 비단장막마저 쓸쓸하게 보였다.

바느질하며 혼자 잠자는 여인의 외로움을 자신의 외로움으로 동일시하여 시를 지은 난설헌은 수자리 살러간 여인을 소재로 하는 문학적 관습을 넘어서 가난한 여인의 외로움까지 공감 체험하며 시를 지었다. 「밤마다 부르는 노래〔夜夜曲〕」, 「사 계절 노래〔四時詞〕」와 「가난한 여인의 노래〔貧女吟〕」의 공통점은 바느질과 외로움이다. 그러나 앞의 시가 수자리 살러간 남편을 위한 사랑의 바느질이었다면, 이 시는 가난을 해결하기 위한 생계형(生計形) 바느질이다.

가난한 여인의 노래

얼굴 맵시야 어찌 남에게 떨어지랴
바느질에 길쌈 솜씨도 모두 좋건만,
가난한 집안에서 자라난 탓에
중매할미 모두 나를 몰라준다오.
豈是乏容色、工鍼復工織。
少小長寒門、良媒不相識。   ─「빈녀음(貧女吟)」1

춥고 굶주려도 얼굴에 내색 않고

하루 내내 창가에서 베만 짠다네.
부모님만은 가엾다고 생각하시지만
이웃의 남들이야 나를 어찌 알랴.
不帶寒餓色, 盡日當窓織。
唯有父母憐, 四隣何曾識。　　　　　　　　　　-「빈녀음」 2

밤늦도록 쉬지 않고 베를 짜노라니
베틀 소리만 삐걱삐걱 처량하게 울리네.
베틀에는 베가 한 필 짜여 있지만
결국 누구의 옷감 되려나
夜久織未休, 憂憂鳴寒機。
機中一匹練, 終作阿誰衣。　　　　　　　　　　-「빈녀음」 3

손에다 가위 쥐고 옷감을 마르면
밤도 차가워 열 손가락 곱아오네.
남들 위해 시집갈 옷 짓는다지만
해마다 나는 홀로 잠을 잔다오.
手把金剪刀, 夜寒十指直。
爲人作嫁衣, 年年還獨宿。　　　　　　　　　　-「빈녀음」 4

　이 시의 주인공은 '가난한 여인〔貧女〕'이지만, 왜 가난한지, 얼마나
가난한지에 대한 묘사는 없다. 오히려 기승전결로 이어지는 네 수의
주제는 결혼이라고 볼 수도 있다. 가난하다보니 중매할미도 몰라주고,
부모님은 가여워하지만 이웃들은 몰라준다. 바느질 길쌈 솜씨가 좋지
만 누가 입을 것인지도 모르고, 시집갈 옷을 남들 위해 짓지만 나는

해마다 독숙공방(獨宿空房)한다. 훌륭한 바느질 길쌈 솜씨로 생계는 꾸리지만, 이 여인의 관심은 바느질이 아니라 제1수부터 제4수까지 모두 결혼이다.

바느질 길쌈 재주가 있어도 가난하다는 이유 때문에 사회로부터 인정받지 못하듯이, 난설헌은 글재주가 있어도 여성이 글을 써서 집 밖으로 이름이 알려졌다는 이유로 비난을 받았다. 재주가 있으면서도 독숙공방하는 이 여인의 가난을 난설헌은 16세기 조선 사회에서 인정받지 못하는 자신의 가난으로 공감하였다.

같은 시기에 정온(鄭蘊, 1569-1641)이라는 남성 시인도 같은 제목으로 칠언절구를 지었다.

> 흰옷 입은 가난한 여인이 화장도 하지 않고
> 등불 아래 바늘 가지고 옷을 깁는구나.
> 밤늦도록 졸면서 옷도 벗지 못하고
> 아침이면 좁쌀을 꾸어다 또 방아를 찧어야 하네.
> 縞衣貧女不爲容。燈下持針事補縫。
> 夜久假眠衣不解、明朝貸粟又孤舂。
>
> -「빈녀음」『동계집(桐溪集)』권1

이 남성 시인은 가난 그 자체에 관심을 가졌다. 화장도 하지 못하고, 옷도 벗지 못한 채 밤새 졸면서 바느질해도 가난을 벗어나지 못해, 이 튿날 아침에는 또 좁쌀을 빌려와야 생계를 유지한다. 정온이 이 여인의 가난에만 관심을 가진 것과 달리, 난설헌은 가난 때문에 이어지는 외로움에 더 관심을 가졌다. 물질적인 가난뿐만 아니라 정서적인 가난까지 관심을 가진 것이다.

조선시대 양반들이 시를 공부하고 지은 이유 가운데 가장 큰 목적은 과거시험에 응시하기 위한 것이었다. 진사시(進士試) 1차 시험 과목이 시(詩)였기 때문에, 일단 과시(科詩)를 잘 지어 합격해야 2차 시험에도 응시할 수 있고, 진사(進士)에 합격해야 문과(文科)에도 응시할 수 있었다.

그러나 시를 잘 짓는다고 다 합격하는 것도 아니고, 벼슬하는 것도 아니며 재산이 생기는 것도 아니다. 과시(科詩) 채점자는 잘 지은 서정시를 요구하는 것이 아니라 시험문제에서 요구한 역사, 정치, 철학적인 내용을 과시(科詩)라는 형식 속에 얼마나 잘 담아내느냐를 채점하기 때문이다. 허균이 "매부 김성립은 문리(文理)가 부족하면서도 과문(科文)은 요점(要點)을 정확히 맞추어서, 논·책(論策)이 여러 번 높은 등수에 들었다."고 칭찬 아닌 칭찬을 한 것도 그 때문이다.

정작 시를 잘 지어 전국적으로 이름난 시인들은 벼슬길에 오르지 못하고 가난하게 살았다. 난설헌에게 당시(唐詩)를 가르쳐 준 손곡(蓀谷) 이달(李達)은 서얼이어서 과거시험에 응시할 자격조차 없어 별다른 직업도 없이 가난하게 살았으며, 당시풍(唐詩風)의 시를 가장 잘 짓는다고 하여 이달과 함께 삼당(三唐)으로 불렸던 최경창(崔慶昌)이나 백광훈(白光勳)도 가난하기는 마찬가지였다.

> 요즘 들어 최경창과 백광훈 등이
> 성당의 시법을 받아 시를 익히니,
> 아무도 아니 쓰던 대아(大雅)의 시풍
> 이들을 만나 다시 한 번 쩡쩡 울리네.
> 낮은 벼슬아치는 벼슬 노릇이 어렵기만 해
> 변방의 고을살이 시름만 쌓이네.
> 나이 들어갈수록 벼슬길은 막히니

시가 사람을 가난케 한단 말을 비로소 믿겠네.

近者崔白輩、攻詩軌盛唐。

寥寥大雅音、得此復鏗鏦。

下僚困光祿、邊郡愁積薪。

年位共零落、始信詩窮人。　　　　　　　　　　－「견흥(遣興)」

　　난설헌은 비교적 부유하게 자랐지만 가난한 시인 이달에게 시를 배
웠으므로 가난이라는 것이 어떤 지를 조금은 알고 있었다. 스승의 가난
을 말할 수는 없어서 그의 친구들인 최경창과 백광훈을 끌어들였지만,
시를 잘 지어도 가난하게 산다는 현실은 정확하게 이해하고 있었다.
그들의 가난을 바로 자신의 정서적인 가난과 동일시하여 공감한 것이
다. "시가 사람을 가난케 한단 말을 비로소 믿겠네."라는 마지막 구절이
바로 16세기 조선 사회를 바라보는 난설헌의 인식이기도 하다.

시절을 염려하고 풍속을 민망히 여기는 기품이 있다

　　허균은 누님 난설헌이 죽은 뒤 그의 시집을 엮고 나서, 자기의 스승
유성룡에게 발문을 부탁했다. 유성룡이 1590년 11월에 발문을 지어,
이렇게 평하였다.

　　　　내 친구 허봉은 세상에서 보기 드문 뛰어난 재주를 가지고 있는데,
　　　불행하게도 일찍 죽었다. 나는 그가 남긴 글을 보고 정말로 무릎을
　　　치면서 탄복하여 칭찬해 마지않았다. 하루는 미숙의 아우 단보(端甫,
　　　허균)군이 그의 죽은 누이가 지은 『난설헌고(蘭雪軒稿)』를 가지고

와서 보여주었다. 나는 놀라서 말하였다.

"이상하도다. 부인의 말이 아니다. 어떻게 하여 허씨의 집안에 뛰어난 재주를 가진 사람이 이토록 많단 말인가?"

나는 시학(詩學)에 관하여는 잘 모른다. (…) 높은 것으로는 한(漢)나라나 위(魏)나라의 제가(諸家)보다도 뛰어나고, 그 나머지도 성당(盛唐)의 것만 하다. 사물을 보고 정감을 불러일으키며 시절을 염려하고 풍속을 민망히 여김에 있어서는 열사(烈士)의 기품이 있다. 한 가지도 세상에 물든 자국이 없으니, 「백주(柏舟)」나 「동정(東征)」이 오로지 옛날에만 아름다울 수 없다. 나는 단보군에게 이렇게 말하였다.

"돌아가 간추려서 보배롭게 간직하여 한 집안의 말로 비치하고 반드시 전하도록 하는 것이 옳다."

유성룡은 난설헌의 시를 읽어보고 놀라서 "이상하도다. 부인의 말이 아니다."라고 탄복하였다. 가난한 여인의 가난을 가슴아파하며 지은 시를 보고 여성의 시가 아니라고 말한 것은 난설헌이 남성 여성을 넘어서 사회의 가난과 부조리를 가슴아파했다는 인식이기도 하다. "시절을 염려하고 풍속을 민망히 여김에 있어서는 열사(烈士)의 기품이 있다〔憂時閔俗 往往有烈士風〕"는 서술이 그를 뒷받침한다.

「백주(柏舟)」는 『시경(詩經)』 용풍(鄘風)의 편명으로 집전(集傳)에 "부인이 그 남편에게 사랑을 받지 못함을 잣나무 배에 비유했다."하였다. 허봉의 친구인 유성룡도 난설헌이 남편에게 사랑받지 못했다는 말은 이미 들었기에, 개인의 외로움을 극복하고 사회의 아픔을 자신의 일처럼 공감하여 시를 지은 난설헌의 시혼(詩魂)을 뒤늦게 격려하여 이 발문을 지어 주었다.

8

상상 속의 신선세계

자신을 이해하여 글을 가르쳤던 아버지와 작은오라버니가 일찍 세상을 떠나자, 난설헌은 별당(別堂)에 향을 사르고 『태평광기』를 읽으면서 신선세계 광한전(廣寒殿)에 백옥루(白玉樓)를 설계하였다.

전라도 남원(南原)에 유배되었던 황희(黃喜)가 선조의 정원에 광통루(廣通樓)라는 작은 정자를 세워 산천을 즐기며 마음을 달랬는데, 전라도 관찰사 정인지(鄭麟趾)가 광통루의 아름다움을 월궁(月宮)에 견주어 광한청허부(廣寒淸虛府)라고 이름을 고쳐주었다. 그 후에 전라도 관찰사 송강(松江) 정철(鄭澈)이 은하수를 상징하는 못 가운데 신선이 살고 있다는 전설의 삼신산(三神山)을 상징하는 봉래(蓬萊)·방장(方丈)·영주(瀛洲) 섬을 만들고, 영주각(瀛州閣)을 세워 천체(天體)와 우주(宇宙)를 상징하는 누원(樓院)의 모습을 갖추게 되었다.

결혼생활이 불행했기에 난설헌의 마음도 선계(仙界)에 가 있었지만, 난설헌은 광한루(廣寒樓)를 지을 수 있는 권력자가 아니었기에 문학작품 속에서 설계하였다. 광한전 주인이 백옥루를 완공하고 신선과 선녀들을 초청하여 잔치를 벌였는데, 건물을 지은 뜻과 공사하는 과정을 설명하는 상량문을 자신에게 부탁하였다고 설정한 것이다.

(이 모든 것이 다 갖춰졌지만) 구슬 상인방에 (상량문) 글이 없는 것만이 한스러웠다.

그래서 신선들에게 노래를 바치게 하였지만, 「청평조(淸平調)」를 지어 올렸던 이백(李白)은 술에 취해서 고래 등을 탄 지 오래고, 옥대(玉臺)에서 시를 짓던 이하(李賀)는[50] 사신(蛇神)이 너무 많아서 탈이었다. 새로운 궁전에 명(銘)을 새긴 것은 산현경(山玄卿)의 문장 솜씨인데, 상계에 구슬을 아로새길 채진인(蔡眞人)은 이미 세상을 떠났다.

(나는)[51] 스스로 삼생(三生)의 티끌 세상에 태어난 것이 부끄러운데, 어쩌다 잘못되어 구황(九皇)의[52] 서슬 푸른 소환장에 이름이 올랐다. 강랑(江郞)의[53] 재주가 다해서 꿈에 오색찬란한 꽃이 시들었고, 양객(梁客)이[54] 시를 재촉하니 바리에 삼성(三聲)의 소리가 메아리쳤다. 붉은 붓대를 천천히 잡고 웃으며 붉은 종이를 펼치자, 강물이 내달리듯, 샘물이 솟아나듯 (상량문) 글이 지어졌다. 자안(子安)의[55] 이불을 덮을 필요도 없었다. 구절이 아름다운데다 문장도 굳세니, 이백의 얼굴을 대해도 부끄러울 것이 없었다.

그 자리에서 비단 주머니 속에 있던 신령스러운 글을 지어 올리고,

---

50 장길(長吉)은 당나라 시인 이하의 자이다. 그의 시에는 여인과 사랑 이야기도 많지만, 죽음과 귀신 이야기도 많다. 아름다우면서도 을씨년스러운 분위기가 이따금 있는데, 그는 결국 27세에 요절했다.

51 난설헌 자신을 가리킨다. 자신은 신선이 아니라 인간인데도, 신선세계 백옥루의 상량문을 지어 달라고 초대받았다고 상상한 것이다.

52 도가의 신선인 구황진인(九皇眞人)이다.

53 양나라 천재 문장가인 강엄(江淹)인데, 말년에 재주가 다하자 더 이상 아름다운 글을 짓지 못했다고 한다.

54 강엄이 양나라 사람이라서 양객(梁客)이라고 하였다.

55 자안(子安)은 신선 황자안(黃子安)을 가리킨다. 한양에 황학루(黃鶴樓)가 있었는데, 진(晉)나라 신선 황자안이 이곳에서 황학을 타고 노닐었다.

(백옥루에) 두어서 선궁(仙宮)의 장관을 이루게 하였다. 쌍 대들보에 걸어 두고서 육위(六偉)의[56] 자료로 삼는다.

당나라 최고 시인인 이백(李白)과 이하(李賀)가 상량문을 지을 상황이 아니어서 광한전 주인이 난설헌 자신을 초청하였기에 신선세계에 올라갔는데 "붉은 종이를 펼치자, 강물이 내달리듯, 샘물이 솟아나듯 (상량문) 글이 지어졌다"고 하였다. 조선의 남성 문인들이 이백과 두보 (杜甫)를 공부하며 그들을 모범으로 삼아 시를 지었는데, 난설헌은 "(상량문의) 구절이 아름다운데다 문장도 굳세니, 이백의 얼굴을 대해도 부끄러울 것이 없었다."고 자부하였다.

역사책에 나오는 최고의 장인(匠人)들이 모두 동원되고 가장 화려한 건축 재료를 망라하여 백옥루(白玉樓)를 완공하자, 광한전 주인이 모든 신선과 선녀들을 초청하여 음악을 연주하고 춤을 추며 낙성연(落成宴)을 벌였다. 이날의 주인공은 당연히 서왕모(西王母)와 노자(老子) 앞에서 상량문을 일필휘지(一筆揮之)한 조선의 여성 시인 난설헌이었다.

양천 허씨(陽川許氏) 초당공파(草堂公派) 종가(宗家)에 난설헌의 유묵(遺墨) 「한견고인서(閒見古人書)」가 전해지는데, 하늘을 날아오를 듯이 흘려 쓴 글씨에서 「광한전 백옥루 상량문」을 일필휘지하던 선

한견고인서(閒見古人書)

녀 난설헌의 모습을 엿볼 수 있다.

「광한전 백옥루 상량문」은 광한전 주인이 지상 최고의 문장가로 난설헌 자신을 초청했다는 상상력도 기발하지만, 천상세계와 광한전이라는 넓은 공간에 수많은 인물들과 신선들, 화려한 건물들을 적재적소에 배치한 작품 구성과 그러한 지식을 밑받침한 독서력이 돋보인다.

임상원이 『교거쇄편』에서 "난설헌은 『태평광기』를 즐겨 읽었다. 그 긴 이야기를 다 외웠으며 중국 초나라 번희(樊姬)를 사모했기에 호를 또한 경번(景樊)이라 지었다."고 증언하였다. 『태평광기』를 외우다 보니 작품의 적재적소에 『태평광기』의 인물들이 자연스럽게 등장한 것이다.

(창작 시기의 선후를 확인할 수는 없지만) 광한전 백옥루의 상량문을 지은 뒤에 그의 시는 천상(天上) 선계(仙界)가 주요 무대가 되었다.

> 어젯밤 꿈에 봉래산에 올라
> 갈파의 용을 맨발로 탔네.
> 신선께서 파란 옥지팡이를 짚고
> 부용봉에서 나를 맞아주셨네.
> 아래로 동해물을 내려다보니
> 한 잔의 물처럼 고요히 보였지.
> 꽃 아래서 봉황이 피리를 불고
> 달빛이 황금 술항아리를 비춰주었지.
> 感遇
> 夜夢登蓬萊、足躡葛陂龍。
> 仙人綠玉杖、邀我芙蓉峰。
> 下視東海水、澹然若一杯。
> 花下鳳吹笙、月照黃金罍。

봉래산은 신선들이 사는 삼신산(三神山) 가운데 하나로, 녹음이 우거지는 여름철의 금강산을 봉래산이라고 하였다. 그의 고향이 강릉이기에, 가까운 봉래산에서 용을 타고 신선세계로 올라갔다. 신선들의 환영을 받으며 아래를 굽어보니, 그 넓던 강릉 앞바다 동해가 한 잔의 물같이 작게 보였다. 그는 이미 삼종지도(三從之道)와 칠거지악(七去之惡)으로 여성을 억압하던 조선 사회를 초극(超克)한 것이다.

그는 선녀가 되어 하늘을 거닌다는 제목의 칠언절구 「보허사(步虛詞)」 2수를 지은 뒤에, 자신이 하늘에 올라 신선세계를 노닐며 지은 칠언절구 연작시 「유선사(遊仙詞)」 87수를 지어 외로움을 달랬다. 신선세계에는 친구들이 많아 외롭지 않았던 것이다.

> 한가롭게 푸른 주머니 끌러 신선의 경전을[57] 읽는데
> 달빛은 이슬 바람에 흐릿해지고 계수나무 꽃도 성글어졌네.
> 서왕모의[58] 시녀는 봄이라 할 일이 없어
> 웃으며 비경에게 「보허사」를 불러달라고 하네.
> 閑解靑囊讀素書。露風烟月桂花踈。
> 西婢小女春無事、笑請飛瓊唱步虛。

「유선사(遊仙詞)」 제8수에는 곽박(郭璞)의 푸른 주머니와 서왕모(西

---

57 황석공(黃石公)이 신선이 되기 위해서 수련하는 방법을 책으로 엮어서 장자방(張子房)에게 주었는데, 비단에 썼으므로 소서(素書)라고 한다.

58 서해의 남쪽, 유사의 언저리, 적수의 뒤편, 흑수의 앞쪽에 큰 산이 있는데, 이름을 곤륜구(崑崙丘)라고 한다. 사람의 얼굴에 호랑이의 몸을 한 신(神)이 이곳에 사는데, 꼬리에 무늬가 있으며, 모두 희다. 산 아래에는 약수연(弱水淵)이 둘러싸고 있으며, 그 바깥에는 염화연이 있는데, 물건을 던지면 곧 타버린다. 어떤 사람이 머리꾸미개를 꽂고 호랑이 이빨에 표범의 꼬리를 하고 동굴에 사는데, 이름을 서왕모(西王母)라고 한다. 이 산에는 온갖 것이 다 있다. -『산해경』「대황서경(大荒西經)」

王母), 그리고 서왕모의 시녀 허비경(許飛瓊)이 등장하는데, 『태평광기』 권70에 실린 「허비경(許飛瓊)」 이야기를 시로 재구성한 것이다. 허비경 이야기는 이렇다.

당나라 개성(開成) 연간 초에 진사 허전(許瀍)이 하중(河中)을 유람하다 갑자기 큰 병을 얻어 인사불성이 되었다. 그의 친구 여럿이 그를 둘러싸고 앉아 간호한 지 3일이 되었을 때, 그가 벌떡 일어나더니 붓을 들어 벽에 큰 글씨로 이렇게 썼다.

"새벽녘에 요대에 들어가니 이슬 맺힌 기운 맑디맑은데, 좌중에서 인물은 허비경뿐이라. 세속의 찌든 마음 미처 다하지 못해 속세에 인연이 남아 있기에, 10리 길 하산할 제 달만 하릴없이 밝구나."

허전은 쓰기를 마치자 다시 잠들었다가 다음날 다시 벌떡 일어나 붓을 들고는 두 번째 구절을 이렇게 고쳤다.

"하늘 바람 아래 보허성 소리 들리네."

쓰기를 마치고는 취한 듯 멍해졌지만 다시 잠들지는 않았다. 한참이 지나자 천천히 이렇게 말했다.

"어제 저녁 꿈에 요대에 갔는데 선녀 300여 명이 큰 집안에 있었네. 그중 한 명이 스스로를 허비경(許飛瓊)이라 하면서 내게 시를 쓰라고 했네. 그래서 내가 시를 다 짓자, 다시 영을 내리길 '세상 사람들에게 내 이름을 알게 하고 싶지 않다'고 하기에 다 고쳤더니 매우 찬탄해주더군. 그리곤 여러 신선들에게 내 시의 각운에 맞추어 시를 짓게 하면서 내게 말하길 '그댄 결국 이곳에 오게 될 것이지만 잠시나마 돌아가 있게나'라고 했네. 그러자 마치 누군가 날 인도해주는 듯하더니 돌아오게 된 것일세."[59]

허비경은 허씨(許氏) 성을 지닌 서왕모의 시녀인데, 생황을 잘 불었다고 한다. 난설헌은 허전(許瀍)이 선녀 허비경의 초청을 받아 서왕모의 구전인 요대에 가서 시를 지은 이야기에 곽박의 푸른 주머니 이야기를 섞어서 자연스럽게 한 편의 시를 만들어냈다.

시 속에서 난설헌이 끌렀던 푸른 주머니는 이미 진(晉)나라 곽박(郭璞)이 곽공에게서 받은 푸른 주머니가 아니라 난설헌 자신의 주머니이며, 지상에서 『태평광기』를 읽던 것처럼 이제는 푸른 주머니 속에 들어 있는 천문. 복서(卜筮). 의술에 관한 책을 한가롭게 읽었다.

수많은 선녀 가운데 허비경을 끌어온 것도 같은 허씨(許氏)의 선녀를 자신과 동일시한 것이니 서왕모가 허비경에게 부르게 한 보허사(步虛詞) 또한 『난설헌집』에 실린 시의 제목이다. 「유선사」 제17수에서 허상서(許尙書)를 내세운 것 또한 자신보다 먼저 세상을 떠난 작은 오빠 허봉을 신선으로 만든 것이다.

「유선사」에 나오는 인물들은 상당수가 여성이며, 애정을 솔직하게 고백하고 대담하게 추구한다.

> 청동이 과부로 천년을 혼자 살다가
> 천수의 신선과 좋은 인연을 맺었네.
> 하늘의 풍악소리가 추녀 밖에 울리자
> 북궁의 신녀가 발 앞까지 내려왔네.
> 青童孀宿一千年。天水仙郎結好緣。
> 空樂夜鳴簷外月、北宮神女降簾前。

59 이방 지음, 김장환 외 옮김, 『태평광기』 3, 학고방, 2001, 455-456쪽.

제37수에서 청동(靑童)은 하늘에서 내려온 선녀인데, 천수(天水) 소년 조욱(趙旭)과 재혼한다. 조욱은 『태평광기』 권65의 제2화인 「조욱」의 주인공인데, 이 시의 배경이 되는 이야기는 이렇다.

천수(天水) 사람 조욱은 어려서부터 남달리 절개가 곧고 배우길 좋아했다. 멋진 용모에 청언(淸言: 玄談)에도 능했으며, 황로술(黃老術)까지 익혔다. 집은 광릉(廣陵)에 있었으며 일찍이 홀로 초가집을 짓고 고즈넉하게 살았는데, 오로지 두 노복(奴僕)만이 시중을 들었다. 그는 일찍이 푸른 옷을 입은 한 여자가 창가에서 웃음을 띠고 있는 꿈을 꾸었다. 깨어나 이를 기이하게 여기고는 기도를 올렸다.

"이는 무슨 영험한 일입니까? 원컨대 신선의 자태를 뵈옵고 신령한 계시를 받을 수 있으면 다행이겠나이다."

그러자 깊은 밤 갑자기 창 밖에서 어렴풋이 웃음소리가 들렸다. 조욱은 이것이 신선임을 알아차리고 다시 기도를 올렸다. 그러자 신선이 말했다.

"전 천상의 선녀이옵니다. 당신이 쌓은 덕이 고결하다는 말을 듣고는 당신이 잠든 틈을 타서 와 본 것입니다. 원컨대 청풍(淸風)같은 그대에게 저를 의지했으면 합니다."(…)

그는 이런 신령한 신선이 홀연히 오자 기쁨과 즐거움이 교차했다. 등을 가지고 돌아와 자리를 털어 그녀를 맞이해 왔다. 갑자기 맑은 향기가 방에 가득해지면서 14-15세쯤 되는 절세의 용모를 지닌 여인이 육수무초의(六銖霧綃衣)를 입고 오색연문리(五色連文履)를 신고서 주렴을 걷고 들어와 조욱에게 절을 올렸다.[60]

60 같은 책, 345-346쪽.

『태평광기』「조욱」에는 청동(靑童)이 천년을 독수공방한 과부라는 이야기는 없고, 14-15세의 소녀로만 묘사되어 있다. 청동이 조욱에게 청혼하면서 "전 천상의 청동(靑童)으로 오래도록 청궁(淸宮)에 살았는데, 속이 답답하고 선계(仙界)의 품계(品階)는 말석에 자리하고 있었기에 때때로 속세에 대한 사념을 가지고 있다가 천제께서 절 인간세상에서 마음에 드는 아무나 하고 혼인하라는 벌을 내리셨습니다."[61]고 자신을 소개하였다.

난설헌이 청동(靑童)을 천년 독숙공방한 과부로 만든 것은 과부도 마음에 드는 남성이 있으면 청혼할 수 있는 세상을 만들기 위해서였다. 조선 사회에서 그런 주장을 하면 당연히 비난받았겠지만, 천상 신선들의 이야기였기에 가능하였다.

조선 사회에서 여성은 재혼이 금지되어 있고, 『경국대전』에 재가녀(再嫁女)의 자손은 벼슬을 할 수 없다는 규정이 있었다. "지하에 가면 두목지를 따르리라〔地下長從杜牧之〕"는 시가 조작되어 그를 비난받게 했지만, 그는 스스로 좋은 남자를 찾아 재혼하는 청동을 내세워 자유결혼을 노래하였다.

청동과 조욱의 결혼 이야기는 그가 즐겨 읽었던 『태평광기』「여선(女仙) 10 조욱」의 고사를 가져다 쓴 것인데, 이 시에서는 남의 재혼이지만 뒤에서는 자신의 주변 이야기로 설정하였다.

> 서한부인(西漢夫人)이 혼자 사는 것을 한스럽게 여겨
> 상제께서 명하여 허상서(許尙書)에게 시집보냈네.
> 오색 적삼에 옥띠 두르고 아침 늦게 돌아오더니

---

61 같은 책, 347쪽.

웃으며 청룡을 타고 푸른 하늘로 올라가네.

西漢夫人恨獨居。紫皇令嫁許尙書。

雲衫玉帶歸朝晚、笑駕靑龍上碧虛。　　　-「유선사(遊仙詞)」 17

　서한(西漢)이나 천한(天漢)은 은하수이니, 서한부인은 일 년 내내 혼
자 지내는 직녀(織女)를 가리킨다. 상서(尙書)는 임금의 문서를 맡은 관
원이자 판서이니, 자신보다 먼저 세상을 떠난 작은오라버니를 허상서라
고 하였다. 신선세계라는 무대를 펼친 난설헌이 신선이 되어 한양의 아
내와 사별(死別)한 오라버니를 전설 속의 직녀와 재혼시킨 것이다.

　　어제 금고(琴高) 신선께서 편지를 보내 왔어요.

　　연못에 구슬꽃이 피었다고요.

　　답장을 몰래 써서 붉은 잉어에게 주었지요.

　　내일 밤 촉 땅 다락에 오르자고 했지요.

　　琴高昨日寄書來。報道瓊潭玉蘂開。

　　偸寫尺牋憑赤鯉、蜀中明夜約登臺。　　　-「유선사(遊仙詞)」 50

　금고(琴高)는 금(琴)을 잘 타던 조(趙)나라 사람인데, 용 새끼를 잡아
오겠다고 탁수(涿水)에 들어가 붉은 잉어를 타고 나왔다. 잉어는 편지
를 전해주는 물고기이기에, 시 속의 화자(話者)는 잉어를 통해 편지를
주고받으며 내일 밤 다락에 올라가 연꽃 구경을 하자고 약속하였다.
다른 시에는 대부분 남녀의 이름이 같이 보이는데, 한밤중 다락에 올라
꽃구경하자고 남성에게 약속하는 화자는 조선을 벗어나 자유로워진 난
설헌 자신이다.
　시 속의 화자(話者)는 69번 시에서 "한밤중 홀로 요지(瑤池)의 옥황

(玉皇)을 그리워하고〔獨夜瑤池憶上仙〕", "옥청궁에 있으면서 잠을 못 이룬다.〔人在玉淸眠不眠〕" 87번 시에서 자신이 이곳에서 노닐던 동안 인간세상에선 만년이 지났음을 알려주며 연작시를 마무리한다.

여섯 폭 비단치마를 노을에 끌면서
완랑(阮郞)을 불러서 난초밭으로 올라가네.
피리 소리가 홀연히 꽃 사이에 스러지니
그 사이 인간세상에선 일만 년이 흘렀겠구나.
六葉羅裙色曳烟。阮郞相喚上芝田。
笙歌暫向花間盡、便是人寰一萬年。

노을 속에 끌고 가는 여섯 폭 비단 치마는 선녀의 옷차림이다. 완랑은 천태산에 들어가 약초를 캐다가 복숭아를 먹고 선녀를 만나 반년 동안 머물다가 고향 집으로 돌아간 완조(阮肇)인데, 이미 7대 후손이 살고 있었다.

난설헌은 『소흥부지(紹興府志)』에 실린 완랑의 전설보다 더 방대한 시간과 공간을 설정하였으니, 일만 년이 지나면 조선도 달라졌을 거라고 꿈꾼 것은 아닐까.

9

조선시대 여성 시인과 비교해본 난설헌

허난설헌(許蘭雪軒)과 임윤지당(任允摯堂)은 여러 가지로 공통점이 많으면서도 차이점 또한 유달리 많다. 그래서 이 두 여성을 비교해보면 조선시대의 여성 문인들이 어떻게 살면서 글을 배우고 또한 글을 썼는지, 그리고 남들로부터 어떻게 평가받았는지 한눈에 알 수 있다. 이런 면에서 허난설헌과 임윤지당을 비교해보는 것이 가치가 있다.

강원도라는 이름은 이 지역에서 가장 큰 도회지인 강릉과 원주의 첫 글자를 따서 만들었는데, 강릉은 난설헌의 고향이고, 원주는 윤지당의 시댁이다. 이 두 여성의 비교 연구를 통해서 강원도 여성의 특성을 알아보는 것도 또한 의의가 있다.

학자 집안에 태어나 가학을 이어받다

난설헌 허초희(許楚姬)의 집안은 원주 출신 김효원의 집안과 더불어 동인(東人)의 중심이었고, 윤지당 임씨(任氏, 1721-1793)의 친정은 서인(西人) 가운데 노론(老論)에 속했다. 당시에는 두 집안이 모두 집권층이었다.

그러나 난설헌의 친정과 시댁은 몇 대에 걸쳐 문과 급제자를 냈지만, 윤지당의 친정과 시댁은 급제자가 별로 없었다. 난설헌의 남매들이 문인으로 이름을 떨쳤다면, 윤지당의 남매들은 학자로 이름을 떨쳤다.

난설헌은 문장가로 이름난 하곡 허봉의 누이동생이자 교산 허균의 누나였다. 허균은 이생(李生)이라는 제자가 자신의 가학(家學)을 묻자, 그 연원을 이렇게 설명하였다.

> 형님과 누님의 문장은 집안에서 나왔는데, 선친이 젊어서 모재(慕齋 金安國)에게 배웠고, 모재의 스승은 허백(虛白) 성현(成俔)인데 그 형 간(侃)과 괴애(乖厓) 김수온(金守溫)에게 배웠소.
>
> 이 두 분은 모두 유태재(泰齋 柳方善)의 제자인데다, 유공은 바로 문정공(文靖公 李穡)의 마음에 들었던 문인이었지요. 문정공은 중국에 유학하여 한림원에서 날렸으며, 오랫동안 우도원(道園 虞集)과 구양규재(圭齋 歐陽玄)의 문하에 있으면서 그들의 칭찬을 받아 "의발이 해외에 전해졌다〔衣鉢海外傳〕"라는 구절까지 있었소.[62]

허균이 가학의 연원으로 꼽은 유방선(柳方善, 1388-1443)은 원주 법천사에 머물며 서거정·한명회·권람·김효문 등을 가르쳤는데, 이들이 한때 정권과 문학을 독차지했다. 유방선은 어린 시절 변계량과 권근에게 글을 배웠는데, 이들이 모두 이색의 제자인데다 유방선 자신이 이색의 외손자였으므로, 유방선의 학문 연원을 이색에게로 이은 것이다. 목은 이색은 고려 말의 성리학과 문학을 조선에 전수한 대문장가이고, 그의 스승 우집과 구양현 또한 원나라의 문장가이자 이름난 성리학자였다.

---

[62] 허균, 『惺所覆瓿藁』 卷10, 「答李生書」.

구양현의 의발이 이색에 의해 해외(고려)로 전해졌는데, 이색의 학문과 문학이 유방선을 거쳐 난설헌에게로 전해졌다는 이 설명은 허균이 가학(家學)의 연원을 얼마나 자랑스럽게 생각했는지 알 수 있다.

허균은 가학의 연원을 목은 말고 화담 서경덕에게서도 찾았다.

> 아버님께선 화담 선생에게 가장 오래 배우셨다. 일찍이 7월에 선생의 집으로 찾아가신 적이 있었는데, 그가 화담 농막으로 간 지 벌써 엿새째라고 했다. 곧 뒤따라가셨는데, 가을장마로 물이 한창 넘쳐나서 건널 수가 없었다. 저녁 때 여울물이 조금 줄었으므로 겨우 건너가셨더니, 선생은 한창 거문고를 타면서 높게 읊조리고 있었다. 아버님께서 저녁밥 짓기를 청하자, 선생은 "나도 먹지 않았으니 함께 짓는 것이 좋겠다"고 하였다.
>
> 머슴이 부엌에 들어가 보니 솥 안에 이끼가 가득하였다. 아버님께서 이상하게 여기시고 까닭을 물으셨다. 선생이 이르기를 "물이 넘쳐서 엿새 동안 집사람이 오지 못했다. 그래서 나도 오랫동안 식사를 하지 못했으니, 솥에 이끼가 났을 것이다" 하였다. 아버님께서 선생의 얼굴을 쳐다보셨는데, 굶주린 기색이 조금도 없었다.[63]

초당은 퇴계에게 학문을 배워 동인에 들었지만, 화담에게도 학문을 배워 서인의 거두였던 영의정 박순과 동문이 되었다. 난설헌은 성리학 연구에 힘쓰지 않았으므로 퇴계의 학문에 연원을 대기는 힘들지만, 화담의 영향으로 도가에 관심을 가졌다. 난설헌이 「유선사(遊仙詞)」 87수를 지은 배경은 퇴계보다 화담 쪽이라고 할 수 있다.

---

63   허균, 『惺所覆瓿藁』 卷23, 「惺翁識小錄」 中.

조선시대 여성 시인과 비교해본 난설헌   163

윤지당은 성리학자 녹문(鹿門) 임성주(任聖周, 1711-1788)의 누이동생이자 운호(雲湖) 임정주(任靖周, 1727-1796)의 누나였다. 난설헌 경우에는 큰오빠 허성(許筬)이 이조판서(정2품)까지 지냈으면서도 문장가로는 아우들만큼 이름을 날리지 못했으니, 윤지당의 큰오빠 임명주(任命周, 1705-1757)가 1747년 문과에 급제해 사간원 정언(정6품)과 사헌부 지평(정5품)을 지냈지만 학자로는 이름을 날리지 못한 것까지 비슷하다.

윤지당의 아우 임정주는 가학의 연원을 이렇게 설명했다.

> 누님의 학문은 유래가 있다. 고조부이신 평안감사 금시당(今是堂 任義伯, 1605-1667)께서 사계(沙溪 金長生, 1548-1631) 선생 문하에서 수학하여 "마음을 스승으로 삼으라"는 가르침을 들으셨다.
>
> 선친 함흥판관 노은공(老隱公 임적)께서는 백부 참봉공(任選)과 함께 황강(黃江 權尙夏, 1641-1721) 선생 문하에 드나들며 직(直)에 대한 가르침을 받으셨다. 둘째형님 성천부사 녹문공(鹿門公)은 도암(陶庵 李縡, 1680-1746) 선생 문하에서 "도(道)는 잠시도 떠날 수 없다"는 철학을 전수받으셨고, 누님은 형님에게서 수학하였다.
>
> 가문에서 전승된 학문의 연원이 유구하고, 그 영향이 이같이 심원하였다. (…) 이것이 어찌 천품(天稟)이 높아서 저절로 도에 가까워져 그렇게 되었겠는가?[64]

윤지당의 가학은 김장생에서 권상하와 이재로 이어지는 노론 계열의 성리학 일색이다. 이를 보아도 윤지당이 문학보다는 성리학, 시보다는

64　『允摯堂遺稿』 부록 「遺事」 14.

산문에 관심이 깊게 된 까닭을 알 수 있다.

오빠들에게 글을 배우다

난설헌과 윤지당의 집안 분위기가 달랐기에 문학과 경전을 달리 권면했지만, 오빠가 누이동생을 가르친 것은 마찬가지였다. 당시로서는 두 집안 다 드문 현상이었다.

초당은 첫 번째 부인 한씨에게서 밀양군수를 지낸 박순원(朴舜元)에게 시집간 딸과 대사성을 지낸 우성전(禹性傳, 1542-1593)에게 시집간 딸, 그리고 이조판서까지 오른 아들 허성을 낳았다. 두 번째 부인은 김광철(金光轍)의 딸인데 강릉 사람이어서, 난설헌 남매들이 외가를 통해 강릉과 인연을 맺게 되었다. 김광철의 딸은 아들 둘과 딸 하나를 낳았는데, 난설헌을 포함한 3남매가 모두 천재였으며, 문학적 감수성이 남달랐다. 형제 남매로서 지극히 다정하게 지냈지만, 스승과 제자같이 자상하게 가르치고 따랐다.

작은오빠 하곡(荷谷) 허봉(許篈)의 자는 미숙(美叔)인데, 형 허성과 함께 유희춘에게 배웠다. 18세에 생원이 되고, 22세에 문과에 급제했으며, 이듬해 사가독서(賜暇讀書)의 특전을 받았다. 홍문관에서 교리(정5품)·응교(정4품)·전한(종3품) 등의 언관을 역임하며 출세길을 걸었다. 허봉이 난설헌을 책상에 앉혀 놓고 글을 가르쳤다는 기록은 없지만, 글을 배울 때에 가장 필요한 책과 붓을 구해 주면서 격려한 기록이 허봉의 문집 『하곡집』에 남아 있다.

신선 나라에서 예전에 내려주신 글방의 벗을

가을 깊은 규중에 보내어 경치를 그리게 한다.

오동나무를 바라보며 달빛도 그려 보고

등불을 따라다니며 벌레나 물고기도 그려 보아라.

仙曹舊賜文房友、奉寄秋閨玩景餘。

應向梧桐描月色、肯隨燈火注虫魚。   -「송필매씨(送筆妹氏)」

제목 그대로「누이에게 붓을 보내며」지어준 시이다. 붓은 문학하는 선비가 언제나 가까이 지니고 있어야 하는 문방사우(文房四友) 가운데 하나이다. 이 글만 보면 난설헌이 몇 살 때에 지어준 시인지 알 수 없지만, 다른 집에 살았던 것만은 분명하다.

난설헌은 시만 잘 지은 것이 아니라, 그림으로도 뛰어났다. 그런 예술성을 일찍이 인정하고 계발시켜 준 이가 바로 작은 오빠 허봉이었다. 그는 붓만 보내준 것이 아니라, "등불을 따라다니며 벌레나 물고기도 그려 보라"고 가르쳤다. 상상 속의 그림이 유행하던 시절에 허봉은 실제 사물을 관찰하면서 사실적으로 그리게 했던 것이다.[65]

난설헌의 천재는 역시 시에서 드러났는데, 그 능력을 계발시키고 가르쳐 준 이도 또한 작은오빠 허봉이었다. 그는 명나라에 사신으로 다녀오면서, 당나라 시인 두보의 시집을 가지고 와서 누이 난설헌에게 주었다.

이『두율(杜律)』1책은 문단공(文端公) 소보(邵寶)가 가려 뽑은 것인데, 우집(虞集)의 주에 비하여 더욱 간명하면서도 읽을 만하다. 만력(萬曆) 갑술년(1574)에 내가 임금의 명령을 받들고 황제의 생신을 축하하러 갔다가 통천(通川)에 머물렀다. 섬서성의 거인(擧人) 왕

65   허경진, 「허난설헌 남매의 문학적 교유」, 『조선-한국언어문학연구』3, 연변대학교 조선언어문학학과편, 중국 민족출판사, 2006, 129쪽.

지부(王之符)를 만나서 하루가 다하도록 이야기를 나누었는데, 헤어지면서 이 책을 나에게 주었다. 내가 책상자 속에 보물처럼 간직한 지 벌써 몇 해가 되었다.

이제 아름답게 묶어서 네게 한번 보이노니, 내가 열심히 권하는 뜻을 저버리지 않으면 희미해져 가는 두보의 소리가 누이의 손에서 다시 나오게 할 수도 있을 것이다.

만력 임오년(1582) 봄에 하곡은 쓰다

우리나라 시인들은 중국의 시를 모범으로 삼아 배웠는데, 난설헌 당대에는 그 모범이 송나라 시에서 당나라 시로 바뀌고 있었으며, 그 중심에 손곡 이달과 하곡 허봉, 그리고 교산 허균이 자리 잡고 있었다.

송나라 시가 이성적이라면 당나라 시는 감성적이었는데, 당나라 시는 난설헌 집안의 가학(家學)이었으며, 감성적인 난설헌의 취향에도 알맞았다. 당나라 시인 가운데도 이백(李白)과 두보(杜甫)가 가장 뛰어나, 그들의 시집은 여러 가지 형태로 수입되거나 간행되었다. 책을 구하지 못하면 빌려다가 베껴가며 공부하기도 했다.

허봉은 1574년 명나라에 사신으로 가서 명나라 문인 소보가 편찬한 『두율』을 명나라 학자 왕지부에게서 선물로 받아왔다. 두보의 한시 가운데서도 가장 뛰어난 율시만 모아 편찬한 책이었으며, 시인들이 가장 많이 보던 교과서였다. 허봉은 당시 문과에 급제한 뒤 예조좌랑 벼슬을 하다가 명나라에 서장관으로 다녀온 뒤에는 홍문관 수찬이 되었는데, 24살 젊은 나이여서 한창 두보의 시집을 읽고 있었다.

그러다가 8년 동안 이 책을 다 배우고 나자, 누이 난설헌에게 주어 두보의 시를 공부하게 하였다. 그가 8년 동안 열심히 읽어, 겉장이 너덜너덜하게 해어졌다. 그래서 다시 제본하여 보냈던 것이다. 두보의 시집을 그대로 보낸 것이 아니라, 책 뒷장에다 신신당부하는 글까지 지어 보냈다. 「두율(杜律) 시집 뒤에 써서 누이 난설헌에게 주다〔題杜律卷後奉呈妹氏蘭雪軒〕」라는 글 제목 그대로이다.

허봉도 처음에는 송나라 시를 읽고 배웠다. 그러나 중국에 다녀오면서 당나라 시를 알게 되자, 송나라 시를 다 내어버렸다. 두보의 시를 다 터득하고 나자, 자신의 체험을 누이에게도 알려주고 싶었다. 그래서 "열심히 권한다"고 했다.

그가 열심히 권한 까닭은 두보의 시가 그만큼 중요하다는 의미도 있었지만, 누이 같은 천재라면 두보의 소리를 다시 낼 수 있을 것이라고 믿었기 때문이다. 난설헌의 천재를 알아주고, 여성을 무시하던 시대에 그 가능성을 적극적으로 계발해준 작은오빠 허봉이 있었기에, 난설헌은 한시와 그림 두 가지 다 천재를 이룰 수 있었다.

난설헌의 천재를 가장 먼저 알아본 사람도 바로 허봉이다.

경번(景樊)의 글재주는 배워서 얻을 수 있는 힘이 아니다. 대체로 이태백과 이장길(李長吉)이 남겨둔 글이라고 할 만하다.

－『학산초담』 15

여성이 재주가 많으면 박복(薄福)하다고 믿던 시절에 자기 누이의 재주를 인정하고 계발한 오빠 허봉이 있었기에 난설헌의 천재가 문학 작품으로 남을 수 있었다. 그러나 『두율(杜律)』을 받은 이듬해(1583)에 작은오빠 허봉이 율곡 이이를 탄핵하다가 함경도 갑산으로 귀양길에 오르면서 난설헌과 허봉은 멀리 헤어지게 되었다.

윤지당에게 글을 가르쳐준 사람도 바로 작은오빠 임성주였다. 아우 임정주는 그 사실을 이렇게 기록했다.

(누님이) 여러 오빠 형제들을 따라 경전(經典)과 역사 공부하는 것을 옆에서 배웠고, 때때로 토론을 제기하였는데 사람들을 놀라게 하는 말이 많았다. 둘째 형님(임성주)께서 기특히 여기고 『효경』, 『열녀전』, 『소학』 및 사서 등의 책을 가르쳤는데, 누님이 매우 기뻐했다.

낮에는 여자의 일을 다하고, 밤이 되면 소리를 낮추어 책을 읽었다. 뜻이 목소리를 따르는 듯하고, 정신이 책장을 뚫을 듯했다. 그러나 학식을 깊이 감추어 비운 듯이 했기 때문에 친척들 가운데 그러한 사실을 아는 사람이 드물었다.　　　　　－임정주 「유사(遺事)」 1조.

난설헌은 문학을 배우고 윤지당은 유학을 배웠지만, 작은오빠가 누이동생의 재주를 일찍이 알아보고 가르쳐준 것은 같다. 여성이 글을 배워봐야 쓸데없다고 여겼던 당시로서는 아주 드문 일이었다.

여자이면서 이름을 가지다

조선시대에 남녀가 혼인한다는 것은 관례(冠禮)와 계례(筓禮)를 치렀다는 뜻이며, 남자의 경우에는 자(字)를 지어 받았다. 아주 특이한 경우지만 집안 분위기에 따라 여성이 자를 받는 경우도 있었는데, 난설헌의 경우도 그러했다. 여성의 이름 대신에 성씨만 소개하던 시대에 살면서 허균이 누이의 이름을 자세하게 소개한 것은 그만큼 여성의 존재를 인정한 태도로도 볼 수 있다.

난설헌(蘭雪軒)의 이름은 초희(楚姬)이고, 자(字)는 경번(景樊)이다. 초당(草堂) 엽(曄)의 딸이고, 서당(西堂) 김성립(金誠立)의 아내이다.   -『학산초담』 7[66]

　난설헌은 이름 그대로 당호(堂號)이고, 초희는 명(名)이다. 자(字)는 관례나 계례를 치를 때에 성년이 되었다는 의미로 지어준, 또 하나의 이름이다. 친구들끼리 자를 불렀으며, 윗사람이 자를 불러주는 것은 자기보다 아랫사람이지만 적당히 존중한다는 뜻이다. 허균의 다른 기록에 보면 허봉도 누이의 이름을 직접 부르지 않고, '경번(景樊)'이라는 자를 불렀다. 12년이나 차이가 나는 누이였으므로 스승과 제자 사이라고도 볼 수 있었지만, 누이의 자를 불러줌으로써 독립된 여성 시인으로 인정했음을 알 수 있다.

　자(字)는 본인이 마음대로 짓는 것이 아니라 어른들이 지어 주었다. 어른들이 난설헌더러 '(당나라 시인) 번천을 사모한다'는 뜻의 경번(景樊)이라고 지어 주었을 리는 없다. 김만중은 『서포만필』에서 '부부 모두 신선이 된 번부인(樊夫人)을 사모한다는 뜻에서 경번이라고 지었다'고 설명했지만, 이 역시 정확한 설명은 아니다. 난설헌이 성년이 되었을 무렵에는 아직 아버지 초당이 살아 있었으므로, '경번'이라는 자는 아버지가 지어 주었을 가능성이 있다. 물론 난설헌의 마음을 가장 잘 이해한 작은오빠가 지어 주었을 가능성도 없지는 않다.

　난설헌에 대해서 관심이 많았던 임상원(任相元)이 일찍이 경번(景樊)이라는 자(字)의 의미를 제대로 해명하였다.

　　난설헌은 『태평광기』를 즐겨 읽었다. 그 긴 이야기를 다 외웠으며,

66　이 부분은 『학산초담』의 본문이 아니라 소주(小注)인데, 반드시 허균이 썼다고는 볼 수 없다. 후대의 필사자들이 주석을 덧붙이는 경우도 있다. 허경진, 『허균의 시화』, 민음사, 1982, 28쪽 참조.

중국 초나라 번희(樊姬)를 사모했기 때문에 호까지도 경번(景樊)이
라고 지었다.   -임상원 『교거쇄편』 권1

자(字)는 대개 이름과 어울리게 짓는다. 난설헌의 이름 초희(楚姬)는
초나라 장왕(莊王)의 어진 아내 번희(樊姬)를 가리킨다. 태어났을 때에
초희라는 이름은 당연히 아버지가 지어 주었을 테니, 초희가 자라서
성년이 되자 '번희를 사모하라'는 뜻으로 '경번(景樊)'이라는 자를 지어
주었던 것이다.

같은 글에서 임상원은 난설헌이 특히 『태평광기(太平廣記)』를 즐겨
읽었다고 증언했는데, 이는 화담 서경덕에게서 아버지 초당으로 이어
지는 도가적 분위기의 영향이다. 이러한 독서는 그에게 선계(仙界)의
상상력을 풍부하게 해주었으며, 「유선사(遊仙詞)」를 짓게 하는 계기가
되었다.

이름은 자주 써야 남에게 알려진다. 난설헌(蘭雪軒)이라는 당호와 초
희(楚姬)라는 이름, 경번(景樊)이라는 자(字)는 허균이 『학산초담』과
「성수시화」를 비롯한 글에서 자주 사용해 널리 퍼졌으며, 그의 문집이
『난설헌집』이라는 이름으로 간행되어 더 널리 알려졌다.

윤지당이라는 당호는 오빠 임성주가 지어주었다. 아우 임정주가 세
상 떠난 누님을 그리워하며 1796년 4월에 그 사실을 이렇게 기록했다.

윤지당(允摯堂)은 누님이 어렸을 때에 우리 둘째 형님께서 지어주
신 당호이다. 주자가 "태임(太任)과 태사(太姒)를 존경한다〔允莘摯〕"
라고 하신 말씀에서 따오신 것이다.

그러나 그 뜻은 실상 (태임의 친정) '지중씨(摯仲氏 : 임씨)의 지
(摯)'라는 글자를 취하신 것이다. "지임씨(摯任氏)를 돈독히 믿는다"

는 말과 같다. 이종형님인 한정당(閒靜堂) 송공(宋公)께서 누님을 위해 도장을 새겨 주셨다. 이때부터 집안에서 '윤지당'이라 많이 불렀다.

-「유사」 16

윤지당의 '윤지(允摯)'는 "태임과 태사를 독실히 신봉한다"는 뜻이다. 이는 주자의 "윤신지(允莘摯)"라는 구절에서 따온 말인데, '신(莘)'은 문왕의 부인 태사의 친정 고향이며, '지(摯)'는 태임의 친정 고향이다. 태임의 성씨가 임씨였으므로, 녹문(鹿門)이 누이동생에게 윤지당이라는 당호를 붙여준 것이다. 지중씨(摯仲氏)의 성이 임씨라는 것은 『시경』에 이미 밝혀져 있다.

> 지(摯)나라 임씨네 둘째 딸이
> 저 은나라로부터
> 주나라로 시집을 오셔서
> 주나라 부인이 되셨네.
> 왕계님과 더불어
> 덕을 행하시더니,
> 태임께서 잉태하시어
> 문왕을 낳으셨네.
> 摯仲氏任、自彼殷商。
> 來嫁于周、曰嬪于京。
> 乃及王季、維德之行。
> 大任有身、生此文王。　-『시경(詩經)』 대아(大雅) 「대명(大命)」

작은 오빠가 지어준 당호 윤지당은 이종사촌오빠 송문흠(宋文欽)이

도장을 새겨주어 널리 사용했으며, 윤지당이 지은 글도 이 이름으로 널리 퍼졌다. 세상을 떠난 뒤에 문집 이름을 『윤지당유고』라 하여, 그 이름이 오래 전해졌다.

남매들과 사이좋게 자라다

난설헌과 윤지당 남매들은 유달리 친하게 지냈다. 문학이나 학문에 관심이 같았기 때문인데, 한시나 편지를 자주 주고받아 그 증거들이 많이 남아 있다.

허봉이 난설헌에게 두보의 시집을 주고 붓을 보내주며 시 짓고 그림 그리기를 권면했다는 사실은 앞에서 밝혔는데, 허봉은 『두율(杜律)』을 보내준 이듬해 1583년에 갑산으로 유배되었다. 난설헌이 허봉을 배웅하며 시를 지었다.

> 멀리 갑산으로 귀양 가는 나그네여
> 함경도 가느라고 마음 더욱 바쁘시네.
> 쫓겨나는 신하야 가태부시지만
> 임금이야 어찌 초나라 회왕이시랴.
> 가을 비낀 언덕엔 강물이 찰랑이고
> 변방의 구름은 저녁노을 물드는데,
> 서릿바람 받으며 기러기 울어 예니
> 걸음이 멎어진 채 차마 길을 못 가시네.
> 遠謫甲山客、咸原行色忙。
> 臣同賈太傅、主豈楚懷王。

河水平秋岸、關雲欲夕陽。

霜風吹雁去、中斷不成行。　　　　　　　　-「送荷谷謫甲山」

　이때 난설헌은 갓 스물을 넘기고 있었는데, 마지막 구절의 '중단(中斷)'은 기러기 울음소리를 들으며 잠시 발을 멈춰선 작은오빠 허봉의 중단이지만, 서릿바람 때문에 기러기가 날아가기를 중단한 것으로도 볼 수 있다. 불성항(不成行)을 기러기가 줄을 이루지 못한다는 뜻으로도 볼 수 있는 것이다. 형제를 안항(雁行)이라고 하는 말도 여기서 생겨났는데, 잘 살아가던 난설헌의 6남매 가운데 허봉이 귀양 가는 바람에 안항이 흐트러졌다는 뜻이다.

　중국에서 간행된 시선집에도 난설헌이 귀양 간 작은오빠에게 보낸 시가 많은 것을 보면 난설헌과 작은오빠 사이의 애틋한 마음이 중국 독자들에게도 호소력을 지녔다고 생각된다.

　집안에서 스승 노릇을 하던 작은오빠가 유배길에 오르자, 이번에는 난설헌이 아우 허균의 시를 고쳐주는 스승이 되었다. 임상원(任相元)이 지은 『교거쇄편(郊居瑣編)』에 난설헌이 허균에게 과체시를 고쳐준 예가 실려 있다.

　　허균이 글재주가 남보다 뛰어났는데, 어릴 적에 일찍이 「여인이 어지럽게 그네를 밀어 보낸다〔女娘撩亂送鞦韆〕」는 시를 과체(科體)로 지어 그의 누이 난설헌에게 보였다. 그러자 난설헌이 보고 말했다. "잘 지었다. 다만 한 구절이 모자라는구나." 아우 균이 물었다. "모자라는 게 어떤 구절입니까?" 난설헌이 곧 붓을 끌어다 고쳐 썼다. "문 앞에는 아직도 애간장을 태우는 사람이 있는데, 임은 백마를 타고 황금 채찍을 쥔 채 가버렸네."

許筠才絶人, 少時嘗賦女娘撩亂送鞦韆詩科體, 示其妹蘭雪軒, 蘭
雪曰, 善矣, 但欠一句, 問所欠何語, 蘭雪乃援筆補之曰, 門前還有斷
腸人, 白馬半拖黃金鞭.

허균은 17세 되던 해 봄에 한성부에서 치르는 초시(初試)에 합격하면
서 본격적으로 과거공부에 몰입했다. 그는 워낙 재주가 뛰어났으므로,
곧 과체시(科體詩)를 잘 짓는다고 이름이 났다.[67] 위의 기록을 보면, 허
균이 과체시를 잘 짓게 된 배경에 바로 난설헌이 있었음을 알 수 있다.

과거시험에 응시했을 때에 제출하던 과체시는 다른 시들과 달리, 형
식이 몹시 까다로웠다. 7언 1구를 한 짝, 곧 1척(隻)이라 했으며, 2척을
합하여 1구(句)라고 했다. 18구 36척, 즉 7언절구 36구가 되어야 완전
한 형태를 이룬다.

위에서 난설헌이 "한 구절이 모자란다"고 말한 것은 두 가지 의미가
있다. 하나는 과체시의 형식을 이루기 위해 한 구절, 즉 2척(隻) 14자가
모자란다는 뜻이다. 다른 하나는 2척 14자라는 숫자를 넘어서, 시 한편
의 분위기와 주제를 살리기 위해 꼭 필요한 구절이 빠졌다는 뜻이다.

허균이 지은 시는 형식만 과체시였지, 제목이나 분위기는 염정시(艶
情詩)였다. 「여인이 어지럽게 그네를 밀어 보내다」라는 제목은 과거시
험의 제목으로는 어울리지 않는다. 허균이 지은 이 시는 과시를 모아
운(韻)에 따라 분류한 『과시분운(科詩分韻)』에 전문이 실려 전하는데,
18구 36척이 넘는다. 난설헌이 "한 구절이 모자란다"고 말한 것이 구절
수에 있지 않음이 확인되며, 난설헌이 보태준 한 구절에 의해 추천시
(鞦韆詩)가 염정시로 바뀌었음도 알 수 있다. 한참 사랑에 빠진 청년이

67   허경진, 「『동시품휘보(東詩品彙補)』와 허균의 과체시」, 『열상고전연구』 14, 2001 참조.

지어봄직한 시였으니, 과거공부를 하면서도 과체시의 형식을 이용해 연애시를 지었던 것이다.

염정시는 악부시에 많았는데, 난설헌은 유흥가의 모습을 확실히 보여줄 한 구절을 보태어 마무리해주었다. 난설헌이 보태준 한 구절은 자신이 지은 악부시 「소년행(少年行)」의 분위기를 그대로 나타내었다.

허균이 누나 난설헌을 흠모하는 마음은 그의 글 도처에 나타나 모두 소개할 수가 없다.

윤지당은 글을 쓰다가 막히거나 궁금한 곳이 생기면 작은오빠에게 편지를 보내 질문했는데, 임성주가 그 질문에 답한 편지가 『녹문집(鹿文集)』에 실려 있다.

> 두 번씩이나 답장을 보냈는데 오래 동안 답장이 없으니 혹시나 편지가 어느 곳에 묵혀 있어 도착하지 못한 것이 아닌가 마음이 답답하다가, 문득 감영(監營)에서 7월 24일자의 편지가 도착하여 잘 살펴보았다. 무더운 날씨에 건강하며 가정이 모두 평안한가? 아이들의 홍진(紅疹)이 아주 순조롭게 지나갔다니 기쁨을 이루 다 말할 수 없다.
> ―「답사매신씨부 병오(答舍妹申氏婦 丙午)」

이 부분은 첫머리 인사말인데, 한동안 답장이 없어 궁금한 마음이 잘 드러나 있다. 윤지당이 66세에 받은 편지이니, 손자들의 홍역을 걱정한 듯하다. 편지의 본문이라고 할 수 있는 성리학 의견 또한 남매 사이가 얼마나 친했는지 보여주는 증거이다.

막내아우 임정주가 환갑이 되자 임성주가 윤지당에게 편지를 보냈는데, 사방에 흩어져 사는 남매들이 모두 모일 수 없어 안타까워하는 마음을 표현했다.

이곳에서 또 한 살을 먹게 되니, 3년만 더 있으면 80세가 된다. 한편으론 놀랍고 한편으론 슬퍼서, 마음이 편치 않다. (…) 치공(穉共 : 임정주)의 회갑 날이 다 되었구나. 그같이 병약한 사람이 이처럼 장수하다니 너무나 기뻐서 말할 수가 없다. 이제 그가 회갑 늙은이가 되었으니, 우리 같은 사람은 얼마나 늙었겠는가! 평소 일을 생각하니 눈물이 나는 것을 막을 수 없구나.

나는 그 날에 맞춰 (금강에) 배를 타고 서쪽으로 가다가 공주에서 내려 육로로 가려 한다. 우리는 한바탕 즐겁게 놀려는데 그대는 멀리 있어서 함께 모일 수 없겠구나. 생각할수록 처량한 마음을 떨쳐낼 수 없으니, 그대의 마음 또한 그럴 것이다.

　　　　　　　　–「여사매신씨부 정미정월(與舍妹申氏婦 丁未正月)」1787

윤지당은 이때 67세였는데, 칠팔십 세가 되도록 어린 시절 오누이의 정을 그대로 간직한 모습이 엿보인다. 감수성이 예민한데다 사회와 갈등을 겪으며 살았던 난설헌의 남매들이 모두 젊어 세상을 떠난 것과는 달리, 성리학을 실천하며 수양에 힘쓴 이 집안 남매들은 모두 장수하였다.

문학과 성리학에 관심을 가지다

난설헌은 문학, 특히 시에 관심을 가지고 즐겨 지었다. 『난설헌집』에는 시 이외에는 「광한전백옥루상량문」 한 편 밖에 산문이 실려 있지 않다. 이 글이 바로 그를 신동(神童)으로 널리 알려지게 했다. 허균의 문집에도 성리학 관련 문장이 없으며, 허봉의 문집 또한 그러하다.

윤지당 남매의 문집은 성리학에 관련된 글이 중심을 이룬다. 『윤지당

유고』에는 시가 실려 있지 않으며, 군이 시를 찾는다면 잠(箴) 형태의
사언시 정도를 들 수 있다. 이 글들 또한 교훈적 내용이어서, 문예에
주력하지 않았음을 알 수 있다. 임성주의 『녹문집』도 26권 분량 가운
데 마지막 부분인 권26에만 시가 일부 실려 있어, 집안 분위기가 시에
주력하지 않았음이 확인된다.

윤지당의 글은 대부분 성리학적 논문인데, 심성론, 사단칠정론, 예악
론 등의 글에서 삶을 달관한 자세가 보인다. 『대학』 6조와 『중용』 27조
에 대한 「경의(經義)」 33조는 두 책의 난해한 부분을 쉽게 해설하고
자신의 독창적인 설명을 붙인 글이다. 작은오빠 녹문과 토론하여 인정
받지 못하고 결국 오빠의 의견에 승복했지만, 주자의 설에 의심을 가지
고 독창적인 견해를 제기했다는 점 자체가 조선 후기 성리학계에서는
상상하기 어려운 일이다.

친정에서나 시댁에서 항상 부유하게 살았던 난설헌은 시서화(詩書
畵)를 즐길 수 있는 시간적 물질적 여유가 있어 문학을 예술로 즐겼지
만, 서울 친정에서 셋집에 살 정도로 가난했던 윤지당은 예술을 즐길
여유도 없었고, 그러한 성품도 아니었다. 그러나 조선 후기의 권위적인
분위기에 무조건 승복하기보다 제 목소리를 냈다는 점에서, 두 여성
문인은 공통점이 있다.

아들의 죽음을 문학으로 승화시키다

여성에게 남편 다음으로 소중한 존재가 바로 자식인데, 두 여성은 모
두 아들을 먼저 저 세상으로 보냈다. 난설헌은 그 슬픔을 시로 지었다.

지난해에는 사랑하는 딸을 여의고

올해에는 사랑하는 아들까지 잃었네.

슬프디 슬픈 광릉 땅에

두 무덤이 나란히 마주보고 서 있구나.

사시나무 가지에는 쓸쓸히 바람 불고

솔숲에선 도깨비불 반짝이는데,

지전을 날리며 너의 혼을 부르고

네 무덤 앞에다 술잔을 붓는다.

너희들 남매의 가여운 혼은

밤마다 서로 따르며 놀고 있을 테지.

비록 뱃속에 아이가 있다지만

어찌 제대로 자라나기를 바라랴.

하염없이 슬픈 노래를 부르며

피눈물 슬픈 울음을 속으로 삼키네.

去年喪愛女、今年喪愛子。

哀哀廣陵土、雙墳相對起。

蕭蕭白楊風、鬼火明松楸。

紙錢招汝魄、玄酒奠汝丘。

應知弟兄魂、夜夜相追遊。

縱有腹中孩、安可冀長成。

浪吟黃臺詞、血泣悲吞聲。　　　　　　　　　　　-「곡자(哭子)」

　난설헌은 두 아이를 낳았지만, 모두 제대로 키우지 못하고 잃었다.
그는 피눈물과 슬픈 울음으로 「곡자(哭子)」라는 시를 지어 제사를 지내
며, 무덤 앞에 술을 따랐다. 난설헌이 자식을 남기지 못하고 세상을

떠난 뒤에, 김성립의 후처 홍씨 부인도 역시 자식을 낳지 못했다. 부부가 세상을 떠난 뒤에 시동생 정립의 아들 진(振, 1603-1688)을 입양하여 뒤를 이었다.

윤지당은 죽은 아들 재준을 그리워하며 제문 「제망아재준문(祭亡兒在竣文)」을 지었다.

내가 죽기 전에 너의 학문이 더욱 성취되고, 기력이 더욱 충실하며, 아들딸들이 차례로 잘 자라 너의 문호를 크게 번창시키기를 밤낮으로 축원했는데 그만 이렇게 되었구나. (…)

나는 늙고 병들어 죽을 때가 다 되었는데, 지난봄에는 둘째 오라버니를 여의었고, 겨울에 또 오라버니의 작은아들까지 잃었다. 지극한 마음의 고통을 하나라도 견디기 어려운데, 하물며 셋이겠느냐? 속에서 오장이 녹고 밖으로 삭아져서 나날이 병이 드니, 내 아무리 질긴 목숨이라지만 목석이 아닌 바에야 어찌 오래 가겠느냐? (…) 너와 지하에서 단란하게 만나, 이 세상에서 못 다한 모자의 인연을 이어가고자 할 뿐이다. (…)

아! 삼 년이 이미 다했으니 네 빈소(殯所)를 거둬 사당으로 옮기려 한다. 이제부터는 네게 곡(哭)을 해서 가슴속의 아픈 마음을 조금이나마 풀어보려 해도 선왕(先王)들의 예제(禮制)에 기한이 정해져 있으니 어찌할 수 있겠느냐? 네가 생시에 좋아하던 음식을 보면 곧장 빈소에 올려 네가 살아 있을 때처럼 네 마음을 즐겁게 했지만, 이제부터는 이것 또한 할 수 없게 되었다. 슬프고도 마음 아프구나. 내 장차 어디에 마음 붙이고 남은 나날을 보내겠느냐? (…)

애통하고 애통하다. 내가 지금은 너의 의젓한 모습을 보지 못하지만, 행여나 꿈속에서 너를 만나 서로 어울리면 이 마음에 위안이 되겠지. 그 생각을 하니 또한 슬프구나. 네 자주 꿈에 나타나 이 늙은 어미의 비통하고 원통스런 심정을 만에 하나라도 풀어 주겠느냐? 아! 애통하구나.

윤지당은 40세가 넘은 뒤에 시동생 광우의 큰아들 재준(在竣, 1760-1787)을 양자로 입양하여 키웠지만, 윤지당보다 6년 앞서 28세 나이로 죽었다. 자식이 없던 윤지당은 재준을 젖 뗄 무렵부터 데려다 길렀으므로 친자식같이 정이 들었지만, 아들 하나와 딸 둘을 남기고 먼저 세상을 떠난 것이다.

이 제문은 삼년상이 끝나가던 1789년에 지어 삭망제에 올렸는데, 69세가 되어 죽음을 눈앞에 둔 노인의 절망적인 심경이 잘 나타나 있다. 20대의 난설헌은 "너희들 남매의 가여운 혼은 / 밤마다 서로 따르며 놀고 있을 테지."라고 스스로 위로했지만, 70이 된 윤지당은 "너와 지하에서 단란하게 만나, 이 세상에서 못 다한 모자의 인연을 이어가고자 할 뿐이다."라고 죽기만을 바랐다. 그러면서도 삼년상 기한이 지나 예법대로 신주를 사당에 모시겠다는 표현에서 성리학자 윤지당의 자제력을 찾아볼 수 있다.

재준이 남긴 아들 석모(錫謨, 1783-1851)는 윤지당이 세상을 떠날 때에 11세였는데, 그의 후손들이 현재 각지에 흩어져 살고 있다.

자신의 죽음을 준비하다

난설헌은 유약한 체질이어서 자신도 세상을 일찍 떠났지만, 자식들도 오래 살지 못했다. 딸과 아들이 어려서 죽었고, 뱃속의 자식마저 제대로 자라지 못했다. 그는 23세 되던 1585년 봄에 상을 당해 강릉 외삼촌 댁에서 묵게 되었다. 어느 날 꿈속에서 신선들이 사는 광상산에 올랐는데, 그 아름다운 곳에서의 신비로운 체험을 「몽유광상산시서(夢遊廣桑山詩序)」에서 이렇게 기록하였다.

을유년(1585) 봄에 나는 상을 당해 외삼촌 댁에 묵고 있었다. 하루는 꿈속에서 바다 가운데 있는 산에 올랐는데, 산이 온통 구슬과 옥으로 만들어졌다. 많은 봉우리들이 겹겹이 둘렸는데, 흰 구슬과 푸른 구슬이 반짝였다. 눈이 부셔서 똑바로 바라볼 수가 없었다.

무지개 같은 구름이 그 위에 서려 오색이 영롱했다. 구슬 같은 폭포 두어 줄기가 벼랑의 바윗돌 사이로 쏟아져 내렸다. 서로 부딪치면서 옥을 굴리는 소리가 났다.

그때 두 여인이 나타났다. 나이는 스물쯤 되어 보이고, 얼굴도 세상에 뛰어났다. 한 사람은 붉은 노을옷을 입었고, 한 사람은 푸른 무지개옷을 입었다. 손에는 금빛 호로병을 차고, 나막신을 신었다. 사뿐 사뿐 걸어와서, 나에게 읍하였다.

흐르는 시냇물을 따라 올라갔더니, 기이한 풀과 이상한 꽃이 여기저기 피어 있었다. 무어라 표현할 수가 없었다. 난새와 학과 공작과 물총새들이 좌우로 날면서 춤추었다. 온갖 향내가 나무 끝에서 풍겨나 향기로웠다.

드디어 꼭대기에 올라가 보니, 동쪽과 남쪽은 큰 바다와 하늘이 맞닿아 온통 파랬다. 그 위로 붉은 해가 솟아오르니, 해가 파도에 목욕하는 듯했다. 봉우리 위에는 큰 연못이 맑았고, 연꽃 빛도 파랬다. 그 잎사귀가 커다랬는데, 서리를 맞아 반쯤은 시들어 있었다. 두 여인이 말했다.

"여기는 광상산(廣桑山)입니다. 신선세계 십주(十洲) 가운데서도 가장 아름다운 곳이지요. 그대에게 신선의 인연이 있기 때문에, 감히 이곳까지 온 거랍니다. 한 번 시를 지어서 기록하지 않으시렵니까?"

나는 사양했지만, 받아들여지지 않았다. 그래서 곧 절구 한 수를 읊었다. 두 여인이 손뼉을 치며 크게 웃더니, "한 자 한 자가 모두 신선의 글입니다."라고 했다.

그때 갑자기 하늘로부터 한 떨기 붉은 구름이 내리 떨어져 봉우리에 걸렸다. 북을 둥둥 치는 소리에 그만 꿈이 깨었는데, 베개 맡에는 아직도 아지랑이 기운이 자욱했다. 이태백이 꿈속에 천모산(天姥山) 놀이를 읊은 시의 경지가 여기에 미칠는지. 그래서 이에 적는다.

남편도 없는 서울 시집살이에 시달렸던 난설헌은 고향 강릉에 돌아와서 동해 바닷가와 애일당, 반곡서원 일대를 거닐며 마치 선계에 올라온 것처럼 황홀한 시간을 보냈다. 강릉의 그러한 풍경들이 그대로 난설헌의 꿈에 들어와 서문과 시가 어우러진 그의 대표작 「몽유광상산시서(夢遊廣桑山詩序)」를 지었다.

서문에 이어지는 시는 이렇다.

> 푸른 바닷물이 구슬 바다에 넘나들고
> 파란 난새가 채색 난새와 어울렸구나.
> 부용꽃 스물일곱 송이 붉게 떨어지니
> 달빛 서리 위에서 차갑기만 해라.
> 碧海侵瑤海、青鸞倚彩鸞。
> 芙蓉三九朵、紅墮月霜寒。

그는 이곳에서 자신이 27세에 세상을 떠날 것이라고 예언하는 시까지 지었는데, 4년 뒤에 그 나이가 되자 과연 세상을 떠났다. 허균은 『난설헌집』의 마지막 작품인 이 글 끝에 "우리 누님은 기축년 봄에 세상을 떠났으니, 그때 나이 27세였다. 그래서 '삼구홍타(三九紅墮)'라는 말이 바로 증험되었다"고 주석을 붙였다. 구수훈은 『패림(稗林)』에 실린 「이순록(二旬錄)」에서 난설헌이 세상 떠나던 날 모습을 이렇게 기록하였다.

27세가 되자 아무런 병도 없었는데, 어느 날 갑자기 몸을 씻고 옷을 갈아입더니 집안사람들에게 이렇게 말했다. "올해가 바로 3,9의 수(27세)이니, 오늘 부용꽃이 서리에 맞아 붉게 떨어진다" 그리고는 유연이 세상을 떠났다. 이 시 전편이 문집에 들어 있다.

윤지당도 역시 세상을 떠나기 직전에 시를 지었다.

임종 때에 병세가 악화되자 주위 사람들에게 "내가 평소에는 시를 지어본 적이 없다. 지금 정신이 혼몽한 가운데 문득 3구절 시를 지었다."라고 말하였다. 그 내용이 무엇인지 묻자, "단지 슬픔만 더할 뿐이다. 들어서 무슨 이득이 되겠는가?" 하였다.
자부에게 "집안일을 바르게 단속하고, 남녀의 출입을 굳게 삼가도록 하라." 하고 당부하였다. 조금 뒤에 태연히 돌아가시니, 바로 계축년(1793) 5월 14일 오후이다.
- 『윤지당유고』 부록. 신광우 「언행록」 19조

그러나 평생 시를 짓지 않았던 그는 이 시를 끝내 남들에게 보이지 않았다. 정신이 혼몽한 가운데 지었다면 죽음을 예언한 글, 또는 후손들에게 당부하는 글이었을 텐데, "정신이 혼몽한 가운데" 지어 평소의 자기 글들과 달랐기 때문에 달라진 모습을 남들에게 보이지 않은 것이다. 며느리에게 "남녀의 출입을 굳게 삼가도록 하라"고 성리학자답게 당부한 다음 태연하게 세상을 떠났다.

난설헌은 도가(道家)답게 신비하고 황홀한 분위기에서 죽음을 예언했고, 윤지당은 유가(儒家)답게 집안일을 단속하며 당부했다. 그렇지만 죽음에 대해서는 두 사람 모두 달관했으니, 선계(仙界)에 깊이 들어가 노닐며 「유선사(遊仙詞)」 87수를 지었던 난설헌이나 성리학 세계에 침잠해 경의(經義) 34조를 지었던 윤지당이 깊은 경지에 이르러 통했음을 알 수 있다.

문집을 친정 동생이 만들다

조선시대 여성들은 한시나 한문을 별로 짓지 않았으며, 문집을 남길 정도로 많은 작품을 지은 여성은 열댓 명밖에 되지 않았다. 이 가운데 난설헌은 여성 최초의 문집을 남겼으며, 윤지당은 여성 유일의 성리학 저술을 남겼다.

그러나 이 두 여성은 자신의 문집 편찬에 대해 정반대의 생각을 가지고 있었다.

난설헌은 세상을 떠나면서 아우 허균에게 자신의 작품을 모두 불 태워 달라고 당부했다. 여성이 시를 짓는다는 사실 하나만으로도 그는 세상 사람들에게 이미 너무 많은 비난을 받았던 것이다. 허균이 지은 발문에 그러한 사실이 밝혀져 있다.

부인의 성은 허씨인데, 스스로 호를 난설헌이라 하였다. 균(筠)에게는 셋째 누님인데, 저작랑(著作郞) 김성립에게 시집갔다가 일찍 죽었다. 자녀가 없어서 평생 매우 많은 글을 지었지만, 유언에 따라 불태워 버렸다.

전하는 작품이 매우 적은데, 모두 균이 베껴서 적어 놓은 것이다. 그나마 세월이 오래 갈수록 더 없어질까 걱정되어, 이에 나무에 새겨 널리 전하는 바이다.

만력 기원 36년(1608) 4월 상순에 아우 허균 단보(端甫)는 피향당에서 쓰다.

유언에 따라 유작을 불태워 버리긴 했지만, 그대로 없어지는 것을 안타까워 한 아우 허균이 일부 베껴 놓은 것을 편집해서 목판에 새겨 간행했다. 이 문집이 국내는 물론 중국에까지 전해져 난설헌의 못다 이룬 꿈을 실현하였다.

윤지당은 자신의 문집 초고를 베껴 친정 아우에게 보냈다.

나는 어릴 때부터 성리학이 있는 것을 알았는데, 좀 자랐을 때부터 고기 맛이 입을 즐겁게 하듯이 학문을 좋아하여 그만두려 해도 그만둘 수가 없었다. 그래서 아녀자의 분수에 넘는 일임에도 불구하고 방책에 실린 것과 성현의 유훈을 마음을 다해 탐구하였다. 수십 년 지나자 조금 말할 만한 식견이 생겼다. 그러나 문자로 지으려고 하지는 않아, 마음에 간직해 두고 드러내지 않았다. 이제 말년에 이르러 죽을 날이 얼마 남지 않았으니, 하루아침에 갑자기 죽으면 풀이나 나무와 같이 썩어버릴 것이 걱정되었다. 그래서 집안일을 하다 틈이 날 때마다 붓을 들어 써 두었다. 어느새 커다란 두루마리가 되니 모두

40편이다. 첫머리 「송씨댁 부인」부터 「안자(顏子)의 즐거움을 논함」까지 8편은 젊을 때 지은 것이다. 「자로(子路)를 논함」 이하의 글들은 중년과 만년에 지은 것이다.

비록 식견이 천박하고 필력이 치졸해서 후세에 남길 만큼 투철한 말이나 오묘한 해석은 없지만, 내가 죽은 뒤에 장독이나 덮는 종이가 된다면 또한 슬플 것이다. 그래서 한 책자에 정서하여 아들 재준에게 주었다. 그러자 막내아우 치공(穉共 정주)이 재준에게 말하기를 "누님의 글을 없어지게 할 수 없으니, 내게 한 통을 (필사하여) 보내라" 하였다. 그래서 서조카 재승을 시켜 작은 책자에 다시 베껴 보낸다. 을사년(1785) 월 일에 쓰다.[68]

물론 이때 필사한 사람은 서조카 재승이었지만, 윤지당이 자신의 작품을 선정해서 미리 문집 초고를 써 두었기에 아우 정주의 부탁에 따라 다시 필사케 한 것이다.

윤지당의 문집 초고는 처음에 아들 재준에게 넘겨졌지만, 이 글을 쓴 지 2년 뒤에 재준은 세상을 떠났다. 그리고 6년 뒤에 윤지당마저 세상을 떠나자, 유고를 편찬하는 임무가 아우 정주에게 넘겨졌다.

아! 이 책은 우리 누님이신 신씨 부인(申氏婦)이 지은 것이다. 본래 40편이었지만 간추려서 30편으로 만들었다가, 5편을 추가로 넣어 모두 35편이 되었다. 작품이 많지 않아 일반적인 문집의 체제로 편차하기 어려웠다. 이 때문에 초년·중년·만년의 저작 순서대로 정리하였고, 그 중에서 중년과 만년의 편차하기 쉬운 것은 문장의 종류별로

---

68 『允摯堂遺稿』 하편, 「文草謄送溪上時短引」.

모았다. 저작 연도를 쓰지 않은 것은 상세히 알 수 없었기 때문이다. 또 집안에서 주고받은 편지를 넣지 않은 것은 모두 언문(諺文)으로 되어 있었기 때문이다. (…)

막내동생 정주가 또 쓴다.

『윤지당유고』는 윤지당의 친정동생 정주와 시동생 광우가 함께 발문을 써서 간행하였다.

문인이나 학자가 세상을 떠나면 후손이나 제자들이 유작을 널리 수집하여, 산정(刪定)과 편집의 절차를 걸쳐 간행하였다. 그 절차도 복잡하거니와 간행하는 비용도 만만치 않았기에, 아무리 작품이 뛰어나도 간행하지 못하고 초고로 남는 경우가 많았다. 그러나 난설헌과 윤지당은 자식이 없고 남편마저 일찍 세상을 떠나 문집이 간행되지 못할 수도 있었지만, 누님의 작품을 사랑하여 후세에 전하려고 애쓴 동생들이 있었기에 후세에 전해질 수 있었다.

문집을 간행할 때에는 이름난 문인에게 서문을 받아야 그 평가에 의해 널리 알려졌다. 허균은 명나라 문장가 주지번(朱之蕃)에게 소인(小引)을, 양유년(梁有年)에게 제사(題辭)를 받아 첫머리에 실었다. 그러나 『윤지당유고』에는 서문이 없다. 하편에 실린 윤지당의 글 「문집등송계상시단인(文草謄送溪上時短引)」이 서문 성격의 글이라고 할 수 있다. 발문은 두 책 모두 아우들이 써서 문집이 간행된 사연을 밝혔다.

조선시대 대표적인 두 여성 문인

난설헌과 윤지당은 너무 대조적인 여성 문인이다. 여성이 한문을 배우기 힘들었던 조선시대였지만, 누이의 재주를 사랑했던 오빠들에 의해 글을 배웠고, 동생들에 의해 그 글이 후세에 전해졌다.

그러나 집안 분위기가 전혀 달라, 난설헌은 동인(東人)의 대표적인 집안에서 문학적인 교육을 받으며 자라 시를 지었고, 윤지당은 서인(西人 老論)의 학자 집안에서 성리학적인 교육을 받으며 자라 경의(經義)과 논설을 주로 지었다.

난설헌이 시어머니와 사이가 별로 좋지 않고 봉건적인 사회와도 갈등을 겪었다면, 윤지당은 수양에 힘쓰며 생가와 친가의 두 시어머니에게 효성을 다하였다. 난설헌의 남매들은 일찍 세상을 떠나 서로 안타까워한데 비해, 윤지당의 남매들은 장수하며 단란하게 지냈다.

난설헌은 도가적인 시인이고, 윤지당은 유가적인 학자였다. 두 여성의 문집이 후세에 전해진 것은 친정 동생들 덕분이다. 허균은 『학산초담』에서 난설헌을 "참으로 하늘 선녀의 글재주를 가지고 있었다"고 칭찬했는데, 임정주는 「유사(遺事)」에서 "참으로 규중의 도학자요, 여인 가운데 군자라고 할 만하다"고 칭찬했다.

누님을 스승처럼 흠모했던 아우들이 있었기에 그들의 문집이 오늘에 와서 현대적인 조명을 받게 되었으니, 이야말로 이 두 여성 문인의 행운이라고 할 수 있다.

10

『난설헌집』 밖에서 발견된 시

난설헌이 세상을 떠나면서 자신의 작품을 모두 불태우라고 했기 때문에, 아우 허균이 뒷날 기억을 더듬어 편집한 『난설헌집』에 모든 작품이 실려 있는 것은 아니다. 여러 문헌에 난설헌의 이름으로 실린 작품이 많이 전하지만, 그 모든 작품을 아무런 검증 절차도 없이 모두 난설헌의 작품이라고 받아들일 수도 없다. 난설헌을 비난하기 위해 의도적으로 만들어진 작품도 있기 때문이다.

이러한 작품들 가운데 가장 확실한 작품은 허균 자신이 기록한 작품이며, 그 다음에는 허균 생전에 다른 사람들이 기록해 전하던 작품들이다. 난설헌이 살아 있던 시절에서 가까울수록 신빙성이 높다고 볼 수도 있다. 이러한 작품 가운데 믿을 만한 작품을 기록 시대순으로 정리해 보고자 한다.

1) 「어가오」

문집 밖에서 발견된 작품 가운데 가장 신빙할 만한 작품은 아우 허균의 기록에 실린 「어가오(漁家傲)」라는 사(詞)이다. 이 작품은 허균이

25세 되던 1593년 강릉 피난지에서 지은 『학산초담(鶴山樵談)』에 실려 있다.

누님이 일찍이 "사를 지으면 음률에 맞는다"고 스스로 말하면서 소령(小令) 짓기를 즐겨하기에, 나는 속으로 '누님이 남을 속인다'고 여겼다.

그러다가 『시여도보(詩餘圖譜)』를 보았더니 구절마다 옆에 권점이 붙었는데, 어떤 자는 전청(全淸) 또는 전탁(全濁)이고, 어떤 자는 반청(半淸) 또는 반탁(半濁)이라 하며 글자마다 음을 달았다. 시험 삼아 누님이 지은 사를 맞추어 보니 혹은 5자가 틀렸고, 혹은 3자가 틀렸으나 크게 어긋나거나 잘못된 것은 하나도 없었다. 그제야 걸출하고 고매한 천재가 굽혀서 나기를 힘썼기 때문에 공력을 작게 들이고서도 이처럼 성취하였음을 알게 되었다. 「어가오(漁家傲)」한 편은 모두 음률이 맞고, 다만 한 자만 맞지 않았다. 그 사는 이렇다.

"정원 동풍 ○○ 스산하고, 담머리 한 그루 배꽃이 희구나. 옥난간에 비스듬히 기대어 고향 생각하니, 돌아갈 수 없고 하늘 맞닿은 방초만 무성해라. 비단 휘장 깁 창에 적막감이 감돌고, 단장에 흐르는 두 줄기 눈물 붉은 가슴 적시네. 강북과 강남 안개 낀 나무 너머로. 정이 어찌 다할까, 산 높고 물 아득 소식 없구나."

'주(朱)'자는 마땅히 반탁자(半濁字)를 써야 하는 자리인데, '주(朱)'자는 전탁(全濁)이다. 재주가 소동파 같은 이도 굳이 음률을 다 맞추지 않았으니, 하물며 그보다 못한 사람들이랴?[69]

---

69 姊氏嘗自稱作詞則合律, 喜爲小令. 余意其誑人, 及見『詩餘圖譜』, 則句句之傍盡圈點, 以某字則全淸‧全濁, 某字則半淸‧半濁, 逐字註音. 試取所作符之, 則或有五字之誤, 或有三字之誤, 其大相舛謬者, 則無一焉. 乃知天才俊邁, 俯而就之, 故其用功約而成就

지금은 다 없어졌지만 허난설헌은 사(詞)를 좋아하여 많은 작품을 남겼으며, 특히 사(詞)의 기본 형식인 소령(小令)을 좋아했다. 난설헌이 사를 지으면 음률에 맞을 정도로 천부적인 조예를 발휘하자, 허균이 누이의 작품에 대해 의구심을 가지고 사보(詞譜) 작법을 정리한『시여도보(詩餘圖譜)』와 대조해 보았다.

　　국립중앙도서관에는 조선 후기에 초록한 장연(張綖)의 『시여도보』가 2부 소장되어 있다.[70] 조선시대에 장연의 『시여도보』가 유통된 점으로 보아 허균이 참조한 사보집은 장연의 『시여도보』일 가능성이 높다. 하지만 허균이 자신의 사 작품에서 장연의 『시여도보』에 수록되지 않은 사패를 활용한 점으로 보아 그렇지 않을 가능성도 배제할 수는 없다.

　　장연의 『시여도보』는 전 3권이다. 권1에는 소령(小令), 권2에는 중조(中調), 권3에는 대조(大調)로 분류되어 있다.

　　각 사조는 앞쪽에 사조 형식을 기술하고, 뒤쪽에 사조의 준칙을 대표하는 작품을 수록해 놓았다. 사조 형식의 기술 방식을 보면 먼저 "전(후)단 몇 구, 몇 운, 몇 자"라고 기술한 다음 해당 사조의 음률 표시〔全靑은 ○, 全濁은 ●, 半靑은 ◐, 半濁은 ◑〕와 매 구절의 글자 수, 협운 표시를 기술해 놓았다.

　　허균은 『시여도보』를 가지고 허난설헌 사 작품을 대조해보니 3자나 5자가 틀리지만 음률에 크게 어긋난 작품이 없다는 사실을 알았다. 그 실례로 허난설헌이 지은 「어가오」 1수를 들었다. 이 작품을 장연의 『시

如此. 其「漁家傲」一篇, 總合音律, 而一字不合. 詞曰: "庭院東風□惻惻, 墻頭一樹梨花白. 斜倚玉欄思故國, 歸不得, 連天芳草萋萋色. 羅幙綺牕局寂寞, 雙行粉淚霑朱臆. 江北江南烟樹隔, 情何極, 山長水遠無消息." '朱'字當用半濁字, 而'朱'字則全濁. 才如蘇長公者亦强不中律, 況其下者乎?

70　이하 박현규의 논문 「許筠 詞 硏究」(『韓國漢文學硏究』 31, 2005)에서 난설헌 관련 부분을 요약 인용하였다.

여도보』 중 「어가오」 사보에 맞추어보면 다음과 같다.

『시여도보』 「어가오」 사보	허난설헌 「어가오」 전단	허난설헌 「어가오」 후단
◖●●○○●●	庭院東風□惻惻	羅幃綺牕局寂寞
◖○●●○○●	墻頭一樹梨花白	雙行粉淚霑朱臆
◖●●○○●●	斜倚玉欄思故國	江北江南烟樹隔
○●●	歸不得	情何極
◖○●●○○●	連天芳草萋萋色	山長水遠無消息

장연의 『시여도보』 중조(中調)에 「어가오(漁家傲)」가 들어가 있다. 전단(前段)은 5구 5운이고, 자수는 31자이며, 후단(後段)은 전단과 동일하다. 총 자수는 62자이다. 이에 비해 『학산초담』에 실린 허난설헌의 「어가오」는 총 61자이다.

상기 도표에서 보듯이 허난설헌 「어가오」의 전단 제1구는 6자만 기술되어 있어 「어가오」 후단 제1구의 7자에 비해 한 글자가 적고, 『시여도보』 「어가오」 사보에 비해서도 한 글자가 적은 점을 발견할 수 있다. 평측과 내용으로 보아 '동풍(東風)' 뒤에 한 글자가 빠진 것으로 추정된다.

위의 도표를 보면, 허난설헌이 사(詞)에도 뛰어난 작가였다는 사실이 정확하게 입증되었다.

2) 『쇄미록』에 실린 시 5수

『쇄미록(瑣尾錄)』은 오희문(吳希文)의 일기이다. 오희문이 1591년부터 1601년까지 난을 피해 다니면서 겪었던 임진왜란 중의 사실을 7권

분량으로 기록한 것이다.[71]

이 가운데 「갑오일기」의 잡록편에는 격문이나 통문, 편지글 등과 더불어 여덟 명의 시 18제 24수[72]가 기재되어 있다. 이 가운데 허난설헌의 시가 8제 11수로 가장 많이 실려 있다. 11수 중 6수는 『난설헌집』에도 실려 있는 것으로 글자 한두 자가 약간 다를 뿐 전체적으로는 같다.

「규원(閨怨)」은 같은 제목으로 되어 있고, 「문중씨적갑산(聞仲氏謫甲山)」은 『난설헌집』에 「송하곡적갑산(送荷谷謫甲山)」이라고 되어 있는데, 허봉(許篈)이 갑산으로 귀양 갈 때 지은 시를 나타내는 같은 의미의 제목이다. 또, 「차중씨함관기운(次仲氏咸關寄韻)」은 『난설헌집』에 「차중씨고원망고대운(次仲氏高原望高臺韻)」으로 되어 있는데, 고원(高原)은 함경도의 지명으로 함관(咸關)과 같은 지역을 나타내므로 역시 같은 제목으로 볼 수 있으며, 「등하(燈下)」 역시 「야좌(夜坐)」와 같은 상황을 나타내므로 의미상 같은 제목이라 볼 수 있다.

다만 『난설헌집』과 비교하여 제목이 아주 다른 시는 「기단보독서산방(寄端甫讀書山房)」으로 허균에게 보낸 것으로 되어 있으나 『난설헌집』에는 「차중씨견성암운(次仲氏見星庵韻)」으로 오빠인 허봉의 시를 차운한 것으로 되어 있다. 문집이 간행되기 이전이므로, 유통과정에서 제목에 몇 글자 출입이 있었던 것이다. 이 시는 오빠 허봉의 시에 차운하여 동생 허균에게 지어 보낸 시라고 볼 수 있다.

그 외에 『난설헌집』에 보이지 않으나 다른 문헌에 보이는 작품으로

---

71 구지현, 「『쇄미록』에서 발견된 허난설헌의 시에 대하여」, 『열상고전연구』 14, 2001, 183쪽. 이하 이 논문을 요약하여 정리한다.

72 차례대로 기술해 보면, 풍중영(馮仲纓) 3수, 유정(劉綎) 1수, 전인(前人) 1수, 임전(任錪) 1수, 이덕형(李德馨) 1수, 송익필(宋翼弼) 1제 2수, 최경창(崔慶昌) 2제 4수, 허난설헌 8제 11수이다.

는 「규원(閨怨)」의 두 번째 수가 있다. 『쇄미록』에 실린 작품들을 『난설
헌집』과 비교하면 다음과 같이 차이가 난다.[73]

瑣尾錄	蘭雪軒集	기타
錦帶羅裙積淚痕 一年芳草怨王孫 瑤箏彈罷江南曲 雨打梨花晝掩門 「閨怨 1」	錦帶羅裙積淚痕 一年芳草恨王孫 瑤箏彈盡江南曲 雨打梨花晝掩門 「閨怨 1」	
燕掠斜簷兩兩飛 落花撩亂撲羅衣 洞房無限傷春意 草綠江南人未歸 「閨怨 2」		「閨情」(『明詩綜』) 「寄夫江舍讀書」 (『芝峰類說』) 등
秋心一倍作沉痾 芳草連天別恨多 咏罷綠衣還自惜 肯將憂樂橫天和 「次仲氏寄慰之作」		
金刀剪下機中素 縫就寒衣手屢呵 斜拔玉釵燈影畔 剔開紅焰救飛蛾 「燈下」	金刀剪出篋中羅 縫就寒衣手屢呵 斜拔玉釵燈影畔 剔開紅焰救飛蛾 「夜坐」	
病裡除書下九天 一官迢遞瘴雲邊 漢文不是懷王比 何事湘江謫少年 「聞仲氏謫宰會山 1」		

---

73 이 표는 구지현의 논문에서 그대로 인용하였다.

瑣尾錄	蘭雪軒集	기타
專城猶可養偏親 別淚休揮去國晨 從此玉堂無藥石 夜中前席更何人 「聞仲氏謫宰會山 2」		
雲生高頂濕芙蓉 琪樹丹崖露氣濃 板閣梵殘僧入定 講堂齋罷鶴歸松 蘿縈古壁啼山鬼 霧鎭秋潭臥燭龍 向夜香燈明石榻 東林月黑有疎鍾 「寄端甫讀書山房」	雲生高嶂濕芙蓉 琪樹丹崖露氣濃 板閣梵殘僧入定 講堂齋罷鶴歸松 蘿懸古壁啼山鬼 霧鎖秋潭臥燭龍 向夜香燈明石榻 東林月黑有疎鍾 「次仲氏見星庵韻 1」	
層臺一桂壓嵯峨 西北浮雲接塞多 鐵峽伯圖龍已去 穆陵秋色鷹初過 山連大陸蟠三郡 水割平原納九河 萬里登臨日將暮 醉憑長劍獨悲歌 「次仲氏咸關寄韻 1」	層臺一桂壓嵯峨 西北浮雲接塞多 鐵峽霸圖龍已去 穆陵秋色鴈初過 山回大陸吞三郡 水割平原納九河 萬里登臨日將暮 醉憑長劍獨悲歌 「次仲氏高原望高臺韻 1」	
巃嵷危棧切雲霄 峰勢侵天揷漢標 山脈北臨三水絶 地形西壓九河遙 烟塵晚捲孤城出 苜蓿秋肥萬馬驕 東望戍樓鼕鼓急 塞垣何日虜氛消 「次仲氏咸關寄韻 2」	巃嵷危棧切雲霄 峰勢侵天揷漢標 山脈北臨三水絶 地形西壓九河遙 烟塵晚捲孤城出 苜蓿秋肥萬馬驕 東望戍樓鼕鼓急 塞垣何日虜氛消 「次仲氏高原望高臺韻 2」	

瑣尾錄	蘭雪軒集	기타
新月吐東林 磬聲山殿陰 高風初落葉 多雨未歸心 海岳幽期遠 江湖酒病深 咸關歸鴈少 何處得回音 「端甫隷業山寺有寄」		
遠謫甲山客 咸關行色忙 臣同賈太傅 主豈楚懷王 河水平秋岸 關門欲夕陽 霜風吹鴈去 中斷不成行 「聞仲氏謫甲山」	遠謫甲山客 咸原行色忙 臣同賈太傅 主豈楚懷王 河水平秋岸 關門欲夕陽 霜風吹鴈去 中斷不成行 「送荷谷謫甲山」	

이 가운데 『난설헌집』에서 발견되지 않은 시는 「규원(閨怨)2」, 「차중씨기위지작(次仲氏寄慰之作)」, 「문중씨적재회산(聞仲氏謫宰會山)」 2수, 「단보예업산사유기(端甫隷業山寺有寄)」 등 모두 4제 5수이다.

1589년 허난설헌이 죽은 후 1590년에 허균이 『난설헌집』을 정리하여 몇 부의 필사본을 아는 사람에게 돌렸다. 이것은 유성룡의 발문과 허균의 편지를 통해 확인할 수 있다. 그러나 곧 임진왜란이 일어나, 이 초고는 잃어버렸다. 『난설헌집』을 목판본으로 간행했던 것은 1608년 허균이 공주목사로 가 있을 때이다.

난설헌의 시들이 실린 『쇄미록』의 「갑오일기」는 1594년의 기록으로, 오희문은 당시 충청도 임천에 왜란을 피해 있었다. 이 시기는 허난설헌은 이미 죽은 후였고, 허균은 문과에 급제한 후 승문원에서 벼슬을 하고 있었다. 오희문의 집안과 허균의 집안은 아무런 친인척 관계가 없으며, 개인적 교분도 없었던 것으로 보인다. 따라서 『쇄미록』의 성격상 여기에 실린 시들은 허균에게 『난설헌집』 초고를 받았다기보다, 당시 유전하던 시문들을 오희문이 보거나 듣고서 기록한 것으로 볼 수밖에 없다.

『쇄미록』의 「갑오일기」는 허난설헌이 죽은 지 5년밖에 되지 않은 때이고, 「문중씨적갑산(聞仲氏謫甲山)」이라는 제목을 보면 허봉이 갑산으로 유배되었던 1583년으로부터 11년밖에 되지 않았을 때이다. 시간상의 거리를 따져본다면 다른 사람의 작품이 허난설헌의 작품으로 기록될 가능성은 매우 희박하다. 또 11수의 작품 중 6수가 『난설헌집』에 수록되어 있고, 1수는 이미 다른 여러 문헌에 그의 작품으로 언급되었으므로 난설헌의 작품임을 의심할 수 없다.

나머지 제목을 살펴보면, 「단보예업산사유기(端甫隸業山寺有寄)」에는 허균의 자가 언급되었고, 「문중씨적재회산(聞仲氏謫宰會山)」[74]은 허봉이 창원부사로 좌천되자마자 다시 갑산으로 유배당하였던 일과 연관이 있는 것으로 보이므로, 허난설헌의 작품이 확실하다. 다른 사람이 이런 시를 쓸 수 없거니와, 쓸 필요도 없다.

난설헌의 시에 표절 시비가 생긴 것은 그가 세상을 떠나면서 자신의 시를 다 불태우라고 유언했기 때문이다. 그 뒤에 허균의 기억에서 재구성되어 나온 시에 오류가 있을 가능성이 있다. 이에 비하면 이 시들이 기재된 『쇄미록』은 시기적으로 난설헌의 때와 거의 비슷한 시기에 기

---

74 창원(昌原)이라는 지명은 조선 태종 때 지어진 이름으로, 의창(義昌)과 회원(會原)을 병합한 것이라고 한다.(민긍기, 『昌原都護府圈域 地名硏究』(경인문화사, 2000), 13쪽 참조. 제목의 회산(會山)은 회원(會原), 즉 창원을 가리키는 것으로 생각된다.

록되었으므로, 이 일기에 실린 시들이 와전될 가능성이 비교적 적다.

또『쇄미록』전체를 통해 보이는 작가의 꼼꼼하고 치밀한 기록 습관을 미루어 보아, 기재된 시들 역시 매우 믿을 만하다. 그러므로 이 기록은 허난설헌의 시가 문헌상 기록된 가장 앞선 자료라 할 수 있다.

『쇄미록』에 허난설헌의 작품으로 기재된 시들을 내용적으로 보면, 전기적 사실이『난설헌집』의 다른 작품들과 일치하고, 표현 수법이나 주제적인 면 역시 궤를 같이 한다. 더구나, 이 작품들은 표절시비에 오르내리는 악부체(樂府體) 시가 아니라, 난설헌 주변의 인물들에게 준 시로 자신의 실제 생활과 감정을 읊은 것들이다. 따라서 난설헌 시의 참모습을 보여주는 매우 중요한 작품이라고 할 수 있다.

허난설헌은 살아 있을 때부터 이미 시재(詩才)가 세상에 드러났으므로, 그의 시가 세상 사람들에 의해 읊어졌을 것이 분명하다.『쇄미록』의 난설헌 시가 그 좋은 증거이다.『쇄미록』의 기록은 허난설헌과 같은 시대이다. 이 기록은 허난설헌의 시가 문자로 간행되어 국내에 알려지기 전에, 또 오명제에 의해 중국으로 소개되기 전에 이미 세간에 널리 알려졌음을 알려주는 중요한 증거이며, 가장 시대가 앞선 허난설헌의 작품 형태를 볼 수 있는 자료라 하겠다.

이수광의『지봉유설』에 실린 시「채련곡(採蓮曲)」과「기부강사독서(寄夫江舍讀書)」도 난설헌이 지은 시가 분명한데, 앞에서 이미 설명되었으므로 부연 설명하지 않는다.『난설헌집』에 실리지 않은 난설헌의 시는 앞으로도 꾸준히 수집하고 고증하여『난설헌전집』을 편찬할 필요가 있다.

---

* 이 글에서는 국내 문헌에 전하는 난설헌의 새로운 시만 소개하였다.『난설헌집』에 실리지 않고 중국 기록에만 보이는 시들은 다른 장에서 소개하기로 한다. 난설헌을 비난하기 위해 후대에 만들어진 작품들도 소개하지 않는다.

제4장

후대 독자들에게 사랑받은 난설헌

11

한국·중국·일본에서
모두 출판한 유일한 시집

난설헌은 우리나라에서 최초로 문집이 간행된 여성 시인일 뿐만 아니라, 한문학의 본토인 중국이나 일본에서까지 시집이 간행된 유일한 시인이다.

양반 사대부들이 평생 한자와 한문을 배워 과거시험에 응시하고 한문으로 모든 생활을 영위했지만, 자기 시집을 중국에서 출판하려고 애쓴 시인이 없었다. 한문학의 본토인 중국에서 시집을 출판하려고 처음 시도한 사람이 바로 허균이었고, 그가 자신 있게 편집해서 중국으로 보낸 시집이 바로 『난설헌집』이었다.

허균은 그 뒤에 자신의 시도 조천사(朝天使) 편에 북경에 보내어, 당대 최고의 문장가인 이정기(李廷機)의 서문을 받아, 자신이 세상을 떠나기 전에 『성소부부고』 편집을 미리 해놓았다.

조선시대에는 한자를 공식적으로 사용했으므로, 사대부들은 대부분 모두 한시를 능숙하게 지었다. 한자는 동아시아 3국의 공통문자였으므로, 잘 쓴 글들은 중국이나 조선, 일본, 어디에서도 읽히고 인쇄되었다.

그러나 실제로는 중국의 책이 조선이나 일본에 수출되고, 인쇄되었으며, 읽힌 것이지, 조선이나 일본의 책이 중국에 수입되거나 인쇄된 것은 아니다. 우리나라 책 가운데 동아시아 3국에서 모두 인쇄되어 널리 읽힌 책은 몇 권 되지 않으며, 그 가운데 하나가 바로 난설헌 시집이다. 그렇게 된 배경에 바로 아우 허균이 있었다.

허균은 누이의 작품을 적극적으로 모아 편집하고, 인쇄했다. 문집을 상업적으로 팔지 않던 시대였으므로, 자기 비용을 들여 편집하고 인쇄하는 목적은 그 작품들을 많은 사람들에게 읽히고 그 시인의 존재를 알리기 위해서였다.

허균은 1608년 공주에서 『난설헌집』을 간행하기 전에도 몇 차례 누이의 문집을 편집하고, 중국으로 보내 널리 소개하였다.

1589년 3월 19일에 난설헌이 세상을 떠나자, 그가 남긴 작품들은 유언에 따라 모두 불태워 없어졌다. 허균은 친정에 흩어져 있던 시와 자기가 외고 있던 시들을 1년 남짓 모아서 『난설헌집』을 엮었다. 이 시들은 목판본으로 간행되기 전부터 국내에 널리 퍼져, 오희문은 임진왜란 피난길에서도 난설헌의 시를 보고 일기장 한구석에 베껴 두었다.

정유재란이 일어나자 1598년 봄에 명나라 원군이 들어왔는데, 허균이 종군문인 오명제(吳明濟)에게 난설헌의 시 200여 편을 외어 주었다. 오명제는 허균에게 조선 한시 자료를 얻기 위해, 진지를 떠나 허균의 집에 들어와 살았다.

난설헌의 시 200여 편은 오명제를 통해 중국으로 들어갔으며, 오명제는 허균과 함께 1599년에 『조선시선』을 편집하고, 곧 목판본으로 간행하였다.[75] 이 시선집을 통해 난설헌의 시가 중국에 퍼지기 시작했다.

1606년에 명나라 사신 주지번이 들어왔는데, 그는 장원급제할 정도로 문장이 뛰어난 학자였다. 허균은 난설헌의 시를 중국 본토의 문장대가에게 평가받기 위해 활자본 『난설헌집』을 임시로 간행하여 주지번에

---

75 허경진, 「『조선시선』이 편집되고 조선에 소개된 과정」, 『아세아문화연구』 6, 2002.

게 주었으며, 크게 칭찬받았다. 이때까지는 『난설헌집』을 일일이 필사해서 나눠 주었는데, 주지번이 칭찬한 뒤부터 수요가 밀리자 1608년 4월 공주에서 목판본으로 간행하였다.

그 뒤에도 중국에서 사신이 올 때마다 『난설헌집』을 달라고 하였으며, 중국에 전해진 난설헌의 문집은 그곳에서도 여러 차례, 여러 형태, 여러 제목으로 간행되었다.

중국에서 간행된 난설헌의 시집

허균이 1600년 오명제에게 『조선시선』을 편집해주고, 또 1606년 명나라 사신 주지번을 통해 중국으로 보낸 난설헌의 시집은 중국에서 두 차례 시집으로 간행되었다.

난설헌의 시가 뛰어났기 때문에 문인이나 출판업자들이 자금을 마련해 간행하고 판매하였다. 중국에는 오래 전부터 여성문학의 전통이 이어져 왔기 때문에, 조선처럼 난설헌이 여성이라는 점이 출판에 장애가 되지는 않았다.

『전당시(全唐詩)』에 실린 여성 시인이 109명이었는데, 청나라 때에 편찬된 『열조시집(列朝詩集)』에는 여성 시인 123명이 실렸다. 그만큼 여성 독자도 또한 많았으며, 그의 시를 칭찬하여 비평을 쓰거나 소전(小傳)을 짓는 여성 문인들도 있었다.

여성 시집이 이렇게 많이 간행되는 시대 조류 속에 난설헌의 시가 58수나 실려 있는 오명제의 『조선시선(朝鮮詩選)』이 중국에서 간행되고, 주지번(朱之蕃)의 소인(小引)과 양유년(梁有秊)의 제사(題辭)가 실린 조선본 『난설헌집』이 전해지자 빠른 시일 내에 수많은 독자를 얻었다. 그랬기에 다양한 형태로 간행될 수 있었다. 오명제가 간행한『조선 시선』을 통해, 조선보다 중국에서 먼저 난설헌의 시가 널리 알려지기 시작한 것이다.

첫 번째 난설헌 시집은 심무비(沈無非)가 편집한『경번집(景樊集)』이 다. 만력간본『긍사(亘史)』편수에 반지항이 1608년 봄에 지은「조선혜 녀허경번시집서(朝鮮慧女許景樊詩集序)」가 실렸다.

> 반지항이 말한다. 옛날 심호신(沈虎臣)의 누이동생이 일찍이『경 번집』1권을 간행했는데, 내가 이를 읽어보고 경계했다. "어찌하여 성조(聲調)가 이장길(李長吉, 李賀)과 비슷한가?"

이 서문을 보면 반지항이 난설헌의 시에 관심을 가지고 문집을 간행 하게 된 까닭은 심호신의 누이동생 심무비(沈無非)가 간행한『경번집』 을 보았기 때문이다. 이 판본은 아직까지 실물을 확인한 학자가 없지 만, 청나라 왕사록(王士祿)이 지은『연지집(燃脂集)』에 심무비의 서문 이 인용되어 있다.

> 이 책은 기자의 나라(조선)의 사대부 여성 경번(景樊) 허난설헌의 시 약간 수를 편찬한 것이다. 사람들이 경탄해 소리칠 만큼 수려하니, 여성의 지분기(脂粉氣)가 없다. 옛날 강선(絳仙)이 배고픔을 치료한 다고 하니 어쩌면 그 무리인가? 간혹 고인을 표절한 것이 있으니 예 를 들면 '빙옥주비(氷屋朱扉)' 한 두 말이다. 그러나 빼어난 곳은 화 사(畵師 王維)의 후신이라고 해도 지나치지 않다. 세상 사람은 구자 왕(龜玆王)이 소위 나귀로 바꾸었다고 말하지 말라. 심무비가 밀운 (密雲)의 심심재(沈沈齋)에서 적다.[76]

심무비는 난설헌의 시를 칭찬하면서도, 일부 표절한 부분이 있다고 밝혔다. 그러나 심무비가 강조한 점은 "(표절 의혹이 있지만) 빼어난 곳은 왕유(王維)의 후신이라고 해도 지나치지 않다"는 사실이다.

표절한 시라고 판단되면 당연히 출판하지 않거나, 최소한 표절이라고 확인된 시는 삭제하였을 것이다. 제작비를 들여서 간행한 책이 표절시비에 휩쓸려 독자들에게 버림받는 것을 아무도 원하지 않기 때문이다. 허균이 1608년 공주에서 『난설헌집』을 간행하기 전에, 북경에서 이미 어떤 형태의 『난설헌집』이 간행되었다.

현재 중국에 실물이 남아 있는 난설헌의 시집은 『취사원창(聚沙元倡)』이다. 주이준(朱彝尊)이 『정지거시화(靜志居詩話)』에서 여성시집 『긍사(亙史)』의 존재를 말한 바 있었지만, 『취사원창(聚沙元倡)』은 중국 학계에서도 『역대부녀저작고(歷代婦女著作考)』에서 책명만 기술되고 이미 유실된 책이라고 소개되었다.[77] 그러나 이 책이 1999년에 중국 학자 정지량(鄭志良)과 김영숙(金英淑), 한국 학자 박현규에 의해 각기 발견되며 그 모습이 드러났다.

『긍사(亙史)』는 반지항(潘之恒, 1556-1622)이 말년에 간행했는데, 만력간본과 천계간본 두 종이 있다.[78]

허난설헌의 문집인 『취사원창』은 만력간본 『긍사초(亙史鈔)』 가운데 외편(外篇) 권3 「선려(仙侶)」에 수록되었고, 천계간본 『긍사』에는 외기(外紀) 권2 「방부(方部)」에 수록되었다. 편장 위치는 서로 다르지만, 실린 내용은 완전히 일치한다.

76 박현규, 「許蘭雪軒의 또 하나의 중국 간행본 『취사원창(聚沙元倡)』」, 『한국한문학연구』 26, 2000, 93쪽에서 재인용하면서 번역을 고쳤음.
77 같은 글, 88쪽.
78 아래는 위의 논문에서 간추려 인용한다.

만력간본 서문에서 반지항은 "구장유는 마성(麻城) 사람이고, 황상진은 해양(海陽) 사람인데, 모두 박식하고 고아한 군자이다. 그래서 이 문집을 전하기로 계획하였다."고 하였다.

서문에서 말한 구장유는 구탄(丘坦)인데, 1602년에 황태자 책립을 알리러 조선에 왔던 사신 고천준(顧天峻)의 종사관이었다. 허균이 조선 측 원접사 이호민(李好閔)의 종사관으로 그를 만났으므로, 자연스럽게 허난설헌의 시집을 받은 듯하다.

『취사원창』에는 오언고시 14수, 칠언고시 11수, 오언율시 6수, 칠언율시 14수, 오언절구 20수, 칠언절구 103수와 산문 1편이 실렸다. 총 168수의 시와 1편의 산문이 실렸으니, 조선 간행본 『난설헌집』보다 40여 수 적긴 하지만 대부분 실린 셈이다.

반지항이 1608년 봄에 서문을 쓰고 허균은 조선 공주에서 여름에 발문을 썼으니, 『난설헌집』이 조선보다 중국에서 먼저 편찬되었음이 이 시집의 실물로 확인되었다. 더구나 국내 간행본에 실리지 않은 작품도 몇 편 실려 있어, 자료적인 가치가 매우 크다.

박현규 교수는 중국 시선집에 공통적으로 실린 시 「상현요(湘絃謠)」를 대조해본 결과, 『취사원창』에 실린 시가 오명제의 『조선시선』과 거의 일치하고 있음을 밝혀냈다. 오명제의 『조선시선』을 기본으로 하면서도 그보다 더 많이 실린 것은 결국 주지번이 전해온 『난설헌집』에서 다른 시들을 편집했다는 증거이기도 하다.

『취사원창』에는 칠언고시 「취수제혼(翠袖啼痕)」, 칠언율시 「송백씨허봉조천(送伯氏許篈朝天)」, 칠언절구 「유선곡(遊仙曲)」 제9수, 제43수, 「문적(聞笛)」 등 5수가 허균이 편집한 조선간행본 『난설헌집』보다 더 실렸다.

남용익(南龍翼, 1628-1692)은 『시화총림』에 실린 「호곡시화(壺谷詩

話)」에서 "내가 홍문관에서 『긍사(亘史)』라는 중국책 한 권을 보았는데, 끝부분에 『난설헌집』을 모두 싣고 적선(謫仙)에까지 비교했다"고 하였다. 『긍사(亘史)』의 비평가가 난설헌의 시를 '당나라 시인 이백(李白)의 시와 비슷하다'고 평했다는 것이다.

중국에서 『긍사』가 나온 지 얼마 안된 시기에 벌써 조선 사신이 구입해 와서 궁중 도서관 홍문관(弘文館)에까지 소장된 사실을 알 수 있는데, '홍문관(弘文館)' 인기(印記)가 찍힌 '규중(奎中) 3759' 소장본이 바로 남용익이 이때 보았던 책이 아닌가 생각된다.

종군문인들에 의해서 편집된 『조선시선』에 실린 난설헌의 시

임진왜란에 참전했던 명나라 문인 오명제(吳明濟)가 1598년에 『조선시선』을 편집했는데, 상·하 7권 2책 목판본으로 1600년에 간행되었다. 정유재란이 일어나자 오명제는 병부급사중(兵部給事中) 서중소(徐中素)를 따라 조선에 들어왔다가 조선의 한시를 수집하기 시작했는데, 자신이 지은 서(序)에 의하면 "허균이 (삼형제 가운데) 가장 영민해서 (시를) 한번 보면 잊지 않아, 동방의 시를 수백 편이나 외워 주었다"고 한다.

그는 당시 병조좌랑이던 허균의 집에 머물면서 허균이 외워준 시를 바탕으로 『조선시선』을 편집했으므로, 쉽게 기억나는 가족들의 시를 많이 전해 주었다. 허난설헌의 시가 58수, 허균의 시가 15수나 실렸다. 전체적으로는 신라의 최치원을 비롯하여 112명의 시 340수가 실려 있다.

편집이 마무리되자 오명제는 조선에 함께 왔던 가유약(賈維鑰)·한초명(韓初命)·왕세종(汪世鍾)에게 교열을 부탁하였다. 이 책은 곧 판각에 들어갔는데, 한초명이 지은 「각조선시선서(刻朝鮮詩選序)」는 양경우(梁慶遇)

의 글씨로 맨앞에 실렸고, 오명제 자신이 이덕형의 방에서 지은 서(序)가 그 다음에 실렸으며, 본문 뒤에 허균이 지은 후서(後序)가 실려 있다.

중국으로 돌아가는 오명제에게 허균이 지어준 시 「송送오吳참叅군軍즈子어魚대大형兄환還텬天됴朝」는 한자 앞에다 정음(正音)을 쓴 한 시여서 중국에 정음(한글)의 존재를 알리기도 했는데, 이 시는 그뒤 다른 시선집에도 그대로 정음과 함께 실렸다. 이 책이 나오자 명말(明末) 청초(淸初)에 여러 종류의 조선시선이 간행되었는데, 특히 전겸익(錢謙益)의 『열조시집(列朝詩集)』 조선편에 많은 영향을 주었다. 전겸익이 조선에 가보지 않고 편집했으므로, 최초의 조선시선집인 이 책을 주로 참고했던 것이다.

그 동안 오명제가 편집한 『조선시선』 원본이 확인되지 않아서 『열조시집』을 비롯한 2차 자료를 가지고 연구했으며, 필자도 박사논문 『허균시연구』를 집필할 때에 『성소부부고』에는 없고 『열조시집』에만 실린 시 10편과 허균의 「조선시선 후서」를 찾아냈지만,[79] 『열조시집』 소재 조선 시의 출전인 『조선시선』 실물은 확인할 수 없었다.

1998년 중국 북경도서관에 소장된 원각본이 발견되었다. 상책 45장, 하책 50장, 합계 95장본인데, "조선 선조 33년(명 만력 28년) 각본 2책"이라고 등록되었으며, 책갑의 제첨에 "명고려간본(明高麗刊本)"이라고 쓰여 있어서 명나라 시대 조선에서 간행된 책임을 밝혔다.[80]

112명 가운데 가장 많이 실린 시인은 허난설헌이다. 칠언절구 「유선곡(遊仙曲)」 한 편만 하더라도 제목 밑에 "(유선곡은) 모두 200수인데, 필사한 원고 81수를 얻었다"고 하였다. 그러나 실제로는 14수를 실었

---

79 허경진, 『허균시연구』, 평민사, 1984, 17-18쪽.

80 허경진, 「조선시선」, 『한국민족문화대백과사전』.

다. 이 책의 목차는 따로 없는데, 권별로 실린 작품의 제목과 숫자는 다음과 같다.

- 오언고시 「감우(感遇)」 3수(許妹氏라는 이름이 따로 없이 허균 작품에 이어져 있지만, 이 시부터 난설헌의 시이다.), 「기백씨봉(寄伯氏篝)」, 「막수악(莫愁樂)」, 「빈녀음(貧女吟)」, 「축성원(築城怨)」 이상 7수.
- 칠언고체 「망선요(望仙謠)」, 「상현곡(湘絃曲)」, 「사시가(四時歌)」 4수, 이상 6수.
- 오언율시 「기녀반(寄女伴)」, 「송형성적갑산(送兄筬謫甲山)」, 「효이의산(效李義山)」 2수, 이상 4수.
- 칠언율시 「차백씨망고대(次伯氏望高臺)」, 「새상차백씨(塞上次伯氏)」, 「증성암녀관(贈星庵女冠)」, 「숙자수궁증녀관(宿慈壽宮贈女冠)」, 「송궁인입도(送宮人入道)」, 「차손내한북리운(次孫內翰北里韻)」. 이상 6수.
- 오언절구 「효최국보(效崔國輔)」 3수, 「강남곡(江南曲)」 2수, 「잡시(雜詩)」 3수, 이상 8수.
- 칠언절구 「유선곡(遊仙曲)」 14수, 「새상곡(塞上曲)」 5수, 「궁사(宮詞)」 4수, 「죽지사(竹枝詞)」, 「양류지사(楊柳枝詞)」 3수, 이상 27수.

모두 58수가 실렸는데, 제목이 잘못 기록된 작품이 몇 편 있지만, 모두 난설헌의 작품임에는 틀림없다. 삼국시대부터 선조시대까지 112명 340수를 뽑은 가운데 난설헌 한 사람의 시를 58수나 실었으니, 그가 난설헌의 시를 얼마나 높이 평가했는지 알 수 있다. 이 책을 통해서 난설헌의 시가 중국에 널리 퍼지기 시작했으며, 이후에 간행된 시선집들은 대부분 이 책을 참고하였다.

　오명제와 비슷한 시기에 조선에 파견되었던 남방위(藍芳威)도『조선고시(朝鮮古詩)』와『조선시선전집』을 간행하였다. 명나라 장수 남방위(藍芳威)는 명나라 제독 유정(劉綎) 소속의 유격장군으로 조선에 들어왔는데, 조선 조정에서 유격장군 이상에게 접반사(接伴使)를 붙여 주었으므로 이들의 도움을 받아 조선의 대표적인 시들을 골라 시선집을 편찬하였다.

　중국 북경대학 도서관에 남방위가 편찬한『조선고시(朝鮮古詩)』청초본(淸抄本)이 소장되었는데, 박현규 교수의 조사에 의하면 9행 20자 56쪽 1책이다.[81] 축세록(祝世祿)·오지과(吳知過)·한초명(韓初命)의 교열을 거쳤는데, 한초명은 오명제의『조선시선』교열에도 관여한 문인이다.

　허균의 시「강천효사(江天曉思)」와「탄별리(嘆別離)」사이에 한 장이 떨어져나가 정확한 분량을 확인하기는 힘들지만, 통일신라 이전 7인 13수, 고려시대 31인 76수, 조선시대 48인 149수+α(결장 부분), 중국인 기자(箕子)와 무명씨 2인 4수가 실려, 총 수록 작가는 88인, 총 수록 작품은 249수+α(결장 부분)이다. 이 가운데 허난설헌의 시가 26수로 가장 많고, 허균(7수+α), 허봉(7수)를 더하면 40수가 넘어 3남매의 시가 상당한 부분을 차지한다.

　이 책에 허경번(許景樊)으로 소개된 허난설헌의 시 가운데 오언(고)시「유소사(有所思)」,「망선요(望仙謠)」,「봉황곡(鳳凰曲)」과 칠언고시「농조곡(弄潮曲)」,「산자고사(山鷓鴣詞)」,「산람(山嵐)」은 오명제의『조

81　이 책에 대한 소개는 박현규 교수의 저서『중국 명말 청초인 朝鮮詩選集 연구』(태학사, 1998) 9-23쪽을 요약하여 인용하였다. 박 교수는 이 책의 제목을 오명제의 시선집과 마찬가지로『조선시선』이라 표기했지만, 권수제(卷首題)를 책 제목으로 사용하는 관례에 따라『조선고시(朝鮮古詩)』로 표기한다.

선시선』이나 허균이 조선에서 간행한 『난설헌집』에는 실리지 않은 작품들이다.

남방위가 허균이 아닌 다른 문인을 통해서 수집한 작품들인 듯한데, 허균도 모르는 이 작품들이 과연 난설헌이 지은 작품인지는 확실치 않다. 이 작품들이 오언고시에서는 앞부분에, 칠언고시에서는 뒷부분에 함께 실려 있어, 다른 사람의 작품인데 그 시인의 이름이 빠졌을 가능성도 있다.

위에 소개한 작품 가운데 칠언고시 「산자고사(山鷓鴣詞)」는 허균의 작품이며, 허균의 이름 아래 실린 「출새곡(出塞曲)」 2수는 난설헌의 작품이다. 남매의 이름이 뒤섞인 작품을 넣고 빼면, 난설헌의 시가 모두 26수가 실린 셈이다.

남방위가 편찬한 『조선시선전집(朝鮮詩選全集)』 목판본 7권 2책은 기자의 「맥수가」에서 허난설헌, 허균, 이달 등 조선 중기에 이르기까지의 한시 585수를 뽑아 명나라에서 간행된 한시 선집인데, 미국 버클리대학 동아시아도서관에 소장되어 있다.

권7에 56수의 시가 실려 있는데 허균(許筠), 양형우(梁亨遇) 등의 시 10여 수를 제외하면 모두 허난설헌의 것이며, 권8에 실려 있는 74수의 한시도 역시 허난설헌의 것이다. 시선집 자체는 6권에서 끝이 나고 7권과 8권에서는 이 책의 편찬자와 관련한 인물의 시를 모아놓은 것이다.

『조선시선전집』은 중국인에 의해 간행된 조선 한시선집 가운데 그 양이 가장 방대하다는 점에서 가치가 높다. 특히 이달, 허난설헌, 허균 등의 한시 중에 문집에 실리지 않은 시가 상당수이다. 이 책에서 처음 발견된 난설헌의 시는 치밀한 고증을 거쳐 난설헌의 시로 편입되어야 한다.

중국 선집에 실린 난설헌의 시

종성(鍾惺 1574~1624)이 담원춘(譚元春)과 함께 『시귀(詩歸)』 51권을 평선(評選)했는데, 이 책이 잘 팔리자 속편 『명원시귀(名媛詩歸)』 36권을 간행하였다. 왕조 시대순으로 편찬했는데, 이 가운데 권29인 「명오(明五)」가 모두 난설헌의 시로 편집되어 있다. 허경번(許景樊)이라는 이름 아래 소전(小傳)을 싣고, 이어서 68수를 실었다. 전권에 많은 작품을 싣긴 했지만 제목을 따로 붙이지 않아, 난설헌의 시집이라고는 할 수 없다.

소전에 의하면 "금릉의 태사 주난우(朱蘭嵎)가 조선에 사신으로 갔을 때에 그의 문집을 얻어 와, 판각하여 널리 전했다."고 하니, 주지번이 가져온 『난설헌집』을 대본으로 하여 편찬했음을 알 수 있다.

그러나 남방위의 『조선고시』에 실린 「유소사(有所思)」·「망선요(望仙謠)」·「고별리(古別離)」·「농조곡(弄潮曲)」·「산람(山嵐)」도 실려 있어, 여러 책을 참조한 듯하다. 이 책이 많이 팔렸으므로, 난설헌의 시도 널리 알려지는 계기가 되었다.

전겸익(錢謙益)이 1628년에 지어준 「여사서(女史敍)」에 "나의 친구 조준지(趙濬之)와 그의 맏아들 문기(問奇)가 분전(墳典)에 정심(精心)하고 고금의 책을 널리 읽어 이 거질을 편성하였다"고 하였다.

조여원(趙如源)·조세걸(趙世杰) 부자가 함께 편찬한 『고금여사(古今女史)』 전(前) 2함(函) 12권에는 주로 산문을 실었다. 권2 「문(文)」에 조선 허경번(許景樊)의 「광한전백옥루상량문(廣寒殿白玉樓上樑文)」이 실렸는데, 『난설헌집』에 실린 문장과 여러 글자가 다르다. 그 글 밑에 탕현조(湯顯祖)의 평이 덧붙어 있는데, "북경에서 우연히 그의 문집 한 권을 얻었다"는 구절을 보면 난설헌의 문집이 이미 1616년 이전에 중국 문인들 사이에 널리 퍼져 있었던 듯하다.

시는 후(後) 2함(函)에 실렸는데, 허경번의 이름으로 41수가 실렸다. 그 외에 유여주처(兪如舟妻)의 이름으로 실린 「빈녀음(貧女吟)」·「가객사(賈客詞)」·「양류사(楊柳詞)」 2수도 모두 난설헌의 작품이다. 『명원시귀(名媛詩歸)』에서 베껴 쓴 것이므로, 자료적인 가치는 별로 없다.

『열조시집(列朝詩集)』은 전겸익(錢謙益)이 편찬한 명대(明代) 시가 총집인데, 81권에 1,600여 명 작품을 실었다. 규집(閨集) 제6장에 역외시(域外詩)가 실렸는데, 조선 시인이 42명 170수 실렸다. 조선시 앞에 서문이 실렸는데, 난설헌 관계는 다음과 같다.

> 회계(會稽) 오명제(吳明濟) 자어(子魚)가 「조선시선서(朝鮮詩選序)」에서 (이렇게) 말했다.
>
> "(…) 서울에 도착하기를 기다렸다가 허씨(許氏) 집에 머물러 지냈다. 허씨 형제 3명은 봉(篈)·성(筬)·균(筠)이라 불렸다. 조선에서 문재(文才)로 이름났는데, 균이 더욱 영민하여 동국(東國)의 시 수백 편을 외웠다. 또 그 누이의 시 수백 편을 얻었다."

이 서문을 보면 전겸익이 조선시를 엮을 때에는 오명제의 『조선시선』을 주로 참조하였음을 알 수 있다. 그래서 허균이 지은 『조선시선』 후서(後序)도 그대로 인용하였다.

허매씨(許妹氏)로 표기된 허난설헌의 시는 19수인데, 오명제의 『조선시선』에서 11수, 『난설헌집』에서 「새하곡(塞下曲)」과 「서릉행(西陵行)」, 남방위의 『조선고시(朝鮮古詩)』에서 「고별리(古別離)」와 「봉대곡(鳳臺曲)」을 옮겨 실었다. 허매씨의 소전(小傳)을 자세히 썼는데, 난설헌 전기로는 가장 자세하면서도 "남편이 순국(殉國)하자, 허씨는 여도사(女道士)가 되었다."고 기록할 정도로 문제점이 많다.

품평은 전겸익의 첩 유여시(柳如是)가 썼다. 그는 강남의 이름난 기생인데, 남편의 부탁을 듣고 여성시를 편집하다가 난설헌의 시에 매료되어 소전(小傳)을 짓게 된 것이다. 그는 난설헌의 시평을 "허매씨의 시는 하늘에서 흩어지는 꽃처럼 많은 사람에게 회자되었다."는 칭찬으로 시작하고는, 당나라 시인들의 시와 비슷한 몇 구절을 지적하였다.

『명시종(明詩宗)』은 주이준(朱彝尊)이 명대(明代) 시인 3,400여 명의 작품을 뽑아 100권으로 편찬한 시가총집이다. 이 가운데 94-95권에 고려와 조선 시인 91명의 시 132수를 실었다. 허경번의 시는 5수가 실렸는데, 오명제의 『조선시선』에서 옮겨 실은 것이지만 「망선요(望仙謠)」는 칠언고시가 아니라 오언고시이다. 이 시대에 이미 혼란스러워진 것을 알 수 있다.

일본에서 간행된 난설헌시

『난설헌집』은 그 뒤에 일본에까지 수출되었다. 우리나라에는 시집을 판매하는 서점이 19세기 전까지는 따로 없었지만 중국이나 일본은 상업출판이 발전했으므로, 책이 팔릴 만하면 출판사가 자기네 비용을 들여 출판하고 서점에서 팔았다. 수준 높은 난설헌의 시집이 충분히 팔릴 만하다고 영업적으로 판단하였기에, 몇 차례 출판되었다.

일본에서는 정덕(正德) 원년(1711) 납월(臘月 12월) 길단(吉旦 1일) 분다이야 지로베이에(文臺屋次郎兵衛)에 의하여 『난설헌집』 2권 1책이 목판본으로 간행되었다. 허균이 편집 간행했던 목판본 『난설헌집』의 내용을 서문부터 발문까지 그대로 편집했는데, 「유선사(遊仙詞)」부터는 하권(下卷)으로 분권하여 조선간행본과 달리 상·하 2권 형태가 되었다.

일본 독자들이 읽기 쉽게 가에리텐(返り点)을 표기하고 군텐(訓点) 편집을 하여 상업성을 높였다. 동아시아 삼국이 한자를 공용문자로 사용했지만, 독자들이 번역하지 않고도 읽기 쉽도록 편의를 고려하여 군텐 편집을 한 것은 일본 출판계만의 특색이다.

일본 목판본의 저본은 숭정후임신(崇禎後壬申) 동래부(東萊府) 중간본(重刊本)이다. 숭정(崇禎)은 명나라 마지막 황제 의종(毅宗)의 연호인데, 청나라 연호를 쓰지 않으려는 의도로 이후 몇백 년 동안 숭정 연호를 계속 사용한 사람들이 많았다. 숭정후 임신년은 1692년이니, 동래부에서 중간된 뒤에 일본으로 건너가 출판된 것이다.

동래(東萊)에는 왜관(倭館)이 설치되어 있어서 쓰시마 주민들이 항상 몇백 명씩 와서 거주하였으며, 일본에서 공식적으로 필요한 조선 물품은 동래부에 요청하여 구입하였다.

그러나 일본 측이 요청하여 구입해 간 물품을 기록해 놓은『왜인구청등록(倭人求請謄錄)』에『난설헌집』이 없는 것을 보면, 어느 상인이 상업 출판 목적으로『난설헌집』을 몰래 구입하여 일본으로 가져간 듯하다. 이후 일본에 파견된 통신사 수행원이 일본 문인과 필담하는 과정에 난설헌에 관한 이야기가 화제로 오르기도 했었다.

일본 동양문고(東洋文庫)에 소장된『난설헌집』필사본은 그의 스승인 이달의 시집『손곡집(蓀谷集)』과 함께 묶어져 있어, 두 시인의 공통적인 당나라 시풍을 함께 감상하려는 어느 독자의 의도를 보여주기도 한다.

이 세 나라에서 모두 시집이 출판된 시인은 남성 시인 경우에도 없었다. 난설헌만이 유일한 동양 삼국에서 시집이 출판된 시인이었다.

12

외국 도서관에 흩어져 있는 난설헌 시집들

난설헌은 우리나라뿐만 아니라, 한문학의 본토인 중국이나 일본에서까지 시집이 간행된 유일한 시인이다. 따라서 난설헌의 시집이 외국 여러 도서관에 소장되어 있다.

외국 도서관에 흩어져 있는 난설헌 시집의 성격은 크게 두 가지로 나누어 볼 수 있다.

하나는 허균이 1608년 공주에서 간행한 목판본과 같은 형태의 시집들이다. 여기에는 일본에서 상하 2권으로 간행한 『난설헌집』도 포함된다.

다른 하나는 중국에서 다른 이름으로 간행된 시집이라든가 시선집도 포함된다. '난설헌집'이라는 제목이 없이 중국 시선집에 포함된 경우에는 엄밀하게 말해서 난설헌 시집이라고 볼 수 없지만, 난설헌의 시가 외국에서 얼마나 많이 읽혔고 지금까지 전해지고 있는지 확인하기 위해서이다.

난설헌 시집이 외국 도서관에 소장된 경위도 두 가지로 나뉜다. 하나는 그 나라에서 간행되었기 때문에 자연스럽게 소장되어 있는 경우이고, 다른 하나는 후대에 외국인 고서 수집가들이 구입하여 본국에 가져간 경우이다. 1950년 한국전쟁 때에 시장에 흘러나왔다가 팔려나간 경우도 있다. 그나마 도서관에 소장되어 우리가 『난설헌집』의 다양한 형태를 확인할 수 있게 된 것은 다행스럽다.

같은 책을 소장한 도서관이 워낙 많으므로, 중국 경우에는 대표적인 선집과 대표적인 도서관만 소개하기로 한다.

중국 천진도서관 소장본 『난설시한』

『난설시한(蘭雪詩翰)』은 4면 분량의 작은 선집이지만, 허균이 직접 편집하여 중국에 전달한 형태를 볼 수 있다는 점에서 가치가 있다. 『난설시한』은 유정(劉婧) 교수가 2016년 2월 16일 동방비교연구회와 일한비교문학연구회가 일본 천리대학에서 공동 개최한 '아시아의 교류와 문학' 국제학술대회에서 발표하며 공개되었고, 비슷한 시기인 2월 28일 근역한문학회에서 간행한 『한문학논집』 제43집에 박현규 교수가 논문을 게재하여 구체적인 내용이 알려졌다. 이 두 편의 논문을 요약하여 『난설시한』이 천진도서관(天津圖書館) 고적실(古籍室)에 소장된 경위와 그 내용을 소개한다.

절강성 해령(海寧)의 장서가 관정분(管庭芬, 1797-1880)이 편집, 간행, 필사한 서적이 200여 권 되는데, 이 가운데 『대청서옥잡초(待淸書屋雜鈔)』에 허균이 정유재란 당시 명나라 인사에게 보낸 『난설시한』이 실려 있다. 『대청서옥잡초』는 초편(6책) 206종, 속편 89종, 재속편 70종, 보편(4책) 104종, 부록 34종, 습유(2책) 33종. 총 536종으로 구성되었는데, 『난설시한』은 이 가운데 1862년 11월에 엮은 보편(補編)에 4장 분량으로 실려 있다.

잡초 표지에 "민국 16년 정묘년 5월 주임 유건수 장정〔民國十六年丁卯五月 主任飾劉乾粹裝訂〕"이라고 쓰여 있어서, 1926년에 천진시도서관

고적실 주임 유건수가 장정한 것을 알 수 있다.

이 책은 관정분 사후에 외부로 산실되었다가 민국 초에 천진도서관 전신인 천진특별시시립제2도서관(天津特別市市立第二圖書館)에 들어가 1926년에 주임 유건수(劉乾粹)에 의해 다시 장정되었다. 1949년에 도서관명이 천진시인민도서관(天津市人民圖書館)으로 변경되었다가, 1982년에 천진도서관으로 다시 변경되었다. 따라서 이 책에는 도서관 명칭이 바뀔 때마다 장서인이 다시 찍혔다.

허균은 1597년 8월에 난설헌의 시「유소사(有所思)」,「봉대곡(鳳臺曲)」,「고별리(古別離)」,「농조아(弄潮兒)」,「산자고사(山鷓鴣詞)」,「산람(山嵐)」,「차백씨봉(次伯氏韻)」,「송백씨봉(送伯氏韻)」,「보허사(步虛詞)」,「망고대차백씨(望高臺次伯氏)」,「장간행(長干行)」,「고객사(賈客詞)」,「상봉행(相逢行)」,「강남곡(江南曲)」,「규정(閨情)」,「영일루(映日樓)」 등 16수를 적어서 명나라 인사에게 보냈다.

관정분(管庭芬)은 이 시편을 1862년 11월에 엮은 『대청서옥잡초(待淸書屋雜鈔) 보편(補編)』에 베껴 넣었는데, 『난설시한(蘭雪詩翰)』이라는 제목 밑에 "조선 여자 허경번 묵적(朝鮮女子許景樊墨迹)"이라고 써서 허난설헌 작품임을 밝혔다. 시 끝에 "위의 여러 편은 누이 경번이 지은 것인데, 삼가 보내드리니 바로잡아 주시기를 빕니다. 만력 정유년(1597) 8월에 조선 예조정랑 허균이 머리를 조아리며 두 번 절하고 씁니다.[右諸篇舍妹景樊氏所作, 漫呈郢政, 萬曆丁酉仲秋, 朝鮮禮曹正郎許筠, 頓首再拜書]'" 라고 적혀 있어서, 허균이 1597년 4월 문과(文科) 중시(重試)에 장원급제한 뒤에 기록한 것이 확인된다.

예조(禮曹)는 외교를 담당하는 관서였는데, 정유재란 시기에 가장 중요한 외교 임무는 당연히 조선을 도와주러 온 명나라 장수들을 접대하는 임무였다. 『난설시한』이라는 제목을 보면 예조정랑 허균이 명나라 인사에게 편지와 함께 난설헌의 시를 적어 보낸 것인데, 편지를 받는 인물의 이름은 밝혀져 있지 않다.

천진도서관에 소장된 『난설시한』은 명나라에 전달된 최초의 시선으로 가치가 있으며, 1606년에 간행한 『난설헌집』과 차이나는 글자나 제목을 고증할 문헌으로도 중요하다.

중국에서 간행되어 절강성도서관에 소장된 시집 『취사원창』

허균이 1600년 오명제에게 『조선시선』을 편집해주고, 또 1606년 명나라 사신 주지번을 통해 중국으로 보낸 난설헌의 시집은 중국에서 두 차례 시집으로 간행되었다.

난설헌의 시가 뛰어났기 때문에 문인이나 출판업자들이 자금을 마련해 간행하고 판매하였다. 중국에는 오래 전부터 여성문학의 전통이 이어져 왔기 때문에, 조선처럼 난설헌이 여성이라는 점이 출판에 장애가 되지는 않았다.

『전당시(全唐詩)』에 실린 여성 시인이 109명이었는데, 청나라 때에 편찬된 『열조시집(列朝詩集)』에는 여성 시인 123명이 실렸다. 그만큼 여성 독자도 또한 많았으며, 그의 시를 칭찬하여 비평을 쓰거나 소전(小傳)을 짓는 여성 문인들도 있었다.

여성 시집이 이렇게 많이 간행되는 시대 조류 속에 난설헌의 시가 58수나 실려 있는 오명제의 『조선시선(朝鮮詩選)』이 중국에서 간행되고, 주지번(朱之蕃)의 소인(小引)과 양유년(梁有季)의 제사(題辭)가 실린 조선본 『난설헌집』이 전해지자 빠른 시일 내에 수많은 독자를 얻었다. 그랬기에 다양한 형태로 간행될 수 있었다. 오명제가 간행한 『조선시선』을 통해, 조선보다 중국에서 먼저 난설헌의 시가 널리 알려지기 시작한 것이다.

첫 번째 난설헌 시집은 심무비(沈無非)가 편집한 『경번집(景樊集)』이다. 만력간본 『긍사(亘史)』 편수에 반지항이 1608년 봄에 지은 「조선혜녀허경번시집서(朝鮮慧女許景樊詩集序)」가 실렸다.

> 반지항이 말한다. 옛날 심호신(沈虎臣)의 누이동생이 일찍이 『경번집』 1권을 간행했는데, 내가 이를 읽어보고 경계했다. "어찌하여 성조(聲調)가 이장길(李長吉, 李賀)과 비슷한가?"

이 서문을 보면 반지항이 난설헌의 시에 관심을 가지고 문집을 간행하게 된 까닭은 심호신의 누이동생 심무비(沈無非)가 간행한 『경번집』을 보았기 때문이다. 이 판본은 아직까지 실물을 확인한 학자가 없지만, 청나라 왕사록(王士祿)이 지은 『연지집(燃脂集)』에 심무비의 서문이 인용되어 있다.

> 이 책은 기자의 나라(조선)의 사대부 여성 경번(景樊) 허난설헌의 시 약간 수를 편찬한 것이다. 사람들이 경탄해 소리칠 만큼 수려하니, 여성의 지분기(脂粉氣)가 없다. 옛날 강선(絳仙)이 배고픔을 치료한다고 하니 어쩌면 그 무리인가? 간혹 고인을 표절한 것이 있으니 예를 들면 '빙옥주비(氷屋朱扉)' 한 두 말이다. 그러나 빼어난 곳은 화사(畵師 王維)의 후신이라고 해도 지나치지 않다. 세상 사람은 구자왕(龜玆王)이 소위 나귀로 바꾸었다고 말하지 말라. 심무비가 밀운(密雲)의 심심재(沈沈齋)에서 적다.[82]

....
82 박현규, 「許蘭雪軒의 또 하나의 중국 간행본 『취사원창(聚沙元倡)』」, 『한국한문학연

심무비는 난설헌의 시를 칭찬하면서도, 일부 표절한 부분이 있다고 밝혔다. 그러나 심무비가 강조한 점은 "(표절 의혹이 있지만) 빼어난 곳은 왕유(王維)의 후신이라고 해도 지나치지 않다"는 사실이다.

현재 중국에 실물이 남아 있는 난설헌의 시집은 절강성도서관에 소장되어 있는 『취사원창(聚沙元倡)』이다. 주이준(朱彝尊)이 『정지거시화(靜志居詩話)』에서 여성시집 『긍사(亘史)』의 존재를 말한 바 있었지만, 『취사원창(聚沙元倡)』은 중국 학계에서도 『역대부녀저작고(歷代婦女著作考)』에서 책명만 기술되고 이미 유실된 책이라고 소개되었다. 그러나 이 책이 1999년에 중국 학자 정지량(鄭志良)과 김영숙(金英淑)이 먼저 소개하고, 한국 학자 박현규 교수가 논문을 쓰면서 그 모습이 드러났다.

『긍사(亘史)』는 반지항(潘之恒)이 말년에 간행했는데, 만력간본과 천계간본 두 종이 있다.[83]

허난설헌의 문집인 『취사원창』은 만력간본 『긍사초(亘史鈔)』 가운데 외편(外篇) 권3 「선려(仙侶)」에 수록되었고, 천계간본 『긍사』에는 외기(外紀) 권2 「방부(方部)」에 수록되었다. 편장 위치는 서로 다르지만, 실린 내용은 완전히 일치한다.

만력간본 서문에서 반지항은 "구장유는 마성(麻城) 사람이고, 황상진은 해양(海陽) 사람인데, 모두 박식하고 고아한 군자이다. 그래서 이 문집을 전하기로 계획하였다."고 하였다.

서문에서 말한 구장유는 구탄(丘坦)인데, 1602년에 황태자 책립을 알리러 조선에 왔던 사신 고천준(顧天峻)의 종사관이었다. 허균이 조선측 원접사 이호민(李好閔)의 종사관으로 그를 만났으므로, 자연스럽게

구」 26, 2000, 93쪽에서 재인용하면서 번역을 고쳤음.

83 아래는 다음 논문에서 간추려 소개한다. 박현규, 「許蘭雪軒의 또 하나의 중국 간행본 『취사원창(聚沙元倡)』」, 「한국한문학연구」 26, 2000.

허난설헌의 시집을 받은 듯하다.

『취사원창』에는 오언고시 14수, 칠언고시 11수, 오언율시 6수, 칠언율시 14수, 오언절구 20수, 칠언절구 103수와 산문 1편이 실렸다. 총 168수의 시와 1편의 산문이 실렸으니, 조선 간행본 『난설헌집』보다 40여 수 적긴 하지만 대부분 실린 셈이다.

반지항이 1608년 봄에 서문을 쓰고 허균은 조선 공주에서 같은 해 여름에 발문을 썼으니, 『난설헌집』이 조선보다 중국에서 먼저 편찬되었음이 이 시집의 실물로 확인되었다. 더구나 국내 간행본에 실리지 않은 작품도 몇 편 실려 있어, 자료적인 가치가 매우 크다.

박현규 교수는 중국 시선집에 공통적으로 실린 시「상현요(湘絃謠)」를 대조해본 결과, 『취사원창』에 실린 시가 오명제의 『조선시선』과 거의 일치하고 있음을 밝혀냈다.[84] 오명제의 『조선시선』을 기본으로 하면서도 그보다 더 많이 실린 것은 결국 주지번이 전해온 『난설헌집』에서 다른 시들을 편집했다는 증거이기도 하다.

『취사원창』에는 칠언고시「취수제흔(翠袖啼痕)」, 칠언율시「송백씨허봉조천(送伯氏許篈朝天)」, 칠언절구「유선곡(遊仙曲)」제9수, 제43수, 「문적(聞笛)」등 5수가 허균이 편집한 조선간행본 『난설헌집』보다 더 실렸다.

중국 북경도서관에 소장된 『조선시선』에 실린 난설헌의 시

임진왜란에 참전했던 명나라 문인 오명제(吳明濟)가 1598년에 『조선시선』을 편집했는데, 상·하 7권 2책 목판본으로 1600년에 간행되었다.

---

84 같은 글, 99쪽.

정유재란이 일어나자 오명제는 병부급사중(兵部給事中) 서중소(徐中素)를 따라 조선에 들어왔다가 조선의 한시를 수집하기 시작했는데, 자신이 지은 서(序)에 의하면 "허균이 (삼형제 가운데) 가장 영민해서 (시를) 한번 보면 잊지 않아, 동방의 시를 수백 편이나 외워 주었다"고 한다.

그는 당시 병조좌랑이던 허균의 집에 머물면서 허균이 외워준 시를 바탕으로 『조선시선』을 편집했으므로, 쉽게 기억나는 가족들의 시를 많이 전해 주었다. 허난설헌의 시가 58수, 허균의 시가 15수나 실렸다. 전체적으로는 신라의 최치원을 비롯하여 112명의 시 340수가 실려 있다.

편집이 마무리되자 오명제는 조선에 함께 왔던 가유약(賈維鑰)·한초명(韓初命)·왕세종(汪世鍾)에게 교열을 부탁하였다. 이 책은 곧 판각에 들어갔는데, 한초명이 지은 「각조선시선서(刻朝鮮詩選序)」는 양경우(梁慶遇)의 글씨로 맨 앞에 실렸고, 오명제 자신이 이덕형의 방에서 지은 서(序)가 그 다음에 실렸으며, 본문 뒤에 허균이 지은 후서(後序)가 실려 있다.

중국으로 돌아가는 오명제에게 허균이 지어준 시 「송送오吳참參군軍즈子어魚대大형兄환還텬天됴朝」는 한자 앞에다 정음(正音)을 쓴 한시여서 중국에 정음(한글)의 존재를 알리기도 했는데, 이 시는 그 뒤 다른 시선집에도 그대로 정음과 함께 실렸다. 이 책이 나오자 명말(明末) 청초(淸初)에 여러 종류의 조선시선이 간행되었는데, 특히 전겸익(錢謙益)의 『열조시집(列朝詩集)』 조선편에 많은 영향을 주었다. 전겸익이 조선에 가보지 않고 편집했으므로, 최초의 조선시선집인 이 책을 주로 참고했던 것이다.

그 동안 오명제가 편집한 『조선시선』 원본이 확인되지 않아서 『열조시집』을 비롯한 2차 자료를 가지고 연구했으며, 필자도 박사논문 『허균시연구』를 집필할 때에 『성소부부고』에는 없고 『열조시집』에만 실린 시 10편과 허균의 「조선시선 후서」를 찾아냈지만,[85] 『열조시집』 소재 조선 시의 출전인 『조선시선』 실물은 확인할 수 없었다.

1998년 중국 북경도서관에 소장된 원각본이 발견되었다. 상책 45장, 하책 50장, 합계 95장본인데, "조선 선조 33년(명 만력 28년) 각본 2책"이라고 등록되었으며, 책갑의 제첨에 "명고려간본(明高麗刊本)"이라고 쓰여 있어서 명나라 시대 조선에서 간행된 책임을 밝혔다.[86]

북경도서관 소장본
『조선시선』 서문

한글로 음을 달아 준 허균의 한시
뒤에 난설헌의 시가 실려 있다.

조선시선 뒤에 실린
허균의 후서(後序)

112명 가운데 가장 많이 실린 시인은 허난설헌이다. 모두 58수가 실렸는데, 제목이 잘못 기록된 작품이 몇 편 있지만, 모두 난설헌의 작품임에는 틀림없다. 삼국시대부터 선조시대까지 112명 340수를 뽑은 가운데 난설헌 한 사람의 시를 58수나 실었으니, 그가 난설헌의 시를 얼

---

85   허경진, 『허균시연구』, 평민사, 1984, 17-18쪽.

86   허경진, 「조선시선」, 『한국민족문화대백과사전』.

마나 높이 평가했는지 알 수 있다. 이 책을 통해서 난설헌의 시가 중국에 널리 퍼지기 시작했으며, 이후에 간행된 시선집들은 대부분 이 책을 참고하였다.

중국 선집에 실린 난설헌의 시

종성(鍾惺, 1574-1624)이 담원춘(譚元春)과 함께 『시귀(詩歸)』 51권을 평선(評選)했는데, 이 책이 잘 팔리자 속편 『명원시귀(名媛詩歸)』 36권을 간행하였다. 왕조 시대순으로 편찬했는데, 이 가운데 권29인 「명오(明五)」가 모두 난설헌의 시로 편집되어 있다. 허경번(許景樊)이라는 이름 아래 소전(小傳)을 싣고, 이어서 68수를 실었다. 전권에 많은 작품을 싣긴 했지만 제목을 따로 붙이지 않아, 난설헌의 시집이라고는 할 수 없다.

소전에 의하면 "금릉의 태사 주난우(朱蘭嵎)가 조선에 사신으로 갔을 때에 그의 문집을 얻어 와, 판각하여 널리 전했다."고 하니, 주지번이 가져온 『난설헌집』을 대본으로 하여 편찬했음을 알 수 있다.

그러나 남방위의 『조선고시』에 실린 「유소사(有所思)」·「망선요(望仙謠)」·「고별리(古別離)」·「농조곡(弄潮曲)」·「산람(山嵐)」도 실려 있어, 여러 책을 참조한 듯하다. 이 책이 많이 팔렸으므로, 난설헌의 시도 널리 알려지는 계기가 되었다.

전겸익(錢謙益)이 1628년에 지어준 「여사서(女史敘)」에 "나의 친구 조준지(趙濬之)와 그의 맏아들 문기(問奇)가 분전(墳典)에 정심(精心)하고 고금의 책을 널리 읽어 이 거질을 편성하였다"고 하였다.

조여원(趙如源)·조세걸(趙世杰) 부자가 함께 편찬한 『고금여사(古今女史)』 전(前) 2함(函) 12권에는 주로 산문을 실었다. 권2 「문(文)」에 조선 허경번(許景樊)의 「광한전백옥루상량문(廣寒殿白玉樓上樑文)」이 실렸는데,『난설헌집』에 실린 문장과 여러 글자가 다르다. 그 글 밑에 탕현조(湯顯祖)의 평이 덧붙어 있는데, "북경에서 우연히 그의 문집 한 권을 얻었다"는 구절을 보면 난설헌의 문집이 이미 1616년 이전에 중국 문인들 사이에 널리 퍼져 있었던 듯하다.

시는 후(後) 2함(函)에 실렸는데, 허경번의 이름으로 41수가 실렸다. 그 외에 유여주처(兪如舟妻)의 이름으로 실린 「빈녀음(貧女吟)」·「가객사(賈客詞)」·「양류사(楊柳詞)」 2수도 모두 난설헌의 작품이다. 『명원시귀(名媛詩歸)』에서 베껴 쓴 것이므로, 자료적인 가치는 별로 없다.

『열조시집(列朝詩集)』은 전겸익(錢謙益)이 편찬한 명대(明代) 시가 총집인데, 81권에 1,600여 명 작품을 실었다. 규집(閨集) 제6장에 역외시(域外詩)가 실렸는데, 조선 시인이 42명 170수 실렸다. 조선시 앞에 서문이 실렸는데, 난설헌 관계는 다음과 같다.

> 회계(會稽) 오명제(吳明濟) 자어(子魚)가 「조선시선서(朝鮮詩選序)」에서 (이렇게) 말했다.
>
> "(…) 서울에 도착하기를 기다렸다가 허씨(許氏) 집에 머물러 지냈다. 허씨 형제 3명은 봉(篈)·성(筬)·균(筠)이라 불렀다. 조선에서 문재(文才)로 이름났는데, 균이 더욱 영민하여 동국(東國)의 시 수백 편을 외웠다. 또 그 누이의 시 수백 편을 얻었다."

이 서문을 보면 전겸익이 조선시를 엮을 때에는 오명제의『조선시선』을 주로 참조하였음을 알 수 있다. 그래서 허균이 지은『조선시선』후서(後序)도 그대로 인용하였다.

허매씨(許妹氏)로 표기된 허난설헌의 시는 19수인데, 오명제의 『조선시선』에서 11수, 『난설헌집』에서 「새하곡(塞下曲)」과 「서릉행(西陵行)」, 남방위의 『조선고시(朝鮮古詩)』에서 「고별리(古別離)」와 「봉대곡(鳳臺曲)」을 옮겨 실었다. 허매씨의 소전(小傳)을 자세히 썼는데, 난설헌 전기로는 가장 자세하면서도 "남편이 순국(殉國)하자, 허씨는 여도사(女道士)가 되었다."고 기록할 정도로 문제점이 많다.

품평은 전겸익의 첩 유여시(柳如是)가 썼다. 그는 강남의 이름난 기생인데, 남편의 부탁을 듣고 여성시를 편집하다가 난설헌의 시에 매료되어 소전(小傳)을 짓게 된 것이다. 그는 난설헌의 시평을 "허매씨의 시는 하늘에서 흩어지는 꽃처럼 많은 사람에게 회자되었다."는 칭찬으로 시작하고는, 당나라 시인들의 시와 비슷한 몇 구절을 지적하였다.

미국 버클리대학 동아시아도서관에 소장된 『조선시선전집』

오명제와 비슷한 시기에 조선에 파견되었던 남방위(藍芳威)도 『조선고시(朝鮮古詩)』와 『조선시선전집』을 간행하였다. 명나라 장수 남방위(藍芳威)는 명나라 제독 유정(劉綖) 소속의 유격장군으로 조선에 들어왔는데, 조선 조정에서 유격장군 이상에게 접반사(接伴使)를 붙여 주었으므로 이들의 도움을 받아 조선의 대표적인 시들을 골라 시선집을 편찬하였다.

중국 북경대학 도서관에 남방위가 편찬한 『조선고시(朝鮮古詩)』 청초본(淸抄本)이 소장되었는데, 박현규 교수의 조사에 의하면 9행 20자 56쪽 1책이다.[87] 축세록(祝世祿)·오지과(吳知過)·한초명(韓初命)의 교열을

---

87   이 책에 대한 소개는 박현규 교수의 저서 『중국 명말 청초인 朝鮮詩選集 연구』(태학사,

거쳤는데, 한초명은 오명제의 『조선시선』 교열에도 관여한 문인이다.

남방위가 편찬한 『조선시선전집(朝鮮詩選全集)』 목판본 7권 2책은 기자의 「맥수가」에서 허난설헌(許蘭雪軒), 허균(許筠), 이달(李達) 등 조선 중기에 이르기까지의 한시 585수를 뽑아 명나라에서 간행된 한시선집인데, 미국 버클리대학 동아시아도서관에 소장되어 있다.

버클리대학 도서관에 소장된
『조선시선전집』

300수 가운데 81수를 뽑았다는
난설헌의 〈유선사〉

권7에 56수의 시가 실려 있는데 허균(許筠), 양형우(梁亨遇) 등의 시 10여 수를 제외하면 모두 허난설헌의 것이며, 권8에 실려 있는 74수의 한시도 역시 허난설헌의 것이다. 시선집 자체는 6권에서 끝이 나고 7권과 8권에서는 이 책의 편찬자와 관련한 인물의 시를 모아놓은 것이다.

『조선시선전집』은 중국인에 의해 간행된 조선 한시선집 가운데 그

1998), 9-23쪽을 요약하여 인용하였다. 박 교수는 이 책의 제목을 오명제의 시선집과 마찬가지로 『조선시선』이라 표기했지만, 권수제(卷首題)를 책 제목으로 사용하는 관례에 따라 『조선고시(朝鮮古詩)』로 표기한다.

양이 가장 방대하다는 점에서 가치가 높다. 특히 이달(李達), 허난설헌, 허균 등의 한시 중에 문집에 실리지 않은 시가 상당수이다. 이 책에서 처음 발견된 난설헌의 시는 치밀한 고증을 거쳐 난설헌의 시로 편입되어야 한다.

일본에서 간행되어 동양문고에 소장된 『난설헌시집』

『난설헌집』은 그 뒤에 일본에까지 수출되었다. 우리나라에는 시집을 판매하는 서점이 19세기 전까지는 따로 없었지만 중국이나 일본은 상업출판이 발전했으므로, 책이 팔릴 만하면 출판사가 자기네 비용을 들여 출판하고 서점에서 팔았다. 수준 높은 난설헌의 시집이 충분히 팔릴 만하다고 영업적으로 판단하였기에, 몇 차례 출판되었다.

일본에서는 정덕(正德) 원년(1711) 납월(臘月 12월) 길단(吉旦 1일) 분다이야 지로베이에(文臺屋次郎兵衛)에 의하여 『난설헌시집(蘭雪軒詩集)』 2권 1책이 목판본으로 간행되었다. 허균이 편집 간행했던 목판본 『난설헌집』의 내용을 서문부터 발문까지 그대로 편집했는데, 「유선사(遊仙詞)」부터는 하권(下卷)으로 분권하여 조선간행본과 달리 상·하 2권 형태가 되었다.

일본 독자들이 읽기 쉽게 가에리텐(返り点)을 표기하고 군텐(訓点) 편집을 하여 상업성을 높였다. 동아시아 삼국이 한자를 공용문자로 사용했지만, 일본 상업출판에서 독자들이 번역하지 않고도 읽기 쉽도록 편의를 고려하여 군텐 편집을 한 것은 일본 출판계만의 특색이다.

일본 목판본의 저본은 숭정후임신(崇禎後壬申) 동래부(東萊府) 중간본(重刊本)이다. 숭정(崇禎)은 명나라 마지막 황제 의종(毅宗)의 연호인데,

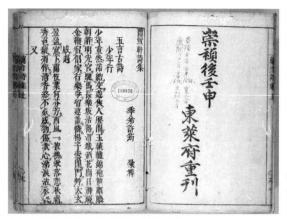

동래부중간(東萊府重刊) 간기(刊記)까지 그대로 판각한 『난설헌시집』 상권

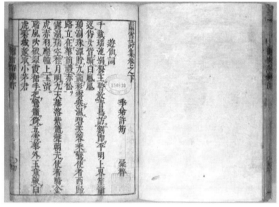

하권은 〈유선사〉를 중심으로 편집되었다.

하권 마지막 장에 판권과 허균의 발문이 편집되었다.

청나라 연호를 쓰지 않으려는 의도로 이후 몇백 년 동안 숭정 연호를 계속 사용한 사람들이 많았다. 숭정후 임신년은 1692년이니, 동래부에서 중간된 뒤에 일본으로 건너가 출판된 것이다.

동래에는 왜관(倭館)이 설치되어 있어서 쓰시마 주민들이 항상 몇백 명씩 와서 거주하였으며, 일본에서 공식적으로 필요한 조선 물품은 동래부에 요청하여 구입하였다.

그러나 일본 측이 요청하여 구입해 간 물품을 기록해 놓은 『왜인구청등록(倭人求請謄錄)』에 『난설헌집』이 없는 것을 보면, 어느 상인이 상업 출판 목적으로 『난설헌집』을 몰래 구입하여 일본으로 가져간 듯하다. 이후 일본에 파견된 통신사 수행원이 일본 문인과 필담하는 과정에 난설헌에 관한 이야기가 화제로 오르기도 했었다. 동양문고(東洋文庫)에는 동래부 중간본 『난설헌집』도 함께 소장되어 있다.

손곡 이달의 시집과 함께 묶어져 동양문고에 소장된 『난설헌집』 필사본

일본 동양문고(東洋文庫)에 소장된 『난설헌집』 필사본은 그의 스승이라고 전해지는 이달의 시집 『손곡집(蓀谷集)』과 함께 묶어져 있어, 두 시집 모두 교산 허균이 편집하였으므로, 함께 묶인 이 시집은 이 두 시인의 공통적인 당나라 시풍을 함께 감상하려는 어느 독자의 2차 편집 의도를 잘 보여주고 있다.

『손곡집』 표지에
'부난설헌집(附蘭雪軒集)'이라
쓰여져 있다.

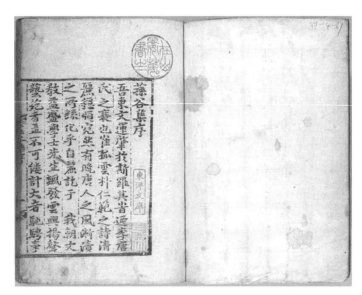

『손곡집』 첫 장에 동양문고 장서인이 찍혀 있고, 아래에는 원 소장자의 장서인
'김공현인(金公鉉印)'이 찍혀 있으며, 위에는 다음 소장자인 마에마(前間) 교수의 장서인
'재산루수서지일(在山樓蒐書之一)'이 찍혀 있다.

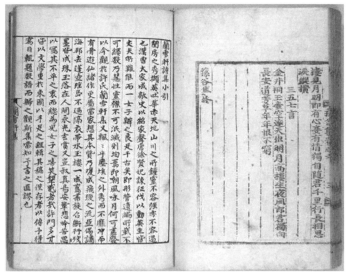

『손곡집』 권6 마지막 장 다음에 『난설헌집』의 주지번 서문이 이어서 필사되어 있다.

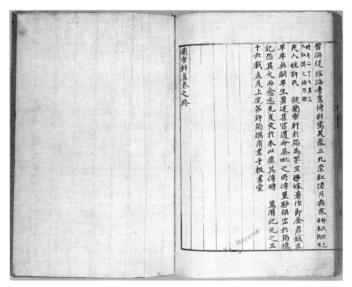

난설헌집 필사본 마지막 장에 마에마 교사구(前間恭作)의 영문 표기가 찍혀져 있다.

한국·중국·일본 세 나라에서 모두 시집이 출판된 시인은 남성 경우에도 없었다. 난설헌만이 동양 삼국에서 시집이 출판된 유일한 시인이었으며, 세계 각국에 시집이 소장되어 있다.

13

근대 학자들이 평가한 난설헌

20세기에 들어와 난설헌이 처음 조명된 것은 안왕거(安往居)가 편집하여 출판한 『허부인난설헌집 부 경란집(許夫人蘭雪軒集附景蘭集)』(辛亥唫社, 1913)이다. 난선헌의 시집이 중국에서 출판되자 명나라에 귀화한 조선 역관(譯官) 허순(許綧)의 딸 경란(景蘭)이 난설헌의 시를 경모(景慕)하여 편마다 차운시(次韻詩)를 지었다면서, 『난설헌집』 뒤에 부록으로 『경란집(景蘭集)』을 함께 편집 출판하였다.

이 시집은 당시 신문에 광고를 낼 정도로 많은 독자들에게 관심을 끌었으며, 『매일신보(每日申報)』에 한시 형식의 독후감이 실리기까지

1914년 4월 8일자 『매일신보』
1면 문원(文苑)

하였다.

이미 연활자본(鉛活字本) 시대였기에 서점에서, 또는 우편주문으로 이 책을 손쉽게 구입할 수 있었지만, 원시와 차운시 337수를 모두 필사하여 읽었던 독자가 있을 정도로 이 시집이 경향 각지에서 많이 읽혔다.

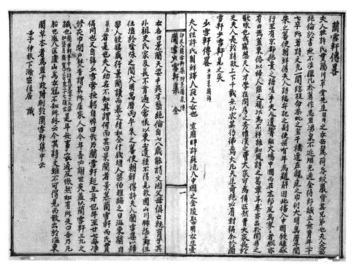

전남대학교 중앙도서관 소장 필사본 『난설소설헌집(蘭雪少雪軒集)』

이 시집에 관한 논문이나 난설헌과 허경란을 비교한 논문들이 여러 편 발표되었다. 나중에는 허경란의 한시를 번역한 『소설헌시선(少雪軒詩選)』까지 출판되었다. 그러나 많은 학자들이 처음부터 이 시집이 위작일 것이라 생각하였기에, 이 책이 훌륭한 비교문학 연구자료가 될 수 있었음에도 불구하고 본격적으로 연구되지 않다가, 결국 위작일 것이라고 추론한 논문이 발표되었다.[88]

이능화가 많은 자료를 소개한 『조선여속고』

미국인 임락(林樂)이 『오주여속통고(五洲女俗通考)』에 조선의 여인들

---

88 양승민, 「문학류 僞書 연구 試論─『雲谷集』과 『少雪軒集』의 진위 변증을 겸하여─」, 『고전과 해석』 17, 2014.

은 "어린 아이가 울면 고양이가 온다고 어른다(兒啼脅文曰猫來云)."는 것
외에는 아무 것도 적혀 있지 않아 임락의 무식을 탓하기 전에 우리나라
의 여속 문헌이 없는 탓이라 하여, 이능화(李能和, 1869-1943)가 그러한
문헌을 작성하기 위하여 『조선여속고(朝鮮女俗考)』(翰南書林, 1927)를
쓴다고 서문에서 말하였다.

이능화는 어려서 한문을 수학하였고 1887년 영어(英語)학교, 1892
년 한어(漢語)학교, 1895년 관립한성법어(法語)학교를 차례로 입학하
고 졸업하여, 당대 학자들 가운데 동서양 고전을 두루 볼 수 있는 인물
이었다. 『조선여속고(朝鮮女俗考)』는 한문자료 소개에 중점을 두어 토
를 달고 간단한 자기 의견을 덧붙인 국한문혼용체 저술이지만, 본격적
인 국한문혼용체가 아니라 토를 빼면 한문 문법으로 이루어진 저술이
다. 「조선부녀지식계급(朝鮮婦女知識階級)」이라는 항목에서

> 士族學者家庭에 或有閨女識字者ᄒ야 如師任堂申氏. 柳夢寅之
> 妹氏. 尹光演之夫人等ᄒ니 而俗所謂肩外見學이 是也오 在家塾之
> 內. 姉妹在兄弟讀書之傍. 從肩外. 聞而知之故. 而非直接受教而然
> 者也라.

라고 소개하여, '어깨너머 공부〔肩外見學〕'라는 말을 유행시켰다. 서당
에 가서 배울 수 없고, 딸을 앞에 앉혀놓고 가르친 부형(父兄)도 별로
없었으므로, 그나마 문장을 남긴 여성들은 오빠들이 공부하는 소리를
어깨너머로 듣고 글을 배웠다는 것이다.

「사족부녀지유문식자(士族婦女之有文識者)」에서 난설헌에 대하여

> 선조조(宣祖朝) 여성 허씨(許氏)는 호를 난설헌(蘭雪軒)이라고 하

는데, 정자(正字) 김성립(金誠立)의 부인이다. 감사(監司) 초당(草堂) 허엽(許曄)의 딸로, 허봉·허성·허균의 누이며 동생이다. 천재이며 뛰어나서 일곱 살에 시를 지을 줄 알아 여신동(女神童)이라고 불렀다. 성품이 선녀와 같아서 항상 꽃으로 화관(花冠)을 만들어 쓰고 향을 피워 놓고 서안을 앞에 하고 시문을 읊었다.[89]

천재 시인, 여신동, 선녀라고 극찬하였다. 난설헌이 "화관을 쓰고 향을 피워 놓고 시를 지었다"는 말은 이 글에서 시작되었다.

「사족부녀지능해시문자(士族婦女之能解詩文者)」에서 시인 36명의 시를 소개하였는데, 대체로 1-2수를 소개하였지만 난설헌의 시만은 26수를 실어 비중이 다름을 보여주었다. 「빈녀음(貧女吟)」 3수, 「축성원(築城怨)」 2수, 「막수악(莫愁樂)」 2수, 「장간행(長干行)」 2수, 「강남곡(江南曲)」 5수, 「고객사(賈客詞)」 3수, 「상봉행(相逢行)」, 「새하곡(塞下曲)」, 「제상행(堤上行)」, 「추천사(鞦韆詞)」, 「야좌(夜坐)」, 「규원(閨怨)」 등의 시를 선정한 것을 보면 여성의 애환을 노래한 악부체(樂府體) 시를 난설헌의 특성으로 여겼음을 알 수 있다.

26장(章) 가운데 조선시대 이전의 내용은 문헌자료이고, 개화기 이후의 내용은 저자의 견문이다. 그의 의견은 단편적이고 개괄적이어서 사실의 나열에 그치고 만 것 같은 감을 주어 아쉽지만, 우리나라 여성을 종합적으로 구명하려는 저술로서는 최초의 것이어서 후학들의 길잡이가 되었다. 이능화는 1927년 10월에 이 책의 속편이라고 볼 수 있는 『조선해어화사(朝鮮解語花史)』, 기생의 역사를 출판하였다.

---

89 李能和, 『朝鮮女俗考』, 翰南書林, 1927, 135쪽.

다양한 연구 방향을 제시한 이숭녕의 「허부인 난설헌」

난설헌에 관한 학술적인 평가는 서울대학교 대학원장을 역임한 이숭녕(李崇寧)에게서 시작되었다. 그가 경성제국대학에 다니던 시기에 예과(豫科)에서 『청량(淸凉)』이라는 일본어 잡지를 발행하고 있었는데, 1930년에 발간된 8호에 이숭녕이 지은 논문 「허부인 난설헌(許夫人蘭雪軒)」이 실려 있다.[90]

이 글은 잡지의 제한된 지면에 따라 짧은 분량임에도 불구하고 '허부인의 개력(許夫人の槪歷)', '이조의 한시(李朝の漢詩)', '작품의 개평(作品の槪評)', '그녀의 기지(彼女の奇智)', '남편의 말로와 세상의 비난(夫の末路と世の非難)', '지나에 미친 난설헌의 영향(支那に於ける蘭雪軒の影響)' 등의 작은 제목에서 보이듯이 다양한 내용을 소개하였다.

이 글에는 서론이 따로 없지만, 첫 장에서 한국에 여성 시인이 없었던 시대 배경을 설명하면서, 유일한 여성 시인이 바로 난설헌이라고 소개하였다.

> 시대와 사회를 막론하고, 시가(詩歌)는 항상 당대 문예의 일대 광휘(光輝)를 이루어 왔다. 멀리는 히브리에 시편이 있었고, 희랍인들에게 일리아드, 오디세이가 있었으며, 근래에는 시가가 다종다양(多種多樣)한 교섭을 통해 발전하고 있다. 요컨대 시가는 문예의 중진(重鎭)이라 할 수 있다. 이로 말미암아 수많은 시인이 배출(輩出)되었지만, 여기서 주목해야 할 사실은 여류시인은 거의 찾아볼 수 없었다는 점이다.

---

90 이하 이숭녕의 논문 소개는 허찬, 「청량에 수록된 경성제대 조선인 예과생들의 학술적 글쓰기」(『열상고전연구』 67, 2019)에서 발췌하였다.

왜 그렇게 되었는지, 이제 와서 그 이유를 해명하는 것은 어찌 보면 어리석은 일이다. 무엇보다도 유교사상에 속박된 동양 제국(諸國)의 문예사(文藝史)에서 여류시인, 여류문사(文士)가 배출되는 일은 극히 드물었으며, 조선에서도 물론 예외는 아니었다. 특히 이조(李朝) 오백 년간 지속되었던 유교정책은 여류시인의 등장을 가로막는 가장 큰 장애물이었다. 이러한 어려움에도 불구하고 우뚝 선 여류시인이 난설헌이다.

당시 사회가 유교에 침윤(浸潤)되어 있었다는 점, 여성이라는 약점을 안고 있었다는 점, 조선 고유의 언문(諺文)이 있고 시조와 같은 언문 문학이 있었음에도 불구하고 번잡한 한문으로 창작활동을 할 수밖에 없었던 상황 등을 종합적으로 고려할 때에, 비로소 난설헌 시의 가치를 발견할 수 있다. 난설헌과 그의 시를 이해하기 위해서는, 그녀를 둘러싼 엄혹한 환경을 바라보지 않으면 안 된다.[91]

서론에 해당되는 부분에서 그는 난설헌이 '여류시인'이라는 사실을 강조하였다. 동서를 막론하고 희귀한 여류시인이 "유교에 침윤(浸潤)되었던" 조선에서 출현하였다는 사실에 의미를 부여한 것이다. "주어진 환경에 대해 스스로 고뇌하고 스스로 싸워나갔던 그녀의 흔적을 찾아보는 과정"의 일환으로 논물을 쓰게 되었음을 명시하면서, "그녀 개인의 작품이 아니다. 그것은 조선의 고뇌였다."고 언급하여 난설헌을 통해 조선 사회의 문제점을 찾아보겠다고 연구 동기를 밝혔다.

남편 김성립은 외모와 능력 모두 난설헌에 미치지 못한 인물이었고,

91 위의 논문에 이숭녕의 일본어 논문도 번역하여 부록으로 실었다. 인용문은 위의 논문 393쪽 내용이다.

결혼생활도 순탄하지 못했으며, 난설헌이 낳은 두 아이가 모두 세상을 일찍 떠난 점을 밝혀, 그는 난설헌에게 닥친 고통의 시간이 여류시인으로서의 작품세계를 형성하였음을 논의하였다.

작품의 개평(槪評) 부분에서 난설헌의 작품의 특징을 크게 "염세적 비애(悲哀)"와 "신비주의적 색채"로 규정하고, "비애(悲哀)", "신비주의", "모성애", "다른 여성"을 제재(題材)로 하는 시들을 예로 들어 네 가지 범주로 분류하여 분석하였다.

"그녀의 기지"라는 장에서 난설헌에 관한 두 가지 일화를 소개하였다. 난설헌이 남편에게 "古之接有財 今之接無才"라고 써서 보냈다는 편지와, 송도남(宋圖南)이라는 친구가 남편을 "덥석님이 멍석님이 김성립 있는가?"라고 놀리자 "맨도라미 귓도람이 宋圖南이 왔냐?"라고 놀리게 가르쳐 준 일화인데, 그는 이러한 일화를 통해 "난설헌의 기지(奇智)가 횡일(橫溢)"하다고 평하였다.

그는 잔 다르크가 "불란서의 호국의 여신"이었음에도 불구하고 그녀를 질투한 남성 장군들에 의해 적군에 잡혀간 것처럼, 난설헌의 시집이 조선 땅에서는 불타 사라진 것이 남성 문인들의 질투에 기인하였다고 언급하고 있다. 그녀가 남편의 외모가 뛰어나지 못함을 한탄하며 "地上願別金誠立, 地下從遊杜牧之" 같은 시를 지었다는 낭설이 유포된 것 또한 뛰어난 여류시인에 관한 남성 문인들의 질투에 의한 것으로 규정하였다.

이 논문에서 출처를 밝히지 않고 지금도 가장 많이 인용되는 부분은 난설헌의 삼한(三恨)이다.

첫째, 광범(廣汎)한 세상 속에서, 왜 하필이면 비좁은 반도에 태어나야만 했던가.

둘째, 왜 하필이면 여자로 태어나야만 했던가.

셋째, 수많은 남자들 중 왜 하필이면 김성립의 배우자가 되었는가.

앞에서 난설헌의 기지(奇智)를 소개할 때에도 출전을 밝히지 않았던 것처럼 이 삼한(三恨)에도 출처를 밝히지 않았는데, 문헌에 검색되지 않는 것을 보면 구전(口傳)이었던 듯하다. 지금도 난설헌을 말할 때에 마치 난설헌이 직접 말한 것처럼 자주 따라다니는 구절인데, 아마도 심증(心證)을 가지고 민간에서 만들어진 말이 아닐까 생각된다.

난설헌이 직접 쓴 글은 물론 없고, 본인이 친정에서 말했다면 허봉이나 허균이 기록하지 않았을까? 사백년 뒤의 이숭녕까지 들을 정도였다면 조선시대 누군가가 이 구전(口傳)을 가지고 난설헌을 다시 한번 비난했을 것이다. 그가 난설헌을 대신하여 심증으로 만들어낸 말이 아니라면, 애국계몽기에 의식이 바뀌면서 난설헌을 재해석하려는 독자들에 의해서 만들어진 말인 듯하다. 이 삼한(三恨)은 이듬해에 간행된 김태준의 『조선한문학사』에도 소개되어 있어, 이 시기에 널리 알려진 이야기인 듯하다.

이숭녕은 젊을 때부터 학자적인 자질이 있어 난설헌의 시를 다양한 각도에서 이해하고 비난 속에서 부활시키려 이 글을 썼지만, 아직 예과 학생이었으므로 보고들은 문헌이 적어서 잘못 쓴 부분이 많다. 기본적으로 난설헌의 남매들에 관한 기록부터 많이 틀렸다.

형제로는 許筬(岳麓), 許筠(荷谷), 許篈(蛟巖)이 있었다. 이들 삼형제는 모두 문장이 뛰어난 정치가였는데, 아쉽게도 사화(史禍)의 소용돌이에 휘말려 균은 변방으로 유배되어 후사를 알 수 없게 되었고, 봉은 옥사(獄死)하였다.

허균과 허봉의 호도 잘못되고 형과 동생도 바뀌었으며, 행적도 바뀌었다. 많은 문제점이 있음에도 불구하고, 이 글은 안왕거가 상업출판용으로 만들어낸 『허부인난설헌집 부 경란집(許夫人蘭雪軒集附景蘭集)』(辛亥唫社, 1913)과 함께 근대 학자들이 난설헌을 찾아 읽게 만드는 계기가 되었다.

문학사에 처음 올린 김태준의 『조선한문학사』

우리나라 문학사에서 가장 많은 시인과 학자들이 등장한 시대가 선조-인조 시대인데, 김태준(金台俊, 1905-1949)은 『조선한문학사(朝鮮漢文學史)』이조편(李朝篇) 제6장의 제목을 「仁肅間의 巨星」이라 정하고 제1절 「歷代의 文閥」에서 지중추(知中樞) 집(輯)-충정공(忠貞公) 종(琮), 종제(從弟) 침(琛)-한(澣)-엽(曄)-성(筬), 봉(篈), 균(筠), 난설(蘭雪)로 이어지는 도표를 작성하였다. 그리고는 "麓谷보담荷谷의詩가 일흠있고 荷谷의詩보담 惺翁(許筠)의詩와小說이有하고 筠이와齊名한 것이 蘭雪의詩이다."고 이 도표를 요약하였다.

제2절 제목을 「許蘭雪과女流文學」이라고 잡은 것부터 우리 문학사에 여성 시인의 위상을 정립하기 위한 포석인데, 경성제국대학 문과에서 중국문학을 전공한 학자답게 난설헌이 중국 문인들로부터 높이 평가받은 사실로 문학사 서술을 시작하였다.

> 卄七歲를─期로하고 夭死하엿스나 그의詩는일즉 明人朱之蕃、梁有年、錢謙益、李廷機等大家를驚倒케하며 남겨놓은詩卷은 藝苑의秘物로서 永遠히 傳하여온다. 조선이라는小天地에 더구나女

性으로서 태여난것과 그中에도가장薄色인 金誠立의妻가된것을 平生의三恨으로生覺하며 더욱金誠立의遠遊로因하야 琴瑟이和諧치 못함을 슲이녁여 怨思의作이많으며[92]

그는 난설헌의 시 가운데 대표작 몇 수를 선정하여 마치 시화(詩話)에서 품평(品評)하는 것처럼 네 글자의 한자로 평하였다. 선녀의 생활을 노래한「동선요(洞仙謠)」, 처절한 모성을 노래한「곡자(哭子)」, 청순한 사랑을 노래한「채련곡(采蓮曲)」을 예로 든 것만 보아도 알 수 있듯이, 조선시대의 비난에서 벗어나 여성 난설헌의 사랑과 슬픔과 동경을 이해한 선시(選詩)라고 볼 수 있다.

蘭雪의文集을보면, 句마다熱情이있고, 虛飾이적으며 그湘絃謠는 叱石成羊의趣가있고 洞仙謠는卓然高秀하야 彫琢의痕이없다. 그餘、哭子詩、采蓮曲과같이 悽惋傷心하게하는者있으며、이와같은 感傷的作品은 그의天稟에依하는者많지만은 그의詩師인蓀谷李達과 荷谷에게負하는바많으며 文字의精練하기는多少 그의師表에比하야 遜色이있을지라도 慧性은三唐을凌過하야 洒脫艷麗하야 飄然히仙人의氣像이있다.[93]

그 뒤에도 중국 문인들이 평을 자세히 소개하여, 중국문학과의 관계에서 난설헌의 시를 품평한 것이 특징이다. 그 뒤에는 빙호당(氷壺堂)부터 김성달(金盛達) 소실(小室), 죽서(竹西) 박씨, 부용(芙蓉)에 이르기까지 18-19세기 여성 시인들까지 10명의 이름을 소개하였다.

---

92 金台俊,『朝鮮漢文學史』, 조선어문학회, 1931, 166쪽.
93 같은 책, 167쪽.

전근대(前近代)의 한학(漢學)이 근대적인 한문학(漢文學) 연구로 발전하는 과정에서 일제강점기 선학자들이 위와 같이 난설헌 연구의 방향을 제시하였기에, 난설헌을 비난하기보다는 이해하려는 현대 학자들의 연구가 시작되었고, 그를 사랑하는 독자들이 늘어났다.

14

외국인들도 사랑한 난설헌

난설헌 시집을 출판해준 청나라 문인들

허균이 공식적으로 『난설헌집』을 편집해준 명나라 문인은 두 사람이다. 정유재란에 종군문인으로 참전했던 오명제(吳明濟)가 허균과 함께 1599년에 『조선시선』을 편집하고, 곧 목판본으로 간행하였다. 이 시선집을 통해 난설헌의 시가 중국에 퍼지기 시작했다.

그 뒤 신종(神宗)이 황손(皇孫)의 탄생을 알리기 위해 한림원 수찬(翰林院修撰) 주지번(朱之蕃)을 1606년 조선에 사신으로 파견했는데, 허균이 접반사 종사관으로 그를 계속 만났다. 그는 장원급제할 정도로 문장이 뛰어난 학자였으므로, 허균은 난설헌의 시를 중국 본토의 문장대가에게 평가받기 위해 활자본 『난설헌집』을 임시로 간행하여 그에게 주었다. 그는 크게 칭찬하며, 서문까지 지어 주었다. 주지번의 서문이 실린 『난설헌집』이 1608년 공주에서 간행되자, 더 많이 중국에 전해졌다.

첫 번째 난설헌 시집은 심무비(沈無非)가 편집한 『경번집(景樊集)』인데, 실물은 남아 있지 않고 청나라 왕사록(王士祿)이 지은 『연지집(燃脂集)』에 심무비의 서문만 인용되어 있다.

심무비는 난설헌의 시를 칭찬하면서도, 일부 표절한 부분이 있다고 밝혔다. 그러나 심무비가 강조한 점은 "(표절 의혹이 있지만) 빼어난 곳은 왕유(王維)의 후신이라고 해도 지나치지 않다"는 사실이다. 표절한 시라고 판단되면 당연히 출판하지 않거나, 최소한 표절이라고 확인된 시는 삭제하였을 것이다. 그는 표절 시비의 가능성을 짐작하면서도 제작비를 들여서 『경번집(景樊集)』을 간행할 정도로 난설헌의 시를 사랑했다.

정유재란에 참전했던 명나라 문인 오명제(吳明濟)는 당시 병조좌랑이던 허균의 집에 머물면서 허균이 외워준 시를 바탕으로 『조선시선』을 편집했으므로, 허난설헌의 시 58수, 허균의 시 15수를 실었다. 전체 112명의 시 340수가 실렸으니, 난설헌 남매 2명의 시가 5분의 1이나 실린 것이다.

112명 가운데 가장 많이 실린 시인은 허난설헌이다. 칠언절구 「유선곡(遊仙曲)」 한 편만 하더라도 제목 밑에 "(유선곡은) 모두 200수인데, 필사한 원고 81수를 얻었다"고 하였다. 그러나 실제로는 14수를 실었다. 오명제도 수집한 시를 모두 편집한 것이 아니라 6분의 1 정도로 엄선했음을 알 수 있다.

이 책이 나오자 명말(明末) 청초(清初)에 여러 종류의 조선시선이 간행되었는데, 특히 전겸익(錢謙益)의 『열조시집(列朝詩集)』 조선편에 많은 영향을 주었다. 점겸익이 조선에 가보지 않고 편집했으므로, 최초의 조선시선집인 이 책을 주로 참고했던 것이다.

오명제와 비슷한 시기에 조선에 파견되었던 남방위(藍芳威)도 『조선고시(朝鮮古詩)』와 『조선시선전집』을 간행하였다. 이 시선집에도 난설헌의 시가 많이 실렸는데, 허균이 간행한 『난설헌집』에도 없는 시들을 그가 어떤 경로를 통해 수집했는지 확인할 수는 없지만, 난설헌의 시를 그만큼 사랑하여 다방면으로 수집한 것만은 분명하다.

오명제와 남방위의 조선시선집이 간행된 뒤에, 이 두 책을 바탕으로 한 수많은 시집과 선집들이 간행되어 난설헌의 시를 청나라 독자들에게 널리 알렸다.

난설헌을 변호해준 청나라 학자들

우리나라에서 최초로 1608년에 여성 시인의 시집인 『난설헌집』이 간행되자, 칭찬보다는 비난이 많이 쏟아졌다. 시에 대한 평가보다는 주로 여성이 시를 지었다는 사실에 대한 비난인데, 그 가운데 하나가 여성이 이름을 가졌다는 사실에 대한 비난이었다.

난설헌(蘭雪軒)은 이름 그대로 당호(堂號)이고, 명(名)은 초희(楚姬), 자(字)는 경번(景樊)이다. 자(字)는 관례(冠禮)나 계례(笄禮)를 치를 때에 성년이 되었다는 의미로 지어준, 또 하나의 이름이다. 친구들끼리 자를 불렀으며, 윗사람이 자를 불러주는 것은 자기보다 아랫사람이지만 적당히 존중한다는 뜻이다.

한자는 뜻글자이기 때문에, 한자로 만들어진 이름에는 모두 나름대로의 뜻이 있다. 그런데 난설헌이 남편과 사이가 좋지 않자, 많은 사람들이 "난설헌이 남편보다 다른 남성을 마음에 두고 있다"고 비난했다. 구체적으로 당나라 시인 두목(杜牧)을 사모한다고 비난했다.

숙부인 홍억(洪檍)이 1765년에 서장관(書狀官)으로 청나라에 가게 되자, 35세 되던 실학자 담헌(湛軒) 홍대용(洪大容)이 군관(軍官)으로 수행하여 북경에 묵으면서 청나라 학자들과 사귀었다. 홍대용이 반정균(潘庭筠)과 이야기하던 중에 난설헌에 대한 이야기가 나왔는데, 반정균이 먼저 물었다.

"그대 나라에 살던 경번당(景樊堂)은 허봉(許篈)의 누이라던데, 시를 잘 지었다고 이름나서 우리나라의 선시집(選詩集)에도 실렸으니 이 어찌 대단한 일이 아닙니까?"

명나라와 청나라에서 출판된 시집에는 난설헌의 이름이 대개 경번(景樊)으로 알려졌는데, 반정균은 당호로 알고 물었다. 그러자 홍대용이 대답하였다.

"비록 이 부인의 시는 경지가 높지만, 그의 덕행은 그의 시보다 멀리 뒤떨어집니다. 그의 남편 김성립은 재주와 용모가 별로 잘나지 못했으므로, 이 부인이 그를 빗대어 이런 시를 지었답니다.

인간 세상에서는 김성립과 헤어졌다가

지하에서 오래도록 두목지를 따르리라.

人間願別金誠立, 地下長從杜牧之.

이 시를 보면 곧 그 여성의 사람됨을 알 수 있을 겁니다."

그러자 반정균이 대답하였다.

"그는 그럴 만하지요. 아름다운 여인에게 못난 남편이 따르게 되었으니, 어찌 원망이 없겠습니까?"[94]

홍대용은 시대를 앞서간 실학자였지만, 여성이 한시를 지어 집밖에까지 이름이 알려졌다는 사실에는 반감을 가졌다. 마음이 맞는 중국인 학자가 허난설헌을 칭찬하자 근거 없는 소문을 들어서 난설헌을 비난하였다. '미남으로 이름난 당나라 시인 두목(杜牧)의 호가 번천(樊川)이었으니 난설헌이 그를 사모한다는 뜻으로 경번(景樊)이라 자를 짓고, 이렇게 음란한 시를 지은 게 아니냐'는 것이다.

---

94 이 이야기는 이덕무(李德懋)의 문집인 『청장관전서(淸莊館全書)』 권53 「천애지기서(天涯知己書)」에 실려 있다.

물론 이 시는 난설헌이 지은 시가 아니고, 그의 재주를 시샘하는 호사가(好事家)들이 난설헌의 이름으로 지어 퍼뜨린 시이다. 그 사실이야 어쨌건, 홍대용은 그 시를 난설헌이 지었다고 믿고서 그렇게 말했는데, 통이 큰 중국 학자는 "난설헌이 남편에게 만족하지 못하고 자기와 어울리는 다른 남자를 마음에 두는 것이 당연하지 않느냐?"고 오히려 두둔하였다.

  관례나 계례를 치르면서 자(字)를 받았는데, 자는 본인이 마음대로 짓는 것이 아니라 어른들이 지어 주었다. 여성들은 대개 혼인하는 날 아침에 비녀를 꽂으며 계례를 치렀고, 아주 드물게 자를 받았는데, 계례를 주관하는 어른이 자를 지어 주었다. 난설헌 경우에는 아버지나 작은오빠가 지어주었을 가능성이 있다.

  경번(景樊)의 의미에 대해서는 이미 김만중(金萬重, 1637-1692)이 『서포만필(西浦漫筆)』에서 "난설헌의 다른 호는 경번당(景樊堂)이니 대체로 번부인(樊夫人)의 부부가 모두 신선이 된 것을 흠모해서 지은 것이다."라고 해명해 주었다. 난설헌이 당나라 시인 두목을 사모해서 '번천을 사모한다'는 뜻의 경번(景樊)이라고 지은 것이 아니라, 선계시를 많이 지은 번부인(樊夫人)을 사모한다는 뜻에서 '경번'이라고 지어준 것이다. 백 년 전에 이미 문학적으로 해명된 사실을 가지고 외국에까지 나가서 비도덕적인 여성이라고 비난한 셈이다.

  난설헌이 성년이 되었을 무렵에는 아직 아버지 초당이 살아 있었으므로, '경번'이라는 자는 아버지가 지어 주었을 가능성이 있다. 초희(楚姬)라는 명(名)은 당연히 아버지 초당이 지어주었을 텐데, 자(字)는 명(名)과 관련지어서 짓는 경우가 많다. 경번이라는 자가 초희라는 명과 관련되어 지어졌을 거라는 가능성은 임상원(任相元)이 일찍이 제시하였다.

난설헌은 『태평광기』를 즐겨 읽었다. 그 긴 이야기를 다 외웠으며, 중국 초나라 번희(樊姬)를 사모했기 때문에 호까지도 경번(景樊)이라고 지었다.
　　　　　　　　　　　　　　　　　　　　－임상원 『교거쇄편』 권1

　그러나 난설헌이 이름과 자를 가졌다는 사실에 대해서는 임상원이나 김만중보다 백여 년 뒤에 살았던 홍대용이나 박지원 같은 실학자까지도 비난하였다. 박지원(朴趾源)은 1780년에 삼종형 박명원의 자제군관으로 청나라에 들어갔다가 열하(熱河)에서 윤가전(尹嘉銓)이나 기풍액(奇豊額) 같은 중국 선비들과 토론했는데, 화제가 난설헌에 이르자 이렇게 말했다.

　"그의 호를 경번당(景樊堂)이라고 기록한 것은 큰 잘못입니다. 뒤에 허씨는 김성립에게 시집갔지만 성립의 얼굴이 못났으므로, 그의 친구들이 성립을 놀렸습니다. '그의 아내 허씨가 번천(樊川)을 사모한다'는 것이지요. 규중에서 시를 짓는 것부터가 원래 아름다운 일이 아니거늘, 경번(景樊)이라고 (남편이 아닌 남자를 사모했다고) 길이 전하게 되었으니 이 어찌 원통하지 않겠습니까?"

　박지원은 그 시가 김성립의 친구들이 장난삼아 지은 것인 줄 알고 있었지만, 그 시의 사실 여부를 떠나서 여성이 시를 지었다는 사실 자체를 "아름답지 못하다"고 비난하였다. 난설헌이 억울한 일을 당해도 당연하다는 뜻이다.

　박지원은 『열하일기』에서 허난설헌의 이름에 대해 다시 논했다.

　"규중에서 시를 짓는다는 행위가 본래 아름다운 일이 아니지만, 외국의 한 여자로서 그 이름이 중국에까지 널리 퍼졌으니 뛰어났다고 말할 만하다. 그러나 우리나라의 부인들은 일찍이 이름과 자(字)가 자기 나라에서도 드러나지 않았으므로, 난설헌이 호를 하나 가진 것도 오히려 지나

치거늘, 하물며 경번이라는 이름으로 잘못 알려져서 책마다 (그의 이야기가) 실린 것이 보이니, 천고에 씻어내기 힘들게 되었다. 이 어찌 뒷날의 재사가 풍부한 처녀들이 본받을 만한 밝은 거울이 되지 않겠는가?"

박지원은 중국어를 하지 못했으므로 종이에 한자를 써서 필담(筆談)을 나누었는데, 위의 문장 다음에 청나라 문인의 대답을 기록하지 않고, 한 줄만 덧붙여서 기록을 끝냈다.

"윤(尹)·기(奇) 두 분이 모두 크게 웃었다. 문 밖에 아이놈들이 무슨 까닭인지도 모르고 모두 늘어서서 따라 웃는다. 이는 이른바 '웃음소리만 듣고 따라 웃는다'는 격이다. 알지 못하겠노라, 그들의 웃음이 무슨 일인지. 나 역시 웃음을 참지 못하였다."

청나라 문인들은 박지원의 비난에 대답할 필요를 느끼지 못했다. 청나라에 이미 백여 명의 여성 시인들이 활동하고 있었고, 수십 권의 시집이 간행되어 널리 읽혔다. 그러한 문단 분위기에서 조선 여인 난설헌의 시집이 간행되고 높이 평가받았는데, "여성이 시를 규중에서 시를 짓는다는 행위가 본래 아름다운 일이 아니다"라든가, "경번(景樊)이라는 이름으로 잘못 알려져서 책마다 (그의 이야기가) 실린 것이 보이니, 천고에 씻어내기 힘들게 되었다"는 비난을 이해할 수 없었던 것이다. "그들의 웃음이 무슨 일인지" 확실히 모르면서도 박지원이 따라 웃은 것은 말하고 보니 자기도 계면쩍어서 그랬던 것이 아닐까?

난설헌 시의 영어 번역

난설헌 시의 영어 번역 가운데 대표적인 업적으로는 미국 하버드대학 매캔 교수의 번역과 호주 국립대 최양희 교수의 번역을 들 수 있다.

필자가 2000년 연구학기에 미국 하버드대학 동아시아학과에서 한국 한시(韓國漢詩)를 강의하였는데, 이 때 공동강의 책임자였던 매캔(David R. Mccann) 교수가 한국의 대표적인 고전문학 작품을 골라서 영어로 번역한 『Early Korean Literature』라는 책을 같은 해 Columbia University Press에서 출판하였다.

매캔 교수가 미국 컬럼비아대학 출판부에서 간행한 『Early Korean Literature』

한시는 최치원 2수, 김부식 1수, 임제 2수, 이규보 6수, 허난설헌 5수, 장씨부인 2수, 부용당 신씨 2수, 영수합 서씨 1수 등을 실었는데, 이 가운데 이규보(Yi Kyu-bo), 허난설헌(Hŏ Nansŏrhŏn), 장씨부인(Lady Ching)을 목차에 올렸다. 허난설헌의 시는 「At My Son's Grave」, 「Contemplation」, 「Sending Off」, 「To My Elder Brother」, 「The Young Seamaster」 등 5수를 실었는데, 미국 독자들을 위한 번역이기 때문에 한문 원문은 싣지 않고, 완전히 영시로 만들어서 실었다. 매캔 교수가 미국에서 활동하는 현역 시인인데다 한글로 시조도 지은 경험이 있어서, 난설헌의 한시를 자연스럽게 번역할 수 있었다. 허경진 교수의 번역을 이용했다고 서문에서 밝혔는데, 구체적으로는 『허난설헌시선』(평민사, 1999, 개정증보판)을 번역한 것이다.

이 가운데 「At My Son's Grave(哭子)」를 예로 들어 보인다. 번역의 저본인 필자의 번역시(평민사, 1999 개정증보판)도 함께 실어, 대조하며 읽어보기로 한다.

At My Son's Grave

One year ago I lost my beloved daughter;
this year I lost my beloved son.
How sad, how sad this expance of tombs,
where two graves line up facing each other.
In the poplar branches the wind desolately cries;
in the pine grove, spirit fires gleam.
Scattering the paper money I call your soul;
I pour the cup of wine on your grave.
May your lonely souls, brother and sister,
play joyfully each night as before you were born.
A baby is growing inside, I know, but how
will I know if I can raise the child, as things go?
Lost in grief I repeat this lament;
with tears of blood, I choke down each bitter note.

아들 죽음에 곡하다

지난해에는 사랑하는 딸을 여의고
올해에는 사랑하는 아들까지 잃었네.
슬프디 슬픈 광릉 땅에
두 무덤이 나란히 마주보고 서 있구나.
사시나무 가지에는 쓸쓸히 바람 불고
솔숲에선 도깨비불 반짝이는데,
지전을 날리며 너의 혼을 부르고
네 무덤 앞에다 술잔을 붓는다.

너희들 남매의 가여운 혼은
밤마다 서로 따르며 놀고 있을 테지.
비록 뱃속에 아이가 있다지만
어찌 제대로 자라나기를 바라랴.
하염없이 슬픈 노래를 부르며
피눈물 슬픈 울음을 속으로 삼키네.

그로부터 3년 뒤인 2003년에 최양희(73) 전 호주국립대 아시아·태
평양학과 교수가 영어로 번역한『Vision of Phoenix(불사조가 사는 신
선의 나라)』가 미국 코넬대학교 출판부에서 나왔으며, 2005년에 한국
문학번역원이 시상하는 제7회 한국문학번역상을 수상하였다. 2005년
12월 6일자『한국일보』에 실린 박석원 기자의 기사를 소개한다.

최씨가 여성 작가들에 관심을 갖는 이유는
"당대의 남성들보다 뛰어난 여걸이기 때문"
이라고 한다. "특히 난설헌은 옹졸하기 이를
데 없는 조선시대에 여성으로 태어나 온갖
어려움을 겪으면서도 작품을 통해 사회 분위
기를 뚫고 가려는 의식을 표현했습니다. 자
녀 둘이 다 죽고 시어머니와 사이도 안 좋았
지요. 남편은 바람을 피워 애를 태웠고, 결국
27세에 요절했습니다. 이번 번역서는 해외
의 한국학자들이 한시를 정확히 이해하는 데
도움을 줄 것입니다."

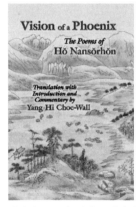

최양희 교수가 영어로 번역한
난설헌 시집
『Vision of Phoenix』

번역 과정에서 가장 어려웠던 점은 난설헌의 작품에 스며 있는 도

교 사상. 4년이 걸린 작업 탓에 눈도 침침해지고 건강도 많이 나빠졌다. 외국에서 하루 20시간씩 고서와 싸우는 외롭고 힘겨운 작업이었다. 가끔 영국 출신 변호사 남편 레이몬드 월(77) 씨로부터 "서양 사람은 그렇게 해석하지 않을 것"이라는 코멘트도 받았다.

일본인이 난설헌 번역 및 연구서를 집필하다

학당파 시인 백호(白湖) 임제(林悌)를 연구한 일본인 나카이 겐지(仲井健治)가 『난설헌의 세계』라는 연구서를 2001년에 집필하여 임제의 후손 임채남 선생에게 전달했는데, 임채남 선생이 난설헌 연구자인 허미자 교수에게 소개하여 한국에서 번역서가 나왔다. 『일본인이 본 허난설헌 한시의 세계』 머리말에 나카이 겐지가 허미자 교수에게 보낸 편지가 일부 실려 있다.

> 小生은 독일의 觀念論哲學의 洗禮를 받아, 학문에 있어서 方法論的 確實性을 가장 重視하는 戰中派입니다. 漢詩를 이룩하는 개개의 낱말에 대하여는, 먼저 그 客觀的 意味를 古來의 用例에 비추어 究明하는 작업에 소홀하지는 않았습니다. 그 다음에는 그와 같은 意味로 과연 作者가 사용한 것인가 아닌가를 前後의 關係 등으로 차분히 診察하여 보았습니다. 그리고 聽診器나 心電圖 등에 조금이라도 異常이 看取되는 경우에는 ?마크를 붙여서 精密檢査를 하였습니다. 문제의 그 낱말을 作者는 도대체 어떤 의미로 사용하려고 한 것인가를, 있을 수 있는 모든 경우를 想定하여 며칠씩이나 탐색을 거듭하였습니다.[95]

그는 시 77수를 구체적으로 분석하면서 난설헌의 세계를 구명하였는데, "한국의 女流詩人 蘭雪軒 許楚姬의 代表作은 仙界에서 노니는 일을 엮어 쓴 遊仙詞 87首이다."라는 첫 줄만 보더라도 그의 연구방향을 알 수 있다.

그는 서론에서 한국의 연구성과를 소개하고, 그럼에도 불구하고 자신이 새롭게 연구하게 된 동기를 이렇게 소개하였다.

七言絶句를 87首나 지어서 聯을 이어 엮은 許氏의 遊仙詞는 晚唐의 曹唐이 지은 小遊仙詞 98首와 똑같이 七言絶句로 된 stanza로 이루어진 것을 본받은 것임은 의심할 여지가 없다. 許氏의 그 遊仙詞 87수가 옛 仙人의 높은 뜻을 追慕하고, 玄宗(深遠한 道)의 境地에 이르는 것을 希求한 것이었다는데 대하여는 허경진 씨가 옮긴 『許蘭雪軒詩集』(평민사, 한국의 한시 10)이, 郭璞의 作品까지도 그 근거로 들면서 빠짐없이 조사하여 注釋하고 올바르고 쉬운 譯解를 덧붙이고 있는 것에는 머리를 숙이게 된다.

그렇지만 許氏의 遊仙詞 87수의 뚜렷한 特色은 그 題銘을 ~詩라고 하지 않고 詞라고 한 것에서도 미루어 알 수 있듯이, 歌詞로서의 韻律의 追求에 專心으로 注力한 것이라는 點을 소홀히 할 수는 없다.

蘭雪軒 許氏의 遊仙詞 87수를 본다면, 그 韻律의 精妙性의 發揮에 있어서 渺渺한 大空에 飄飄히 펄럭이는 仙人의 자태를 묘사하는데 入聲의 글자를 굳이 많이 쓴 것이 一目瞭然하다.

번역문에서 차이점을 설명할 수 없는 운율에 관점을 두고 난설헌 시

95 仲井健治 저, 허미자 역, 『일본인이 본 허난설헌 한시의 세계』, 국학자료원, 2003, 7쪽

를 주석하고 번역하고 분석하였다. 나카이 겐지는 이 책의 결론 부분에서 중국의 대표적인 여성 시인으로 당나라의 설도(薛濤)와 어현기(魚玄機), 후촉(後蜀)의 화예부인(花蕊夫人)을 꼽고, 난설헌이 이 가운데 어현기(魚玄機)와 가장 비슷하다고 하였다.

앞의 세 사람 중에서, 자기의 처지와 겹쳐 본 蘭雪軒이 가장 親近感을 가진 것은 魚玄機였다는 것을 推測하기 어렵지 않다. 男尊女卑의 封建社會에 태어나서 오로지 主體性을 추구한 玄機는 태어나면서 聰明하고 시를 잘 짓고 그 情致는 繁縟하였다. (…)

또한『唐詩紀事』에는 女童 綠翹를 笞殺하고 下獄되었을 때, 獄中에서 시를 지어 다음과 같이 말하였다고 한다.

贈鄰女　　이웃 여인에게 보냄

羞日遮羅袖　해님이 부끄러워 비단 옷소매로 가리고

愁春懶起妝　봄에 시름겨워 화장하는 것을 게을리 하네

易求無價寶　구하기 쉬운 것은 값 없는 보물

難得有心郎　얻기 어려운 것은 정을 가진 낭군

枕上潛垂淚　베개 위에 몰래 눈물 흘리고

花間暗斷腸　꽃 사이로 숨어서 애 간장 끊네

自能窺宋玉　스스로 宋玉을 잘 엿보아도

何必恨王昌　어찌 반드시 왕창(美男子로 알려진 唐의 散騎常侍)을 원망하랴

身命을 걸고 有心의 郎을 구한 魚玄機-. 이와 같은 晚唐의 女流詩人에 강한 畏羨의 念을 품고, 그것과의 一體感에 빠지면서 27세에

生涯를 蘭雪軒은 마감한 것이다.

어현기(魚玄機, 844?-871?)는 서안(西安) 사람으로, 어려서부터 총명하고 글을 잘 지었다. 경국지색이라는 말을 들을 정도의 미인이었는데, 15세에 장래가 촉망되는 이억(李億)의 첩이 되었다. 부인이 심하게 질투하자 이억이 어현기를 도관(道觀)으로 보내면서 '자주 찾아가겠다'고 했지만 세월이 흘러가도 오지 않았다. 뒤늦게야 버림받음을 알게 된 여도사(女道士) 어현기는 풍류재자(風流才子)들을 도관으로 초청하여 술자리를 벌이고 글을 주고받으며 문학을 논하였다. 그러다가 한 남자를 사이에 두고 녹교(綠翹)라는 여종과 사랑싸움을 하다가 때려죽이고 투옥되었으며, 27-8세에 처형당했다. 당나라 4대 여성 시인으로 불리는 그의 시가 『전당시(全唐詩)』에 50수 실려 전해진다. 나카이 겐지의 의견에 전적으로 동의할 수는 없지만, "身命을 걸고 有心의 郞을 구한 魚玄機-. 이와 같은 晚唐의 女流詩人에 강한 畏羨의 念을 품고, 그것과의 一體感에 빠지면서 27세에 生涯를 蘭雪軒은 마감한 것이다."라는 이 연구서의 마지막 줄은 난설헌의 생애를 한 번 더 생각해보게 한다.

독일어로 난설헌 시를 번역하며 미술 전시회를 하다

독일인 남편과 사별한 뒤에 아픔을 극복하기 위해 지역 주민들에게 사군자(四君子)를 가르치며 독일에서 작가활동을 하던 송남희 화백이 2008년 베를린 여성작가협회 전시회 작품을 2007년부터 구상하는 과정에서 난설헌의 시를 추천받고, 자신과 닮은 듯한 난설헌에 매료되어

난설헌의 대표작 「유선사(遊仙詞)」 87수를 미술작품으로 재탄생시켰다.

이후 송남희 화백은 강릉과 독일을 오가며 난설헌 작품을 전시하고 번역했으며, 이를 계기로 허난설헌 한독 여성작가회가 결성되어 한국과 독일에서 교류전을 계속하였다. 2016년 7월 4일 독일 뮌헨의 드랫설갤러리에서 열린 난설헌작가회 초대 미술전 개막식에서는 철학자인 레이너 짐머만 교수가 난설헌의 시를 독일어로 낭독하여 큰 박수를 받았다.

평창올림픽의 라이트아트 쇼로 세계인의 눈길을 받다

2018년 평창문화올림픽 프로그램의 일환으로 강릉 경포호에서 난설헌을 전세계에 알리는 라이트아트 쇼 '달빛호수'가 여러 차례 공연되었다. 2018년 1월 24일자 『강원도민일보』에 실린 기사를 소개한다.

전 세계인의 열정이 펼쳐지는 평창올림픽을 맞아 강릉의 천재 여류시인 허난설헌(1563-1589)이 500년의 세월을 건너 경포호에서 되살아난다.

강릉시가 주최·주관하는 라이트아트쇼 '달빛호수'(연출감독 허주범)가 내달 3일부터 25일까지 강릉 경포호 일원에서 평창문화올림픽 프로그램으로 펼쳐진다. 이번 공연은 경포대에 전해 내려오는 '다섯 개의 달'을 상징하는 대형 조형물과 경관 조명으로 장식된 밤의 경포호를 배경으로 강릉의 여류시인 허난설헌의 이야기를 화려한 미디어아트로 선보인

다. 탁월한 예술적 재능으로 중국, 일본에서도 찬사를 받았으나 여성의 재능을 인정하지 않는 당시 시대상에 갇혀 재능을 꽃피우지 못한 채 27세 젊은 나이에 세상을 떠난 조선 중기 천재 시인 허난설헌. '달빛호수'는 재능을 풀어내지 못한 채 생을 마감한 허난설헌을 전 세계인의 열정이 모이는 2018년 강릉의 경포호로 불러내 누구나 자신의 재능과 영감, 꿈을 마음껏 꽃피울 수 있기를 염원하는 쇼를 선보인다.

쏟아지는 달빛과 별빛을 극대화한 조명 및 조형물로 꾸며진 경포호를 배경으로 허난설헌을 연기하는 퍼포먼스가 강원의 자연과 올림픽 정신 등을 담은 미디어아트와 어우러지며 강릉을 찾은 세계인을 대상으로 한국의 전통과 현대 문화를 넘나드는 환상적인 경포호의 밤을 선사한다.

미디어아트쇼는 총 5장으로 구성됐으며 매일 오후 7시·8시·9시 등 1일 총 3회 10분씩 진행된다. 경관 조명은 오후 5시부터 자정까지 운영된다.

허주범 감독은 "경포호의 실경과 문화·미디어와 기술의 조화로 미래 세대에게 희망과 영감을 주는 메시지를 전하며 새로운 한류 문화를 창조할 수 있을 것"이라고 말했다.　　　　　　　　　-최유란 기자

15

강릉시민들이 사랑한 난설헌

필자가 박사논문을 제출하였던 1983년만 해도 강릉에서 난설헌이나 허균에 대한 평가가 모두 호의적이지는 않았다. 강릉 출신이던 심사위원이 "하필이면 왜 허균 같은 역적에 대해 박사논문을 쓰느냐?"고 질문할 정도였다. 물론 박사논문을 써야만 하는 이유를 설명하고 문답은 끝났지만, 보수적인 강릉시민들 가운데 허균 허난설헌 남매를 앞장서서 사랑한 분들이 많지 않았던 것은 사실이다.

난설헌의 고향인 강릉에서는 이때만 해도 허균을 역적이라고 평가했는데, 가장 큰 원인 가운데 하나는 허균 집안이 동인이었고, 율곡 집안이 서인이었기 때문이다. 조선 후기 300년 동안 정권을 잡았던 노론(老論)의 정신적인 지주가 바로 율곡 이이였고, 그의 고향이 강릉이었다. 그런데 작은오빠 허봉이 율곡을 탄핵하다가 유배되고 목숨을 잃은 데다, 아우 허균까지 역적이라는 죄를 쓰고 처형당했으므로, 20세기 후반까지도 강릉에서 난설헌을 선양할 분위기가 못 되었던 것이다.

허균·허난설헌선양사업회가 사단법인으로 발족하다

1999년 7월 10일에 허균·허난설헌선양사업회가 창립되어 교산과 난설헌의 문학을 재평가하는 작업이 시작되었다. 10월 2-3일에 허균·허난설헌문화제와 학술세미나를 개최한 뒤부터 해마다 계속하였다. 분량이 좀 길지만 창립선언문을 소개한다.

　　지금 우리들 앞에는 새 천년의 새로운 세기가 열리고 있습니다. 세계화의 공간과 천년화의 시간이 만나는 역사적인 이 순간, 지역 변혁을 위한 열린 마음과 창의적 사고가 요구됩니다.

　　시대가 요구하는「변화와 개혁」만이 오늘의 생존을 보장받을 수 있습니다. 변화할 수 없다면 어떤 성공도 불가능합니다.

　　이제 우리는 문화의 세기를 이끌어 갈 주역으로 수준 높은 지역 문화의 창조를 위해 힘을 모아야 하겠습니다.

　　400여년 전 강릉 땅에서 태어난 교산 허균 선생과 난설헌 허초희 여사는 역사의 거친 돌밭을 몸소 걸어가면서, 변혁이라는 숭고한 가르침을 남겨 놓았습니다. 이 땅의 정신이 살아 숨쉬고, 땀 내음이 배어 있는 초당에는 바른길, 올곧은 생각, 정직한 가르침으로 뿌려놓은 솔씨들이 늘 푸른 기상으로 곧게 서 있습니다.

　　시대는 가도 인물은 남아 우리에게 무한한 감동을 전합니다. 선각자로서, 문학가로서 또한 사상가로서 지역문화에 큰 영향을 끼친 허균 선생과 난설헌 허초희 여사를 강릉의 인물로 재평가하고 새롭게 자리 매김하는 일은 남에게 미룰 수도 없고 다음 세대에 넘길 일도 아닙니다.

　　오늘 우리는 두 분의 숭고한 뜻과 올곧은 생각을 이어받아「지역문화의 계승」,「지역인물의 선양」,「지역정신의 창조」를 위하여 허균·허난설헌 선양사업회 창립을 선언합니다.

2001년 12월 3일에 선양사업회가 사단법인으로 등록하고, 함영회 이사장이 취임하였다. 같은 해에 제3회 학술세미나가 9월 22일에 개최되어, 대표적인 학자들이 강릉 초당동 난설헌 생가터에서 논문을 발표하였다.

이숭매(중국 청도해양대) :『난설헌집』과『단장집』비교연구
박현규(순천향대) : 중국 문헌에 수록된 허난설헌 작품의 실체와 계보
장정룡(강릉대) : 허균의 궁사(宮詞)에 나타난 궁중풍속
허경진(연세대) :『동시품휘보(東詩品彙補)』와 허균의 과체시
이이화(역사문제연구소) : 허균의 개혁사상과 새천년의 미래사회

(사)허균허난설헌선양사업회는 2011년 2월에 '(사)교산·난설헌선양회'로 명칭을 고치고 계속 선양사업을 수행하고 있다.

강릉에서는 선양회 말고도 허난설헌 학술대회가 자주 열리는데, 2005년 10월 26일에는 강릉대학교 인문학연구소에서 개최한 제13회 '영동문화 창달을 위한 전국학술대회'에서 「허난설헌의 삶과 문학세계」라는 주제로 다음과 같은 논문들이 발표되었다.

허경진(연세대) : 허난설헌의 생애를 통해서 본 조선시대 여성의 권리
정경숙(강릉대) : 허난설헌의 시집살이를 통해 본 여성의 삶
박현규(순천향대) : 허난설헌 문학의 다양한 모습과 평가

이날 발표된 논문들은『인문학보(人文學報)』제31집(강릉대학교 인문학연구소, 2006)에 모두 실렸다.

난설헌을 기리는 강릉의 예술행사

1980년대에 들어와 난설헌에 대한 인식이 달라지면서, 여성이 시를 지었다는 이유만으로 비판하던 조선시대와는 달리, 오히려 봉건적인 시대에 살면서도 자의식을 가지고 시를 지었다는 이유 때문에 난설헌을 문화인물로 숭앙하고, 그의 예술혼을 기리는 행사들이 생겨났다.

2001년 9월에는 문화관광부가 허균과 허난설헌을 '이달의 문화인물'로 선정하여 안내책자를 만들고, 전국 곳곳에서 이들의 예술혼을 기리는 문화행사가 계속되었다.

그밖에 가장 대표적인 문화행사는 허난설헌문화제이다. 필자가 참석한 제3회 허균·허난설헌문화제는 2001년 9월 22일과 23일에 열렸는데, 첫날에는 추모제, 살풀이, 국제학술대회, 가장행렬, 장기자랑, 특강, 허난설헌 시낭송회, 추모 춤판, 초당 솔밭음악회 등이 열렸고, 둘째 날에는 전국백일장, 인형극, 장기자랑, 시상식 등이 열렸다. 이런 행사들은 해마다 더 늘어나고 있다.

시낭송회에서는 허난설헌의 시를 낭송하였다. 초당 솔밭음악회에서는 최재호가 작곡한 허균의 시 「한밤중에 일어나」를 바리톤 김영중이 부르고, 난설헌의 시 「집은 강릉땅」을 소프라노 이민홍이 불렀다.

가장행렬을 함께 구경하던 박양자 교수(강릉대)는 율곡 이이와 사임당 신씨만 조선시대의 대표적인 인물로 생각하던 강릉에서 율곡 집안과 적대관계에 있던 허균과 허난설헌의 문화예술행사를 하고 특히 가장행렬까지 하게 된 그 자체만으로도 난설헌의 위상이 높아진 것을 실감했다고 필자에게 토로하였다.

강릉 시민들이 세운 난설헌 기념비

난설헌의 문학이 제대로 평가받으면서, 전국 곳곳에 그의 문학적 성과를 기리는 기념물들과 시비(詩碑)들이 세워졌다.

처음 세워진 난설헌 시비는 양천 허씨 문중에서 1969년 6월 1일에 경기도 용인군 원삼면 맹리 선산에 세운 것이다. 앞에는 "난설헌허초희시비(蘭雪軒許楚姬詩碑)"라 쓰고, 뒤에는 초당 허엽의 종손인 허강(許橿)이 난설헌의 오언절구 「감우(感遇)」 제1수 원문을 써서 새겼다.

양천 허씨 선산에 세운
난설헌허초희 시비

盈盈窓下蘭。枝葉何芬芳。
西風一披拂。零落悲秋霜。
秀色縱凋悴。清香終不死。
感物傷我心。涕淚沾衣袂。

강릉에 세워진 첫 번째 난설헌 시비는 1991년 강릉시 여성단체협의회에서 강릉시 초당동 강원도교원연수원 입구에 세운 '난설헌허초희시비'이다. 허경진

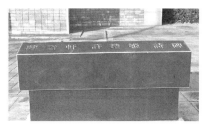

오누이공원에 세워진 '난설헌허초희시비'
(사진: 주대중)

교수가 번역한 「몽유광상산시(夢遊廣桑山詩)」를 새겼다. 1994년 강릉 예총지부에서 그 왼쪽에 '교산허균문학비'를 세워 오누이 시비가 짝을 이뤘으며, 뒤쪽으로 도예가 권순형 교수의 작품 「일출(日出)」을 설치해

오누이공원을 조성했다.

　마지막으로 세운 시비는 초당동 생가터 100m 앞에 있다. "나의 집은 강릉땅 돌 쌓인 갯가"로 시작되는 「죽지사(竹枝詞)」 제3수를 장정룡 교수가 번역해 새겼다.

　기념관과 생가터 사이에 초당 허엽의 시 「고성(高城) 해산정(海山亭)」, 악록 허성의 시 「밤에 남루에 올라서〔夜登南樓〕」, 하곡 허봉의 시 「난하(灤河)」, 교산 허균의 시 「호정(湖亭)」을 새긴 시비들을 나란히 세웠다. 이 가운데 초당의 시는 강원도 고성, 교산과 난설헌의 시는 고향 강릉을 노래한 시들을 선정하여 새겼다.

　허씨 오문장가 시비들은 강릉시의 지원을 받아 1998년 12월 26일 초당동마을 입구에서 생가터까지 산책로를 조성하여 세웠는데, 2013년 5월에 생가터 옆 지금의 자리로 옮겨 세웠다.

생가터 기념공원에 오문장가 시비가 세워져 있다.
오른쪽부터 차례로 허엽, 허성, 허봉, 허초희, 허균 시비이다. (사진: 주대중)

난설헌 표준영정 제작과 봉안

　난설헌의 영정은 3종이 널리 알려져 사용되었는데, 1996년 동국대학교 미술학과의 손연칠 교수가 그린 영정이 1997년 문화체육부에서 제61번으로 공인되었다. 원본은 현재 국립현대미술관에 소장되어 있다.

　손연칠 교수는 1986년 난설헌의 시부(媤父) 김첨(金瞻)과 시누이의 묘 이장 시에 발견된 의상을 바탕으로 하여, 2007년 10월부터 난설헌 영정을 다시 그렸다. 난설헌의 얼굴 모습은 후손 여성을 참고했으며, 의상은 시모님 의상을, 머리 모양은 조선중기 여성의 머리를 고증하여 영정을 마무리하였다. 문화관광체육부 정부표준 영정 심의를 거쳐 교체할 계획이다.

　새로 그린 영정은 2009년 9월 19일 난설헌 생가터 안채로 모셨다. 난설헌이 1589년에 세상을 떠났으니, 7갑자(甲子) 420년 만에 옛집 안채로 환향한 것이다.

초당으로 가는 난설헌로

난설헌 생가터 진입도로가 없어서 불편하였는데, 초당의 후손 허세광(許世光) 사무관이 1997년 7월 1일 초당동장으로 부임하여 1999년 도시계획을 재정비할 때에 초당동에서 교동 중앙감리교회 간 도시계획 도로 신설을 건의하여 건설교통부 장관의 승인을 받았다. 그로부터 10년만인 2010년 9월 19일에 총연장 1.89km, 폭 20m의 도로가 준공되어, 최명희 강릉시장이 이 길 이름을 '난설헌로(蘭雪軒路)'라고 명명하였다.

교동에서 초당동으로 내려가는 입구에 오석(烏石)으로 만든 난설헌로 표지석이 서 있다. 난설헌로 신설을 건의하고 설계부터 준공까지 가장 애썼던 사람은 전임 초당동 동장인 11대 후손 허세광 초당종중 강릉회장이다. 허세광 회장이 난설헌로가 개통된 감회를 이렇게 시로 지었다.

> 난설헌로
>
> 솔향기 가득한 연화부수형 지(址)
> 동양삼국 그 이름 떨친 난설헌 태어나시다.
>
> 경호(鏡湖) 갯가에 원앙 한 쌍
> 연꽃 향기 마음에 젖어 길을 잃고
> 차가운 달빛 아래 한가롭구나.
>
> 지난 해는 420년 만에 생가 안으로 영정을 모셨는데
> 올해는 같은 날 난설헌 길 뚫렸다.

400년 전 중국 대륙에 이름을 떨치시고
이제 태를 묻은 고향 이곳에
고귀한 그 이름 찾아
세계 문인 쉽게 찾아오게 되었네.

옛집 앞 난설헌 길이 나 오시기까지
오랜 세월 양지바른 초월 언덕에 묻혀
두 무덤 외로이 지켜 오셨지요.

호숫가 맑은 물에 비단옷 빨던 강릉 옛집에
두 아이와 함께 자주 찾아오셔서
수세기 동안 외로우셨던 지난 날을 그리며
맘껏 웃어주셨으면 좋겠어요.

11대 후손 허세광

난설헌시문학상 제정과 역대 수상자들

(사)교산난설헌선양회에서는 난설헌의 문학정신과 얼을 기리기 위해 난설헌시문학상을 제정하고, 매년 올해의 여성 시인을 선정하여 난설헌시문학상을 시상하고 있다. 2013년에 제1회 수상자로 구영주 시인을 선정한 이래 이충희, 허영자, 박명자, 이영춘, 이구재, 문현미, 심재교 시인에게 시상하였다.

2021년에 제9회 수상자로 김해자 시인을 선정하였는데, 심사서와 수상소감, 약력, 자선 대표작은 다음과 같다. 김해자 시인이 수상한 뒤에 수상소감 대신에 스스로 선정한 대표시 「버버리 곡꾼」을 낭독하였다.

제9회 난설헌시문학상의 심사서

제9회 난설헌시문학상 심사위원장 허경진

삼종지도를 여성의 미덕으로 알고 말 많은 것〔多言〕을 칠거지악 가운데 하나로 꼽던 조선중기에 허난설헌은 아버지나 남편, 자식을 위한 글이 아닌, 자신의 목소리를 남기기 위해 시를 썼습니다. 우리나라 최초로 시집을 간행하였던 허난설헌의 시를 한 마디로 요약한다면 가난한 영혼을 위한 사랑의 시입니다. 허균은 「유재론(遺才論)」에서 하늘이 사람을 세상에 내보낼 때에는 고르게 재주를 주었는데, 지역으로, 신분으로, 성별로, 적서(嫡庶)로 차별하여 사람을 버렸다고 탄식하였습니다.

동생 허균의 탄식을 누나 난설헌은 「빈녀음(貧女吟)」이라는 시로 풀어 썼습니다. 김해자 시인의 약력에 늘 따라다니는 미싱사가 바로 이 시대의 빈녀입니다. 「버버리 곡꾼」은 남을 위해 자기를 울던 시인이기도 합니다. 아들 무덤에서 세상의 모든 여성을 위해, 모든 가난한 이들을 위해 울었던 난설헌처럼 말이지요.

시인은 『집에 가자』라는 시집 머리말에서 "쓸쓸하고 낮고 따스한 영혼들에게 이 못난 시집을 바친다"고 말했습니다. 난설헌은 자신의 시를 불태워 버리라고 유언했지만, 동생 허균이 기억하는 시를 편집하여 후세에 전했습니다. 여성이 시 짓는 사실조차 받아들여지지 않았던 세상에 살던 난설헌이 시집을 직접 편집했다면, 이렇게 머리말을 쓰지 않았을까요?

김해자 시인은 병이 들어 치료를 받으면서도 아픈 세상 사람들을 위해서 시를 썼습니다. 난설헌은 병이 깊어지면서 신선세계 시를 지었는데, 김해자 시인은 코로나로 병들어가는 지구를 위로하며 『해피랜드』(아시아, 2020)라는 시집을 영문판과 함께 출판하였습니다. 난설헌의 시정신을 이 시대에 가장 잘 살려낸 김해자 시인에게 난설헌의 이름으로 시문학상을 드립니다.

수상수감

김해자 시인

올 듯 올 듯 비가 내리지 않아 서리태와 콩밭 이랑이 갈라지는 풍경들을 보며 하늘을 올려다보는 일이 길어지고 있는 즈음, 난설헌시문학상이라는 황공한 소식을 들었습니다. 수상 말씀을 전해 듣고 맨 먼저 떠오른 시는 허난설헌의 시 〈빈녀음(貧女吟)〉이었습니다.

얼굴 맵시야 어찌 남에게 떨어지랴
바느질에 길쌈 솜씨도 좋건만,
가난한 집안에서 자란 탓에
중매할미 모두 나를 몰라준다오.

춥고 굶주려도 얼굴에 내색 않고
하루 내내 창가에서 베만 짠다네
부모님은 가엾다고 생각하시지만
이웃의 남들이야 나를 어찌 알리

부족함 없는 사대부 집안에서 나고 자라며 글을 배웠으나, 베를 짜서 생계를 이어가는 가난한 여성이나 성을 쌓는 인부들이나 장사꾼같은 민초들의 삶을 그려냈다는 점만으로도 존경스럽습니다. 더욱이 조선시대 여성의 처지나, 그가 몸소 겪은 상처와 자식과의 사별 등 고난이라고조차 말할 수 없는 비통한 사건들을 생각해보면, 고통에 압살당하지 않는 시정신과 섬세하면서도 호방하고 너른 품을 가진 귀한 시인이라 여겨집니다. 오늘 살아가는 현실 세계가 눈물과 고통과 감옥 같은 부자유가 있을지라도, 아니 그러므로 더더욱 그것을 뛰어넘는 꿈과 이상세계를 그려내는 것이 시인의 몫이 아닐까 생각해봤습니다.

밤늦도록 쉬지 않고 베를 짜노라니
베틀소리만 삐걱삐걱 차갑게 울리네.
베틀에는 베가 한필 짜여졌지만
뉘 집 아씨 시집갈 때 혼수하려나

손에다 가위 쥐고 옷감을 마르면
밤도 차가워 열 손가락 곱아오네.
남들 위해 시집갈 옷 짓는다지만
해마다 나는 홀로 잠을 잔다오.

오도가도 못 하고 갇혀 지내는 것이 일상이 되어버린 복면의 시대에, 새삼스레 허경진 선생님이 번역해 펴낸 『허난설헌 시집』을 읽다, 궁핍하고 노고스러운 타자에게 핍진하게 다가간 '가난한 여인의 노래'를 필사하고 있습니다. 사람이 사람에게 잠재적 파괴자이자 위험인자로 취급되는 우리가 만든 찬란한 문명이 우리를 파괴하는 것을 목도하며 살아야 하는 난처(難處)에서, 난설헌의 신선세계도 읽어봅니다. 시대와 개인의 해방에 대해 난설헌은 질문과 동시에 희미한 길 하나를 가리키는 듯합니다. 시를 통해 사랑과 우정으로 이어지는 다리를 놓으라고. 병들어 소멸해가고 있을지라도 지금 눈앞의 고통으로 타인의 아픔을 되비춰보는 거울로 삼으라고. 이 세계의 눈물과 회한을 넘어서는 난새가 되고 눈 속에 피어난 난초가 되라고. 세상과 아름다운 관계를 희망하는 일을 멈추지 말라고.

어젯밤부터 본격적으로 비가 내리고 있습니다. 한 달 동안 가물어 터진 땅에서 콩잎과 깻잎이 고개를 바짝 세우고 있습니다. 눈에는 보이지 않지만 저 어두운 흙 속에서는 고구마와 땅콩들이 열심히 열매를 키워가고 있겠지요. 귀한 상을 주신 교산·난설헌선양회에 감사드립니다. 더욱 시업에 정진해 보답하도록 하겠습니다.

2021년 8월 1일

시인 약력

김해자: 1962년 전남 신안에서 태어나 목포에서 초·중·고등학교를 다녔다. 고려대 국문학과를 졸업하고 조립공, 시다, 미싱사, 학습지 배달, 학원 강사 등을 전전하며 노동자들과 시를 쓰다, 1998년 『내일을 여는 작가』에 〈넝쿨장미〉 등 6편의 시로 등단했다. 시집 『무화과는 없다』 『축제』 『집에 가자』 『해자네 점집』 『해피랜드』 등을 발간했고, 산문집 『민중열전』 『내가 만난 사람은 모두 다 이상했다』 시평 에세이 『시의 눈, 벌레의 눈』 등을 펴냈으며, 촌에서 백수 겸 농사꾼으로 살고 있다. 전태일문학상(1998), 백석문학상(2008), 이육사시문학상(2016), 아름다운작가상(2017), 만해문학상(2018), 구상문학상(2018)을 수상했다.

시상식을 마치고 난설헌 영정에 참배한 김해자 수상자와 허경진 심사위원장

〔자선 대표시〕

버버리 곡꾼

김해자

봄여름가을 집도 없이 짚으로 이엉 엮은
초분 옆에 살던 버버리, 말이라곤 어버버버버밖에 모르던 그 여자는
동네 초상이 나면 귀신같이 알고 와서 곡했네
옷 한 벌 얻어 입고 때 되면 밥 얻어먹고 내내 울었네
덕지덕지 껴입은 품에서 서리서리 풀려나오는 구음이 조등을 적셨네
뜻은 알 길 없었지만 으어어 어으으 노래하는 동안은
떼 지어 뒤쫓아 다니던 아이들 돌팔매도 멈췄네
어딜 보는지 종잡을 수 없는 사팔뜨기 같은 눈에서
눈물 떨어지는 동안은 짚으로 둘둘 만 어린아이
풀무덤이 생기면 관도 없는 주검 곁 아주 살았네
으어어 버버버 토닥토닥 아기 재우는 듯 무덤가에 핀
고사리 삐비꽃 억새 철 따라 꽃무덤 장식했네

살아서 죽음과 포개진 그 여잔 꽃 바치러 왔네 세상에

노래하러 왔네 맞으러 왔네 대신 울어주러 왔네

어느 해 흰 눈 속에 파묻힌

국제적으로 널리 알려진 초당 마을과 허난설헌 생가터[96]

강릉 초당은 국내외적으로 널리 알려진 마을이어서, 주말이면 초당 두부 식당에 줄을 서서 기다릴 정도로 방문객들이 몰려든다. 1960년대 까지만 해도 관광객들이 거의 찾아오지 않는 한적한 마을이었는데, 초 당선생 허엽과 난설헌, 허균이 살던 곳이라는 사실이 널리 알려지면서 해마다 난설헌과 허균을 기념하는 행사가 20년 넘게 이어졌고, 강릉시 에서 2000년에 「허균 허난설헌 유적공원」 부지를 매입 조성하면서 초 당을 모르던 국민들이 초당에 찾아오게 된 것이다.

초당이 이렇게 유명해진 이유는 초당선생과 허균, 허난설헌이 그만 큼 중요하기 때문이기도 하지만, 초당 주민들이 난설헌 생가터를 아끼 고 허균을 자랑해왔기 때문이기도 하다. 무엇보다도 강릉시에서 20년 넘게 막대한 예산을 투입하여 난설헌 생가터 옆에 「허균 허난설헌 기념 관」을 세우고, 「허균 허난설헌 기념공원」을 조성하였으며, 초당 진입 로를 「난설헌로」라고 명명하여 국내외에서 찾아오는 방문객들의 발길 을 편하게 해준 덕분이기도 하다. 강릉 시민과 강릉시에서 허난설헌

---

[96] 오랫동안 허난설헌 생가터로 널리 알려졌던 초당동 문화재 옛집 앞에 어느 날 갑자기 「강릉 초당동 고택」이라는 안내판이 세워졌다. 강릉시민뿐만 아니라 난설헌을 사랑하 던 수많은 국민들에게도 잘 알려졌던 「허난설헌 생가터」라는 이름을 되찾게 해달라고 강원도문화재위원회에 제출한 자료집의 머리말 제목이다.

생가를 사랑하여 강릉의 대표적인 문화유적지로 발전케 한 과정을 널리 알리기 위해, 초당의 후손인 양천 허씨 강릉종중에서 지난 50년간 축적되어온 『허난설헌 교산허균 자료집』을 간행하게 되었다.

허난설헌 생가는 1976년 2월 28일자 『강원일보』에 「江陵에 대표적인 古家 8채 選定」이라는 제목으로, 이제는 선교장(船橋莊)이라는 이름으로 널리 알려진 통천댁 앞에 댓골집을 첫째로 소개하면서 언론에 공식적으로 알려졌다. 이 기사 첫 줄은 "초당동 475의 3번지 1천여평의 대지에 지은 고가로 이조여류시인 許蘭雪軒(「홍길동전」의 作者 蛟山 許균의 누님)의 생가"로 시작되는데, "허난설헌의 부친 草堂許曄으로부터 전해오는 명당의 집터는 연꽃터 또는 열두대문집이라고 불러왔고 김씨 최씨 정씨로 주인이 바뀌왔는데 댁호도 김씨일 때는 안초당댁, 최씨일 때는 최위관집, 정씨가 주인일 때 댓골집으로 바뀌 오늘에 이르기까지 댓골집으로 불러오고 있다."고 소개하였다.

집은 주인이 바뀔 때마다 택호도 바뀌게 마련이다. 역대 주인 가운데 초당 허엽이 가장 유명하지만, 이 집을 초당고택이라고 부르지 않은 이유는 이미 주인이 아니기 때문이다. 그래서 이 집이 강원도 문화재자료 59호로 지정될 때에는 「댓골집」이라 하지 않고 마지막 주인의 이름을 따서 「이광로가옥」이라고 명명하였다.

그러나 강릉시가 2000년 2월 16일에 주인 이광로 교수로부터 이 집을 구입할 때에는 강릉시장이 「『허균 허난설헌 유적공원』 부지 매매계약 체결」이라는 제목으로 결재하였다. 이광로 교수가 별장으로 사용하던 고가를 구입한 목적이 그 집에 살았던 주인들을 기념하기 위한 것이 아니라, 허균 허난설헌의 유적공원을 조성하기 위한 것이었기 때문이다. 그러기에 당시로서는 거금인 62억 원을 들여서 고가와 고가 주변의 솔밭 33,000평을 구입하였다.

문화재로 지정된 가옥의 명칭을 정할 때에는 마지막 주인 이름을 붙이는 것이 아니라 문화재적인 가치가 있는 인물의 이름을 붙이는 것이 관례이다. 그래서 강릉시에서는 이 고택의 이름을 허난설헌 생가로 명명하였다. 허난설헌 생가가 이미 널리 알려져, 인터넷을 검색하면 숫자를 셀 수 없을 정도로 많은 방문객들의 사진을 볼 수 있다.

　　그런데 최근에 허난설헌 생가 앞에 「강릉 초당동 고택」이라는 안내판이 세워지면서 방문객들에게 혼선을 일으키고 있다. "초당동에 있는 고택"이라는 이 이름 속에는 아무런 문화재적 의미가 들어 있지 않다. 수많은 고택 가운데 하나일 뿐이어서, 상징성이나 전달력에서도 떨어진다.

　　문화재청에서는 문화재 명칭을 가장 효과적으로 명명하기 위해서, 2016년 2월 18일에 「국가지정문화재〔국보·보물/건조물〕지정명칭 부여 지침」을 「문화재청 예규 제159호」로 공포하였다. 이 지침의 제3조 (공통적인 부여원칙) ⑩항에 "기 지정되어 널리 사용되고 있는 문화재 지정명칭은 가급적 현행을 유지하되, 현재의 통칭과 상이하여 혼란이 예상될 경우에 한하여 명칭을 변경한다."고 하였다.

　　많은 사람들이 잘 알고 있고 사랑받던 「허난설헌 생가터」라는 이름과 안내판이 어느 날 갑자기 「강릉 초당동 고택」이라는 명칭과 안내판으로 바뀐 이유를 알 수는 없지만, 문화재청에서 제정한 이 지침에 따르면 분명히 역행한 셈이다. "기 지정되어 널리 사용되고 있는 문화재 지정명칭은 가급적 현행을 유지"하여야 하고, "현재의 통칭과 상이하여 혼란이 예상될 경우에 한하여 명칭을 변경한다."고 하였는데, 기 지정되어 널리 사용되고 있던 「허난설헌 생가터」라는 이름을 시민들에게 자세한 이유도 설명하지 않고 바꿨을 뿐만 아니라, 지금까지 명실상부하던 허난설헌 생가터라는 이름이 바뀌면서 오히려 혼란을 야기했기 때문이다.

　　강릉시에서는 허균허난설헌 기념공원 일대를 강릉 문화의 한 축으로 발전시키기 위해 현재 협소한 기념관도 새로 크게 짓기로 계획하였다.
허균은 허난설헌 생가터 솔숲에 우리나라 최초의 사설도서관인 호서장
서각(湖墅藏書閣)을 설치했었는데, 2016년 9월 24일 허균문화제를 거
행하면서 최명희 강릉시장이 이곳에 들려 「호서장서각 터」 안내판을
설치하였다. 허난설헌 생가터와 호서장서각, 허균허난설헌기념공원,
새로 짓게 될 허균허난설헌기념관이 한데 어울려 아주 커다란 시너지
효과를 낼 것이 분명하다. 강릉이 국내외적으로 자랑하게 될 이 공간에
어울리는 집 이름은 「강릉 초당동 고택」이 아니라 당연히 「허난설헌
생가터」이다.

　강릉은 수많은 문화재와 훌륭한 인물들을 지닌 문화의 고장이다. 허
균의 작품들은 십여 개국에 번역 출판되었으며, 허난설헌은 2018년
경포에서 펼쳐진 문화올림픽을 통하여 국제적으로 널리 소개되었다.
앞으로 초당에 찾아올 국내외의 수많은 방문객들에게 더 이상 혼선을
일으키지 말고, 「허난설헌 생가터」라는 널리 알려진 이름의 안내판이
다시 세워지기를 고대한다.

2021년 4월
서울특별시 문화재위원 허경진

허균허난설헌기념공원 전경. 강릉관광개발공사 사진

난설헌 연보

1563년. 강릉 초당리에 있는 집에서 초당 허엽의 삼남 삼녀 가운데
세째딸로 태어났다. 어머니는 호조참판·경상감사를 지낸 강릉 김씨 광
철(金光轍)의 딸인데, 허엽의 후처이다. 하곡 허봉과 교산 허균이 같은
어머니에게서 태어났다. 아버지가 계속 승지·대사간·대사성·부제학
등의 벼슬을 했으므로, 난설헌은 한양 건천동에서 자랐다.

> 나의 본집은 건천동에 있었다. 청녕공주 저택 뒤로부터 본방교에
> 이르기까지 겨우 서른 네 집인데, 나라가 시작된 이래로 이 동네에서
> 이름난 사람이 많이 나왔다.
> 김종서·정인지·이계동이 같은 때였고, 양성지·김수온·이병정이
> 한 시대였으며, 유순정·권민수·유담년이 같은 시대 인물이었다. 그
> 뒤에도 정승 노수신 및 나의 아버님과 변협이 같은 때에 살았고, 가까
> 이로는 서애 유성룡과 나의 형님, 이순신, 원균이 한 시대였다. 유성
> 룡은 나라를 중흥시킨 공이 있었고 원균과 이순신 두 장군은 나라를
> 살린 공이 있었으니, 이때에 와서 인물이 더욱 성하였다.
>
> ─허균 〈성옹지소록〉 하

그의 집안은 고려시대의 조상적부터 문학에 뛰어난 집안이기도 했지

만, 그의 아버지 초당이 특히 글 배우기를 즐겨서 여러 스승들을 찾아다녔다. 아버지는 자기가 글 배울 적 이야기를 자녀들에게 즐겨 얘기해 주곤 했는데, 아우 허균은 자기 집안 학문의 연원을 이렇게 기록하였다.

> 형님과 누님의 문장은 가정에서 배운 것이며, 선친은 젊었을 때 모재(慕齋) 김안국(金安國)에게 배웠다. 모재의 스승은 허백당(虛白堂) 성현(成俔)인데, 그 형 성간(成侃)과 김수온(金守溫)에게 배웠다. 두 분은 모두 태재(泰齋) 유방선(柳方善)의 제자이고, 유공은 문정공(文靖公) 이색(李穡)의 으뜸가는 제자였다.
>
> -허균 〈답이생서(答李生書)〉

그 밖에도 초당의 스승으로는 장음(長吟) 나식(羅湜)과 화담 서경덕이 있다. 난설헌의 시 가운데 선계시(仙界詩)가 많은 것과 신선 세계에 관한 책을 많이 읽은 것도 모두 아버지를 통해 내려온 서경덕의 영향이다.

> 아버님께서는 화담 선생에게 가장 오래 배우셨다. 일찍이 칠월에 선생의 집으로 찾아가셨는데, 그가 화담으로 간 지 벌써 엿새째라 했다. 곧 화담 농막으로 가셨는데, 가을 장마물이 한창 넘쳐서 건널 수가 없었다. 저녁때에 여울물이 조금 줄었으므로 겨우 건너가시니, 선생은 한참 거문고를 타면서 높게 읊조리고 있었다. 아버님께서 저녁밥 짓기를 청하니 선생은 "나도 먹지 않았으니 함께 짓는 것이 좋겠다"고 하였다.
>
> 머슴이 부엌에 들어가 보니, 솥 안에 이끼가 가득하였다. 아버님께서 이상하게 여기시고, 까닭을 물으셨다. 선생이 이르기를 "물이 막혀서 엿새 동안을 집사람이 능히 오지 못했다. 그래서 나도 오랫동안 식사를 하지 못했으므로 솥에 이끼가 났을 것이다"하였다. 아버님께서 그의 얼굴을 쳐다보셨는데, 굶주린 기색이 조금도 없었다.
>
> -허균 〈성옹지소록〉 중

1570년. 여덟 살의 어린 나이로 〈광한전백옥루상량문〉(廣寒殿白玉樓上樑文)을 지어, 신동이라 이름이 났다고 한다. 그러나 이 소문은 중국책 『서당잡조』 등에 실린 기록이 조선에 들어온 것이고, 허균을 비롯한 가족이나 친지들이 기록한 것은 아니어서 후세에 만들어진 전설인 듯하다.

그 뒤에 작은오빠 허봉의 친구인 손곡 이달에게서 시를 배웠다고 한다. 그러나 어떤 방법으로 배웠는지에 대한 기록은 없다. 아우 허균도 자라서 이달에게 시를 배웠는데, 난설헌이 그의 시를 고쳐 주기도 했다.

> 허균이 글재주가 남보다 뛰어났는데, 어릴 적에 일찍이 "여인이 그네를 흔들며 밀어 보낸다"는 시를 써서 그 누님 난설헌에게 보였다. 난설헌이 보고 말했다. "잘 지었다. 다만 한 구절이 잘못되었구나." 아우 균이 물었다. "어떤 구절이 잘못되었습니까?" 난설헌이 곧 붓을 끌어다 고쳐 썼다. "문앞에는 아직도 애간장을 태우는 사람이 있는데, 님은 백마를 타고 황금 채찍을 쥔 채 가버렸네."
>
> ─임상원 『교거쇄편』 권2

1576년. 한 살 많은 김성립에게 시집을 갔다. 아버지 허엽과 김성립의 할아버지 김홍도가 1553년 독서당에 선발되어 함께 사가독서(賜暇讀書)를 한 사이였다.

김홍도는 진사와 문과에 모두 장원한 영재로, 그의 집안은 김희수, 김로, 김홍도, 김첨(김수), 김성립, 김진의 6대가 잇달아 문과에 급제한 명문이었다.

허균은 자기 매부 김성립을 과거시험 답안지는 잘 쓰지만 깊은 실력은 없는 사람으로 평가하였다.

김성립은 당시 공부하던 선비들과 마찬가지로 신혼 초부터 아내 난설헌을 집에 두고 한강 서재에서 과거 공부를 하였다.

　　내가 젊었을 때, 김성립과 다른 친구들과 함께 집을 얻어서, 과거 공부를 같이 했다. 한 친구가 "김성립이 기생집에서 놀고 있다"고 근거 없는 말을 지어냈다. 계집종이 이를 듣고는 난설헌에게 몰래 일러바쳤다. 난설헌이 맛있는 안주를 마련하고 커다란 흰 병에다 술을 담아서, 병 위에다 시 한 구절을 써서 보냈다.

　　낭군께선 이렇듯

　　다른 마음 없으신데,

　　같이 공부한다는 이는 어찌 된 사람이길래

　　이간질을 시키는가.

　　그래서 난설헌은 시에도 능하고 그 기백도 호방함을 비로소 알게 되었다.　　　　　　　　　　　-『시화휘성』에 실린 신흠의 얘기

　김성립은 과거 공부에 힘쓰지 않아, 결혼하고도 10년 이상 과거에 급제하지 못했다.

　　난설헌은 『태평광기』를 즐겨 읽었다. 그 긴 이야기를 다 외웠으며, 중국 초나라 번희(樊姬)를 사모했기 때문에 호까지도 경번(景樊)이라고 지었다.

　　자기 남편 김성립이 서당에 독서하러 가면 편지에다 이렇게 썼다. "옛날의 접(接)은 재주(才)가 있었는데 오늘의 접(接)은 재주(才)가 없다."고 파자(破字)하여 질투하며 나무라는 말을 했다.

　　　　　　　　　　　　　　　　-임상원, 『교거쇄편』 권1

1579년 5월. 아버지가 경상감사가 되어 내려갔다.

1580년 2월 4일. 아버지가 병에 걸려 서울로 올라오다가, 상주 객관에서 죽었다.

1582년 봄. 작은오빠 허봉이 7년 전 중국에 사신으로 다녀오면서 구했던 『두율(杜律)』 한 권을 주어, 두보의 시를 배우게 했다.

1583년. 경기도 순무어사로 나갔던 작은오빠가 병조판서 율곡 이이를 탄핵하다가 창원부사로 좌천되었고, 곧 이어 갑산으로 유배되었다. 난설헌이 작은오빠에게 지어 보낸 시를 시숙부 김수가 차운하여 〈조카며느리 시에 차운하여 갑산으로 유배되는 허미숙을 전송하다〔次姪婦韻送許美叔謫甲山〕〉를 지어 허봉에게 보냈다.

1585년 봄. 상을 당해서 강릉 외삼촌 댁에 머물렀다. 이때 자기의 죽음을 예언하는 시 〈몽유광상산시(夢遊廣桑山詩)〉를 지었다.

1588년 9월 17일. 한양성에 들어오지 못하고 떠돌아다니던 작은오빠 허봉이 금강산에서 노닐다가, 황달과 폐병으로 죽었다. 들것에 실려 나오다가, 금화현 생창역에서 눈을 감았다.

1589년 3월 19일. 어린 아들과 딸을 먼저 보낸 끝에, 난설헌도 스물일곱 나이로 죽었다. 많은 작품을 불태워 버리라고 유언하였다. 경기도 광주군 초월면 경수산 안동 김씨 선영에 묻혔다. 그의 무덤 앞에는 그보다 먼저 어려서 죽은 아들과 딸의 애기무덤이 있다.

> 난설헌이 일찍이 꿈속에서 월황(月皇)이 운을 부르며 시를 지으라 하기에 "아리따운 연꽃 스물일곱 송이/붉은 꽃 떨어지고 서릿발만 싸늘해라"고 지었다. 꿈에서 깨어난 뒤에도 그 경치가 낱낱이 생각나므로 〈몽유기(夢遊記)〉를 지었다. 그 뒤에 그녀 나이가 27세 되었다. 아무런 병도 없었는데, 어느 날 갑자기 몸을 씻고 옷을 갈아입고서 집안 사람들에게 말했다. "금년이 바로 3·9의 수(3×9=27)에 해당되니, 오늘 연꽃이 서리에 맞아 붉게 되었다"하고는 유연히 눈을 감았다.
> —구수훈『이순록』하

같은 해 증광시(增廣試)에 김성립이 급제하였다.

1590년 11월. 아우 허균이 친정에 흩어져 있던 시와 자기가 외고 있던 시를 모아서 1차로 『난설헌고(蘭雪軒藁)』를 엮어 서애 유성룡에게 보이고, 발문을 받았다.

1592년. 남편 김성립이 왜놈들과 싸우다가 죽었다. 광주 선영에 두 번째 부인 홍씨와 합장하였다.

1594년. 난설헌의 시가 간행도 되기 전에 이미 널리 퍼져서, 피난다 니던 오희문의 『쇄미록』 〈갑오일기〉에 난설헌의 시 11수가 적혀 있다. 이 가운데 5수는 뒷날 『난설헌집』에 실리지 않은 시이다.

1598년 봄. 정유재란을 도우러 명나라에서 원정 나온 문인 오명제 에게 허균이 난설헌의 시 200여 편을 외어 주었다. 이 시가 『조선시선』 에 먼저 실려 중국에 전해진 뒤에 『난설헌집』이 출판되었다.

1605년 5월. 황해도 수안군수로 재직하던 허균이 한석봉을 초청하 여 난설헌의 〈광한전백옥루상량문〉을 쓰게 하였다. 목판본이 전해지는 데, 간행한 연도는 확실치 않다.

1606년 3월 27일. 허균이 중국에서 온 사신 주지번에게 동활자본 『난설헌집』을 주어 서문〔小引〕을 받았다. 부사 양유년은 귀국한 뒤에 〈난설헌집제사(蘭雪軒集題辭)〉를 지어 보냈다.

1608년 4월. 허균이 공주에서 발문을 붙여 『난설헌집』을 목판본으 로 출판하였다.

1711년. 일본에서도 분다이야 지로베이에(文臺屋次郎兵衛)에 의하 여 1692년 동래부 중간본을 저본으로 한 『난설헌집』이 간행되었다.

1913년 1월 10일. 난설헌의 시에 화운하였다는 허경란(許景蘭)의 『소 설헌집(小雪軒集)』을 부록으로 엮은 『난설헌집』이 신활자본으로 신해음

사에서 출판되었다. 그러나 허경란의 화운시는 후대 위작 논란이 있다.

1985년. 고속도로 공사로 광주에 있는 무덤을 500미터 좌측으로 이장하였다. 난설헌시비(蘭雪軒詩碑)를 세워, 〈곡자(哭子)〉 시를 새겼다.

1986년 9월 7일. 경기도에서 허난설헌묘를 경기도기념물 제90호로 지정하였다.

2007년 4월 6일. 강릉 초당동 난설헌생가터 앞에 허균허난설헌기념관을 개관하였다.

2009년 9월 19일. 난설헌 영정을 강릉 초당동 난설헌생가 안채에 봉안하였다.

허경진

연세대학교 국문과를 졸업하고 『허균 시 연구』로 문학박사학위를 받았다. 목원대학교 국어교육과와 연세대 국문과 교수로 재직하였고, 지금은 연세대 연합신학대학원 객원교수로 있다.

저서로는 『허균평전』, 『대전지역 누정문학연구』, 『사대부 소대헌 호연재 부부의 한평생』, 『중인』, 『한국 고전문학에 나타난 기독교의 편린들』, 『소남 윤동규』 등이 있으며, 역서로는 『한국의 한시』 총서 40여 권 외에 『삼국유사』, 『연암 박지원 소설집』, 『서유견문』, 『정일당 강지덕 시집』 등이 있다.

양천허씨초당공파총서02

허난설헌 강의

2021년 12월 17일 초판 1쇄 펴냄

저 자 허경진
발행인 김흥국
발행처 보고사

책임편집 이순민
표지디자인 손정자

등록 1990년 12월 13일 제6-0429호
주소 경기도 파주시 회동길 337-15 보고사
전화 031-955-9797(대표)
　　　02-922-5120~1(편집) 02-922-2246(영업)
팩스 02-922-6990
메일 kanapub3@naver.com / bogosabooks@naver.com
http://www.bogosabooks.co.kr

ISBN 979-11-6587-260-1　94910
　　　979-11-5516-992-6　94080 (세트)
ⓒ 허경진

정가 22,000원